W0318637

Nos familles dans la Grande Guerre

pour Gaby de LAROCHE-DU VERTRE
en hommage à son
grand père, disparu
pendant cette guerre -
bien cordialement -

Conception et réalisation : Bleu T

ISBN : 978-2-7096-4490-7
© 2013, éditions Jean-Claude Lattès.
www.editions-jclattes.fr

JEAN-LOUIS BEAUCARNOT

Nos familles dans la Grande Guerre

Destins héroïques et foudroyés

JC Lattès

Du même auteur :

Les Noms de famille et leurs Secrets, Robert Laffont, 1988.

ABC de la généalogie, Marabout, 1992, repris sous le titre *La Généalogie facile*, 1996.

Quand nos ancêtres partaient pour l'aventure, Lattès, 1997.

La Généalogie, « Que sais-je ? », P.U.F., 1997.

Nom de noms !, Calmann-Lévy, 1998.

Comment résoudre les blocages en généalogie ?, Brocéliande, 2000.

La Généalogie, mode d'emploi, Marabout, 2002.

D'où vient ton nom ?, Albin Michel, 2002.

Qui étaient nos ancêtres ?, Lattès, 2002.

Laissez parler les noms !, Lattès, 2004.

Réussir sa généalogie, Marabout, 2006.

Comment vivaient nos ancêtres, Lattès, 2006.

De César à Sarkozy, petite histoire des noms du pouvoir, Lattès, 2007, *J'ai Lu*, 2009 (mise à jour 2010).

Tout savoir sur votre nom de famille, Marabout, 2008.

Commencer sa généalogie, Marabout, 2010.

Entrons chez nos ancêtres, Lattès, 2011.

Le Tout-politique, L'Archipel, 2012.

Ouvrages épuisés :

Entre Arroux et Bourbince ; L'Odyssée des familles, 1978.

Entre Arroux et Bourbince ; Dictionnaire des familles, 1979.

Chasseur d'ancêtres, Mengès, 1980.

Drôles d'ancêtres, Trévise, 1981.

Les Schneider, une dynastie, Hachette, 1986.

Le Livre d'or de notre famille, Mengès, 1986.

Votre arbre généalogique, Denoël, 1989.

Histoires de familles, Denoël, 1990.

Les Prénoms et leurs Secrets, Denoël, 1990.

Vous et votre nom, Robert Laffont, 1992.

Premiers Pas en généalogie, Marabout, 1997.

Trésors et secrets de la généalogie, Lattès, 1998.

Jean-Louis Beaucarnot est l'auteur d'un site Internet que l'on peut consulter :

www.beaucarnot-genealogie.com

Sommaire

Introduction

Maman m'a prise par la main et nous sommes descendues dans la rue, voir passer le régiment qui se dirigeait vers la gare, pour rejoindre le front. Mon père nous a repérées et du haut de son cheval – il était hussard – nous a fait un signe de la main. Je ne l'ai jamais revu… Comme près d'un million et demi de combattants français, le père de Madeleine – cinq ans en 1914 – tombera « au champ d'honneur ».

La Grande Guerre ne fera pas de quartier. Toutes les familles seront touchées. Toutes, ou presque, verront leur destin modifié, leur trajectoire, habituellement linéaire, rompue. Rien ne sera plus comme avant, ni comme prévu. Il y a un « avant » et un « après ». « Avant la guerre » et « après la guerre ». Son impact sera total, avec des destins heurtés, secoués, infléchis, foudroyés ou simplement modifiés. Des familles décimées, enregistrant d'épouvantables records d'hécatombes. Des familles éclatées, dispersées, transplantées, brouillées, ruinées. Des couples détruits, par la mort ou les circonstances. Mais aussi des familles réunies, des couples qui se forment – magie des marraines de guerre… –, heureux ou malheureux, avec des mariages parfois forcés, pour assurer la continuité des patrimoines. Et même, si c'est plus rare, des destins véritablement boostés, au plan social ou financier, car cette guerre aura eu quelquefois des conséquences positives…

On connaît par cœur l'histoire de cette guerre, des Taxis de la Marne à l'Armistice du 11 Novembre. On en connaît tous les épisodes et toutes les facettes, tant le Chemin des Dames et Verdun que les fraternisations entre soldats ennemis, les soirs de Noël, ou les fusillés « pour l'exemple », dont on a récemment réhabilité la mémoire. Sur elle, il semble que tout ait été dit et écrit. Pourtant, dès qu'on la regarde d'un peu plus près, on s'aperçoit vite combien il reste à découvrir et à apprendre. Et plus encore à comprendre…

Car si l'on a beaucoup parlé de ces millions de poilus, de leur vie dans les tranchées, de leurs souffrances, de leur héroïsme et de leurs angoisses, on n'a encore très peu parlé des autres. De tous les autres. Des femmes, qui attendaient, ne dormaient pas, travaillaient dans les champs ou les usines, des fiancées et des veuves. Des enfants : garçons qui jouent aux soldats de plomb et filles dont les poupées sont habillées en infirmières. Des vieux parents, dont plusieurs fils étaient mobilisés. Des gendarmes et des maires, qui chaque matin recevaient les funestes télégrammes annonciateurs de morts, qu'ils devaient aller annoncer aux familles.

On n'a jamais vraiment montré ces familles simples et heureuses, qui en sortiront anéanties et traumatisées : la famille de Henri Gustave Lemaire, ce père dont on ne parlait jamais, celle des six frères Grézanlé, tous morts « au champ d'honneur », celles d'Éloi Lepers, le trépané, qui avait rencontré l'amour, celle de Lydia Roger, contrainte à épouser son beau-frère, de Jules Albert Hilaire, le mari trompé, de René Terrier, Gueule cassée, de Lucien Legrand, un homme de cœur, ou encore les deux familles Viteau et Quinet, qui s'étaient malgré tout construit un bonheur, dans un jardin des bords de Marne… Autant de familles, anonymes et discrètes mais tellement attachantes, dont les membres seront les héros de ce livre…

Car tel a été mon objectif, dans le contexte de la commémoration de son centenaire : prendre la mesure de son impact sur le destin des familles.

Pour cela, grâce à la complicité de plusieurs journaux, magazines et sites – *Notre Temps*, le *Journal du dimanche*, la *Revue française de généalogie*, GeneaNet –, j'ai lancé des appels à témoins. Et les témoignages ont immédiatement et massivement afflué. Des centaines de témoignages, simples, spontanés et émouvants. Des lettres et des mails, montrant à quel point ce chapitre de leur Histoire passionne les Français d'aujourd'hui et combien ils se sentent impliqués et concernés. Des témoignages souvent accompagnés de photographies, de documents personnels ou d'études – de plus en plus nombreuses et généralement excellentes – réalisées notamment sur le cursus militaire d'un ancêtre.

Et c'est cette masse de témoignages, en brossant un tableau nouveau et original, qui m'a donc permis de dresser le long et émouvant inventaire des multiples conséquences qu'a eues cette guerre sur les destins de nos familles – et par ricochet sur les nôtres.

Nous avons tous « notre » poilu !

Tout Français de 2014 a « son » ou « ses » poilus avec, selon son âge, un père, un grand-père, un ou plusieurs arrière-grands-pères ou arrière-arrière-grands-pères.

Le monde de nos politiques l'illustre parfaitement.

C'est l'agriculteur corrézien Louis Delors qui, pour être rentré mutilé, se retrouvera à la Banque de France, où son fils – Jacques, le futur ministre – commencera sa carrière. C'est le soldat belge Jean-Baptiste Borloo – le grand-père de Jean-Louis – qui en venant participer au défilé de la victoire, à Paris, sur les Champs-Élysées, en novembre 1919, rencontrera une Bretonne et restera en France. C'est Florian Royal, figure tutélaire de l'arbre généalogique de Ségolène, un colonel en retraite, âgé de soixante-dix ans qui, se voyant refuser par l'armée un poste de commandement, n'hésitera pas à se porter volontaire comme simple soldat, pour se retrouver dans les tranchées, avec les poilus. C'est, pour Nicolas Sarkozy, le couple formé par Adèle Bouvier, la grand-mère maternelle, qui après avoir perdu son premier mari, infirmier militaire, se remariera avec Aron-Benedict Mallah, Juif de Salonique, venu faire sa médecine en France, et qui s'était engagé comme médecin militaire, en 1914. Ce sont encore deux grands-pères poilus, pour François Hollande, avec le grand-père paternel, instituteur, mobilisé comme officier, et le grand-père maternel, tailleur, quant à lui simple caporal, affecté au Théâtre des Armées. C'est encore le père de Patrick Devedjian, que cette guerre poussera à quitter son pays, pour fuir les horreurs du génocide arménien, et qui le conduira en France…

Les témoignages cités ont été composés en italiques.
Le signe (➔), utilisé au fil des chapitres, invite à se reporter à l'index, qui indiquera les pages et encadrés où un sujet est évoqué ou approfondi.

I.
Destins individuels et destins familiaux

Entre deux robes blanches : l'odyssée de Francine

Francine, c'est la petite fille. Elle a deux ans et est ce jour-là de mariage, avec ses parents. Mariage d'une parente ou d'une voisine, devant la maison de laquelle le photographe aura sans doute d'abord fait un cliché de groupe, avant d'en prendre un de chaque ménage invité. Dieu sait si les Chevalier ne sont pas peu fiers, ce matin-là, de poser avec la fillette. Ils sont si beaux, dans leurs tenues de noce que dame ! on les prendrait presque pour un couple de la ville.

Pourtant Jean, trente-deux ans, la moustache relevée et alerte, la cravate blanche – il se pourrait bien qu'il soit au nombre des témoins –, n'est qu'un très modeste journalier agricole. Alice, sa femme, vingt-cinq ans, robe de moire noire et jabot de dentelles, taille de guêpe, est une enfant des Hospices de Paris. Abandonnée à sa naissance par sa mère blanchisseuse, victime d'un séducteur, elle avait été confiée, à l'âge de trois ou quatre ans, à une famille de paysans de ce coin du Morvan qui, dès qu'elle avait été capable de travailler – vers douze ou treize ans –, l'avait placée comme domestique, dans la ferme où travaillait Jean. Ils s'étaient mariés voilà bientôt trois ans et la fillette, à la belle robe d'organdi toute blanche et aux bottines de cuir, était née l'année suivante. Une fillette que ses parents adorent et pour laquelle ils font parfois des projets d'avenir : devenir métayers et mettre de l'argent de côté, en faire une institutrice et la marier à un propriétaire. Le rêve des trois quarts des Français, en cette année 1911.

Dix-sept ans plus tard, revoilà Francine. Elle a dix-neuf ans, en 1928, et porte une autre robe blanche : sa robe de mariée. Elle épouse Ernest, un magasinier, qui ne possède pas de terres et n'est pas morvandiau. Le mariage a lieu près de Compiègne. Dans le village d'Ernest, qui est picard. Devant l'objectif du photographe pose un groupe d'une quarantaine de personnes. N'y cherchez cependant ni Jean ni Alice. Lui est tombé en Belgique, le 11 novembre 1914. Elle est morte de chagrin, six mois après, à l'hôpital d'Autun, à la suite d'une fausse couche.

Comment Francine est-elle arrivée là ? Au terme d'une éprouvante odyssée.

Le seul frère de son père, nommé son tuteur, étant lui aussi à la guerre, elle avait suivi les deux « frères de lait » de sa mère – les fils des fermiers du Morvan qui l'avaient élevée. Un premier à Paris, qui était sommelier au Ritz et dont la femme travaillait dans une brasserie, où Francine avait été placée pour faire la plonge, dès l'âge de dix ans. Puis un second, qui l'avait fait rentrer comme fille de charge dans une cantine, dans le coin de Compiègne, où elle avait trimé dur et jusqu'à rencontrer son Ernest.

Comme dans beaucoup de familles françaises, la guerre a anéanti les beaux projets et Francine est encore bienheureuse d'avoir survécu. Bringuebalée entre le Morvan, Paris et la Picardie, elle a au moins pu, le 28 avril 1928, prendre un aller simple pour le bonheur avec Ernest, avec lequel elle va fonder et élever une famille heureuse, tout en tenant une crémerie prospère, au centre de Compiègne[1].

« Il était défendu de parler de lui… »

Je n'ai pas connu mon grand-père et il était défendu d'en parler. Ce que je sais de lui, je l'ai découvert en faisant mes recherches.

Ayant perdu sa mère à l'âge de quatre ans, Henri Gustave Lemaire, né en 1877 à Gauchy, avait été confié à ses grands-parents maternels, qui l'avaient élevé durement et avec peu d'amour. Il était devenu cordonnier et s'était marié.

1. Témoignage de Colette Foirest et sa fille, Dominique Baugy.

En 1915, alors qu'en tant que père de trois enfants il faisait partie de l'armée territoriale de réserve et devait, à trente-sept ans et avec trois enfants, être auxiliaire de santé à l'arrière, il s'était porté volontaire et avait été envoyé au front, où il avait été blessé l'année suivante.

À son retour, la réintégration ne s'était pas faite. Soit que la vie de la famille ait été organisée sans lui, soit qu'il eût changé... Il a alors mené une vie de vadrouille, disparaissant assez fréquemment, jusqu'à ce que sa femme introduise une procédure de divorce. Il refera sa vie avec une autre, qui lui donnera un fils, auquel il ne parlera jamais de ses premiers enfants, qui ont donc finalement été à leur tour également élevés en orphelins[2].

L'histoire recommençait...

2. Témoignage de Monique Lemaire.

DOSSIER

Le climat à l'arrière

Les quatre années de guerre ont été quatre années d'angoisse.

D'angoisse permanente et pour tous, combattants et civils, vieillards, femmes et enfants.

Angoisse des nouvelles du front, où chacun a un mari, un frère, un père ou un fils et pour beaucoup plusieurs en même temps. Angoisse de voir le maire ou les gendarmes apporter le télégramme fatal (➔). Angoisse, dans les zones de combat, de voir sa maison détruite. Angoisse à laquelle s'ajoutaient, dans les régions occupées, les privations, le travail forcé, les évacuations et parfois les déportations (➔).

Dès lors, nouvelles alarmantes et alarmistes, rumeurs et bruits confidentiels ne cessent de circuler. Tout participe à alourdir l'atmosphère ambiante, avec les stratégies de bourrage de crâne, développées tant par l'armée et le gouvernement que par les ennemis. Les repères vacillent, au fil de toutes les images qui sont véhiculées.

Véhiculées par la propagande officielle. La propagande française, qui tend à déshumaniser l'adversaire et à dénoncer sa barbarie. La propagande allemande, qui cherche à terroriser et à paniquer.

Véhiculées, dès le début de la guerre, par les réfugiés, dont les récits sèment l'horreur. Des Belges, qui fuient leur pays, racontent que les Allemands coupent les mains des petites filles…

Véhiculées par les Français des zones occupées, évacués et déplacés, qui décrivent les maisons incendiées, les villages pillés, les gens exécutés et d'autres brutalités, témoignages repris par la Commission d'enquête, mise en place dès septembre 1914, en vue de constater les « actes commis par l'ennemi en violation du droit des gens ». Son premier rapport, publié en janvier 1915, aura un impact considérable, notamment avec la dénonciation de viols.

Véhiculées par les courriers et plus encore par les permissionnaires, qui dénoncent la violence inouïe et l'atrocité des combats, décrivent la vie des tranchées, dans la boue et le froid, évoquent les assauts suicidaires, les ordres parfois aberrants, le carnage, la

« boucherie » et bientôt aussi les sanctions, avec les « fusillés pour l'exemple » (➔).

Toutes les familles sont touchées. Les mobilisés représenteront jusqu'à 21 % de la population nationale.

La société tout entière est engagée aux côtés des combattants. Les petits garçons jouent aux soldats de plomb et les petites filles aux infirmières. L'école, en mobilisant les plus jeunes, permet de toucher l'opinion. La Nation, qui se sent humiliée par les actes de barbarie commis par l'ennemi, met son espoir en ses héros, qui se battent pour la défendre. Chacun doit savoir accepter les deuils et les sacrifices. On reste croyant et patriote. On approuve les sanctions. Honte est faite aux familles des militaires condamnés : déserteurs ou mutilés volontaires (➔). Honte aux « embusqués », qui sont montrés du doigt. Le patriotisme « empanaché » de Marie Pépin la pousse à envoyer son fiancé au casse-pipe : « *Je souffrirais moins de vous savoir en plein danger, que de vous sentir à l'abri, pendant que les autres luttent et souffrent* »[3]. Dès lors, l'une des premières revendications des réformés, en 1917, sera d'obtenir un insigne pour éviter ces confusions blessantes.

Honte à la femme qui trompe son mari alors qu'il vit en héros – même si c'est parfois pour pouvoir nourrir ses enfants…

La société tout entière est terrorisée, désespérée, perdue, face aux nouvelles qui arrivent, aux deuils qui se multiplient, à ces « mutilés du cerveau » (➔) – ces fous qui ont été libérés et dont la présence dérange. Tous, comme par réflexe, se réfugient dans la foi. « *Tous les soldats priaient, même les athées !* » (MME LE ROY)

La détresse est générale, totale, comme en témoigne cette lettre, envoyée à une marraine de guerre en décembre 1915 :

> « *Je suis sur le front depuis le 2 septembre 1914. Je suis du Pas-de-Calais, mon pays est envahi par les Boches. J'ai trente-cinq ans ; ma femme est morte le 2 octobre 1914, foudroyée par une embolie au cœur à la suite de la peur des Allemands ; mes trois enfants sont allés rejoindre leur maman,*

3. *Les cahiers de mon père*, Jean Pépin, document APA.

emportés tous les trois par la grippe infectieuse. Depuis, je traîne ma tristesse sur tous les champs de bataille, pour venger mes morts. Je suis seul sur la terre et je n'ai pas reçu de lettre depuis un an, sauf les quatre actes de décès. Ma femme et mes enfants étaient réfugiés près de Saint-Foy, en pays non envahi. Je tenais à Lens une maison de commerce, épicerie, meubles, bicyclettes et machines à coudre. Si une Marraine charitable voulait bien s'intéresser à mon triste sort, je lui serais bien reconnaissant. »

La France entière devient un immense hôpital. Les blessés transportables sont envoyés aux quatre coins du pays, dans des hôpitaux ou des maisons de convalescence.

« *À Marseille, le château du Coronet, que Mme Bouchard, sage-femme de première classe, avait acheté en 1904, pour le transformer en Maison de Santé, est aménagé en hôpital militaire auxiliaire par ses petits-enfants, dès le début de la guerre, avec un médecin, deux infirmières et deux femmes de chambre, la propriétaire se chargeant personnellement des autres postes, y compris des cuisines.* » (Jean Bouchard)

Enfin, il y a les haines et les jalousies, que tout a tendance à susciter : jalousie du mobilisé pour son frère réformé, qu'il voit comme un embusqué ; jalousie à l'encontre du beau-frère dispensé du service armé, pour être maintenu à son poste d'ouvrier dans une usine de guerre (beau-frère qui mourra dans son lit, ce qui vaudra malgré tout à sa femme d'être considérée comme « veuve de guerre »)... Sans parler de toutes les défiances et de toutes les suspicions, dont nombreux ont été victimes, à commencer par les étrangers (➜).

DOSSIER

Mémoires vives

Vie quotidienne des poilus

Les soirs où il avait un peu bu, mon père nous racontait sa guerre : Verdun, les tranchées, les rats, la peur. Les pieds gelés. L'orage de feu… Un soir, réfugié dans un trou d'obus, il s'était retrouvé avec un chien, qu'il avait adopté. (J. CHANTEAU)

Mon père était « agent de liaison » : il reliait à bicyclette plusieurs fronts et tranchées, portant des messages et risquant sa vie sous les tirs d'obus. C'est le jour de la relève. Le régiment va quitter le cantonnement pour rejoindre les tranchées. Il est 8 heures du soir, dans la boue de Belgique, que personne n'oubliera. Les soldats, chargés comme des portefaix (ustensiles de cuisine, armes, couvertures, etc.), marchent lentement et péniblement, sur plus de quinze kilomètres. Le chemin est de plus en plus dur : les obus ont creusé de larges et profonds entonnoirs qui sont remplis d'eau et dans lesquels, la nuit étant noire, tombent ceux qui marchent en tête. Plus loin, ce sont les balles qui commencent à siffler… (YVONNE CANSI)

Mon frère était infirmier brancardier. Ils entassaient les blessés dans des charrettes et pour les évacuer devaient monter une colline sous les tirs allemands et français. En haut de la côte, un officier allemand, qui se trouvait là, les a félicités. Une autre fois, il ramena un officier qui avait perdu une jambe, et était ensuite retourné… chercher la jambe ! (MADELEINE MANCEAU)

Vie quotidienne des civils

À l'école (à Étretat), les grandes tricotaient chaussettes et écharpes, qui étaient destinées aux blessés, en chantant des chants patriotiques, Le clairon sonne la charge. *Chaque soir, salut à l'église où, après avoir prié pour les soldats, nous chantions des cantiques,* Sauvez, sauvez la France. (M. Bougrain)

Dans notre village, les obus pleuvaient! Les habitants se sont sauvés à travers les champs, pour rejoindre Soissons. Mes parents ont oublié de détacher le cheval. Notre maison a été entièrement détruite, et le cheval avec... (Aline Silvain)

Chaque année un vétérinaire de l'armée venait passer en revue les chevaux du village (en Lorraine, près de Toul), rassemblés devant l'école, pour les examiner et les déclarer aptes ou non au service de l'armée. Au soir du 31 juillet 1914, un soldat vint à la ferme chercher notre Fannie, la jument de mes grands-parents, que j'aimais beaucoup. Ils l'ont attelée à notre chariot, réquisitionné lui aussi, pour transporter les vivres et le matériel militaire. En fait, il ne restait au village que les chevaux du boulanger. J'avais dix ans: le départ de Fannie fut pour moi un très grand chagrin.

Plusieurs semaines ayant passé, le front s'étant stabilisé, mon père apprit que des chevaux étaient parqués, à Toul, et demanda aux autorités militaires d'aller récupérer notre jument. Je l'ai accompagné, toute joyeuse, mais quelle déconvenue: nous avons retrouvé une Fannie en bien piteux état: les yeux infectés, le corps couvert de meurtrissures et de morsures des autres chevaux... Plus de harnachement. Plus de licol. Tout avait disparu, y compris le chariot, que nous n'avons jamais récupéré et pour lequel mes parents furent bien symboliquement indemnisés. (Pierre Jolliot)

Je suis née en août 1914, à Chalon-sur-Saône. Mon père était déjà parti. J'ai grandi en croisant régulièrement dans les rues de la ville des soldats venus en permission, grands, beaux, bien habillés. Je n'ai vu mon père qu'en novembre 1917. À Verdun, un coup de feu lui avait arraché une oreille, et il avait été évacué sur Dieppe, pour y être soigné, avant de venir en permission à la maison. Maman me dit « voilà ton Papa ». Je m'en souviens très bien... Il m'a prise sur ses genoux. Nous nous sommes regardés, mais rien n'a passé... Alors, je me suis sauvée en courant et en criant : « Ce n'est pas lui ! Je veux un autre soldat ! »

Il est reparti. J'ai eu un petit frère. Et l'armistice a fini par arriver et mon père par être démobilisé. Mais rien n'a jamais été entre nous. La vie – la guerre – nous avait séparés. (Hélène Richard)

Une compagnie de soldats a campé quelque temps dans notre hameau. Avec sa « roulante » : un énorme fourneau sur roues, avec deux grands chaudrons, dans lesquels les cuisiniers, aux visages aussi mâchurés que des chauffeurs de locomotive, faisaient cure, dans l'un des légumes et dans l'autre de la viande. Les jours où l'école était fermée, les gamins passaient la journée près d'eux. Alors, une fois les soldats servis, les cuisiniers nous criaient « Au rata ! » et nous accourions pour partager les fayots et la barbaque, sans oublier une goutte de pinard, qu'ils nous servaient dans leurs quarts en fer-blanc. Et après le repas, ils nous faisaient crier : « Encore un que les Allemands n'auront pas ! » (Mme Kubler)

Lorsque Paris a essuyé les tirs de la « Grosse Bertha », ma grand-mère a été terrorisée. Elle a pris une énorme valise, l'a bourrée à la hâte et est allée à la gare Montparnasse, prendre le premier train, pour rejoindre sa sœur, qui habitait un village d'Anjou, ne quittant pas des yeux sa malle, dans le filet à bagages. Lorsqu'elle l'ouvrira, à son arrivée, elle s'apercevra que, dans la panique, elle n'y avait mis qu'une chaussure ; une chaussure d'homme ; un pied droit... (Denise Prunier)

Des rencontres marquantes

Le 4 septembre 1914 – j'avais cinq ans –, les Allemands entraient à Épernay. Avec mon frère, de quatre ans mon aîné, nous les voyons arriver : soldats vêtus de vert, juchés sur leurs chevaux, la lance au poignet et coiffés du casque à pointe. Il n'y a guère que les gamins pour les regarder. La plupart des femmes ferment leurs volets à leur passage. Et nous-mêmes, de courir à la maison en hurlant : « Les uhlans sont là ! » Ma mère nous gronda et nous interdit de sortir.

On disait que les Allemands emmenaient les enfants dans leur pays...

Notre tranquillité fut de courte durée. Des coups frappés à la porte, un grand diable d'officier se présentait et prenait possession d'une chambre et de plusieurs autres pièces pour ses hommes. Je ne me souviens ni de son nom ni de son grade. Seulement qu'il avait exigé que chaque matin, avant que le jour ne se lève, je sois debout pour lui cirer ses bottes, qui paraissaient gigantesques au petit bonhomme que j'étais, qui n'a jamais eu peur, mais que ces moments ont marqué à vie. (Marcel Joly)

Je me souviens parfaitement du premier Allemand que j'ai vu. J'étais dans l'Yonne, chez mon grand-père, un ancien combattant de 70. Tout à coup, je l'entends appeler quelqu'un. Je me retourne. C'était un prisonnier allemand qui passait. Il entra. Mon grand-père descendait à la cave chercher une bouteille de cidre et nous avons trinqué tous les trois. Pour moi, les Allemands étaient de véritables sauvages. Or, cet homme, avec des moustaches à la Brassens, avait l'air d'un bon père de famille. Il demeurait chez l'habitant, dans une maison voisine et à ses moments libres allait rendre service à l'un ou à l'autre et était estimé de tous.

Un cousin rentré en permission racontait la vie dans les tranchées. Il était en première ligne. En face étaient les Allemands. Entre eux, il y avait un endroit où on pouvait se procurer de l'eau. Les Français allaient en chercher à un certain moment. Puis les Allemands. Au bout de quelques jours, ils y allèrent en même temps, parlaient et baragouinaient entre eux comme ils pouvaient, puis repartaient chacun de leur côté. Un jour, les Allemands prévinrent les Français : « Faites attention, nous allons être remplacés par d'autres soldats. Méfiez-vous, ne venez plus chercher de l'eau en même temps qu'eux ! » (André Clévy)

En 1917, j'avais trois ans. Le jardin de ma nourrice jouxtait un camp de prisonniers allemands. Curieuse, j'allais près des barbelés et leur faisais des sourires. Ils me parlaient et me donnaient du chocolat. (Alice Sergent)

Dix ans plus tard : les paysans de Milly

Un cliché de 1907 ou 1908. Une image rare, en un temps où la photographie n'est pas démocratisée et ne se pratique guère qu'en studio, dans les villes. Celle-ci aura donc été réalisée par un photographe amateur. Peut-être le propriétaire, en visite sur ses terres, à Milly-la-Forêt, dans l'Essonne, qui aura voulu prendre cette image de la famille de ses métayers et qui la lui aura offerte.

Une belle famille de sept enfants, les Doizon : six fils et une fille. Une famille de travailleurs, accompagnés de leur chien. Le père, droit, avec son bâton ; la mère, soumise, avec son seau : un couple rappelant celui peint par Millet. Tous les enfants participent à l'exploitation. Sauf le plus jeune, à gauche, en tenue d'écolier. Plusieurs, dont la fille, ont la main sur la hanche, signe d'installation dans le lieu et le temps. Autant d'indices évoquant la continuité de ces longues lignées paysannes, sur lesquelles le temps ne semble pas avoir de prise…

Je ne possède pas de photographie plus récente, mais un cliché pris dix ans plus tard aurait présenté un bilan épouvantable.

Seul, le plus jeune des fils – mon père, le petit garçon au chapeau, tout à gauche –, âgé de treize ans, n'est pas allé à la guerre. Les deux aînés ont été tués, un troisième est rentré amputé d'une jambe, un autre, gazé, mourra « des suites de la guerre ». Un seul en a réchappé par miracle, pour avoir été sauvé par son mulet, tué à ses côtés. Ma grand-mère, que j'ai bien connue, a porté le deuil toute sa vie[4].

DOSSIER

Une armée énorme et composite

L'armée française comptait en 1914 environ 750 000 hommes, composés de militaires de carrière et d'appelés, effectuant leur service militaire.

Avec la mobilisation, décrétée le 1er août 1914, elle passera à 3 500 000 hommes, en vertu de la dernière loi sur le recrutement de l'armée, adoptée moins d'un an plus tôt, en août 1913, laquelle avait abaissé l'âge d'appel, de 21 à 20 ans et porté à trois années la durée du service militaire – faisant que certains allaient donc passer sept années dans l'armée.

Dès lors, l'armée mobilisée est composée des trois ensembles suivants :

- **L'armée d'active**, constituée des hommes âgés de 21 à 23 ans (classes[5] 1911, 1912 et 1913, autrement dit des soldats nés en 1891, 1892 et 1893), déjà présents dans les casernes, pour y effectuer leurs trois années de service militaire, représentant 817 000 hommes, avec environ 90 000 militaires de carrière et officiers.
- **L'armée de réserve,** constituée d'hommes de 24 à 33 ans (nés entre 1881 et 1890, puisque la durée de la réserve est de onze ans).
- **71 000 engagés volontaires** (jeunes devançant l'appel – les plus jeunes étant âgés de 15 ans – et étrangers).

4. Témoignage de Jacqueline D.
5. La « classe 1910 » était composée des hommes nés en 1890, qui avaient dû se faire recenser cette année-là, qui était celle de leurs vingt ans.

Seront mobilisés ultérieurement, sans pouvoir être engagés en première ligne :

- **L'armée territoriale**[6], constituée d'hommes de 34 à 39 ans (nés entre 1875 et 1880).
- **La réserve de l'armée territoriale,** constituée d'hommes âgés de 40 à 45 ans (nés entre 1868 et 1874), mais auxquels on va rapidement ajouter ceux âgés de 46 à 49 ans (nés entre 1868 et 1865).

Ces soldats, considérés comme trop âgés et plus assez entraînés pour intégrer un régiment de première ligne d'active et de ce fait surnommés « Pépères » (= Papys), seront cependant, fin août 1914, intégrés, pour les plus jeunes d'entre eux, dans des régiments d'active et de réserve pour compenser les pertes.

Ces régiments devaient initialement assurer un service de garde et de police dans les gares, les villes, les frontières, les forts, sur les voies de communication, ainsi qu'effectuer divers travaux (terrassement, entretien des routes et des voies ferrées...). Ils sont également chargés du ravitaillement et des saisies de bétail, du nettoyage des champs de bataille (inhumation des cadavres, récupération des matériels, garde des prisonniers...). Au fil de la guerre, ils se retrouveront souvent engagés en première ligne, notamment lors des grandes offensives de 1918, d'où leur dissolution, en août 1918, pour les disperser dans les régiments d'active et de réserve.

Tous les Français, des classes 1887 à 1914 (soit de 20 à 47 ans), sont donc mobilisés dès l'ouverture des hostilités.

Il n'y a aucune dispense pour les hommes mariés, avec ou sans enfants – faisant parler de « l'égalité de l'impôt du sang ». **Seuls certains pères de familles nombreuses** bénéficient de quelques « privilèges » : ceux âgés de 24 à 35 ans et pères de quatre enfants vivants passent de droit et définitivement dans l'armée territoriale (y rejoignant les hommes de 35 à 41 ans). Ceux, pères de six enfants vivants, passent dans la réserve de l'armée territoriale, pour y être moins exposés. Quant aux **réformés et exemptés** de ces classes

6. Ainsi nommée parce que attachée à un territoire précis, dont les soldats la constituant ne pouvaient en principe pas être envoyés n'importe où.

1887 à 1914, ils auront l'obligation de se faire recenser en mairie dès septembre, pour passer à nouveau devant le conseil de révision.

Durant les quatre ans de guerre, la conscription amènera donc quelque huit millions d'hommes, avec, après les 817 000, incorporés entre le 1er et le 15 août 1914 (représentant plus de 21 % de la population nationale) :

- 2 887 000, incorporés entre le 16 août et le 30 septembre 1914
- 1 099 000, incorporés entre le 1er octobre 1914 et le 31 janvier 1915
- 1 017 000, incorporés entre le 1er février et le 30 juin 1915
- 624 000, incorporés entre le 1er juillet et le 31 décembre 1915
- 226 000, incorporés entre le 1er janvier et le 30 juin 1916
- 282 000, incorporés entre le 1er juillet 1916 et le 31 mars 1917
- 223 000, incorporés entre le 1er avril et le 31 décembre 1917
- 407 000, incorporés entre le 1er janvier et le 11 novembre 1918
- sans oublier 275 000 indigènes de l'Empire colonial (➔)

Au fil des mois, avec l'enregistrement des pertes et l'augmentation des offensives, il a en effet fallu mobiliser davantage. Dès l'hiver 1914-1915, les plus jeunes classes ont été appelées par anticipation (la classe 1919 – nés en 1899 et âgés de 19 ans – étant appelée en avril 1918. Au total 1,8 million de jeunes seront mobilisés entre 1914 et 1919, avec des temps de formation évidemment accélérés. On n'hésitera pas, aussi, à appeler en renfort les classes plus âgées (ainsi la classe 1887, rappelée entre mars et août 1916, avec des hommes âgés de 49 ans).

En 1915, les lois Dalbiez, votées à l'initiative d'un député des Pyrénées-Orientales, se sont attachées à rendre le système plus efficace et plus juste :

- en protégeant les classes les plus anciennes, en prévoyant par exemple d'envoyer la classe 88 (hommes nés en 1868, donc âgés de 47 ans) en priorité dans les usines d'armement,
- en faisant ré-examiner ceux que le Conseil de révision avait, voilà parfois plus de dix ans, écartés des obligations militaires et que leurs voisins voyaient volontiers comme « planqués » : 60 % des hommes reconnus précédemment inaptes seront récupérés dans les différents services (soit 1 188 000 sur près de 2 millions). De même 48 % des réformés, ajournés et exemptés appartenant

aux classes 1915 à 1919 (soit 336 000 sur près de 700 000). Certains exemptés ou réformés de la classe 1914 se verront convoqués jusqu'à cinq fois, entre 1914 et 1918 !

- en réorganisant et encourageant l'**engagement volontaire**, ouvert aux adolescents ainsi qu'aux vétérans de la précédente guerre, que l'âge écartait de la mobilisation et auxquels on a accordé des avantages et des conforts, avec la garantie d'un emploi fixe pour toute la durée du conflit.

Dès lors, le nombre de ces engagés volontaires va évoluer en dents de scie, baissant de 26 000 en 1914 – avec d'importants contingents de jeunes, animés de forts désirs patriotiques, alors que la guerre est vue comme une campagne ne devant durer que quelques mois – à 11 000 en 1915, lorsque l'on prend véritablement la mesure de la guerre, pour remonter à 20 000 en 1917 et atteindre 31 000 en 1918, alors que l'on sait que la guerre tue inégalement selon les armes et que l'engagement permet justement de choisir la sienne, avec alors une préférence pour l'artillerie sur l'infanterie.

Le bonheur parti en fumée

Deux clichés. Un premier, pris vers 1908, présente la classique famille bourgeoise, heureuse, dans le jardin de sa villa, sans doute à Lille. Le père, Henri, la mère, Gabrielle, et leurs deux enfants, avec là aussi un chien pour compagnon de jeux. Un second, qui montre une sorte de champignon atomique, est un document rare et inattendu : l'explosion de l'usine Vandier-Despret (fabriquant de la mélinite), le 1er mai 1916, à La Rochelle, inopinément photographiée par un amateur. L'explosion a fait 176 morts et 138 blessés — l'équipe montante et l'équipe descendante – en même temps qu'elle a détruit une centaine d'habitations. Un événement comparable à celui de Toulouse, en 2001, mais qui est alors passé pratiquement inaperçu, en pleine bataille de Verdun…

Lorsque l'on sait qu'Henri y travaillait, on comprend vite l'association de ces deux images.

Pour être ingénieur chimiste, mon arrière-grand-père, né en 1874, avait été détaché en 1916 dans le cadre de « l'article 6 », gérant le statut des requis civils, en qualité d'adjoint à la direction de cette usine, où il a trouvé la mort.

Certes, il y aura obsèques nationales et érection d'un monument… Mais les conséquences pour ma famille seront extrêmement lourdes. D'abord, bien sûr, la mort d'un père de deux enfants, dont le statut ne permettra pas d'être reconnu « Mort pour la France », avec les conséquences économiques que cela représentera.

Plus grave : mon arrière-grand-mère, Gabrielle, ne supportant pas la disparition de son mari, mettra fin à ses jours, dans un hôtel parisien un an après, en mai 1917, laissant deux enfants orphelins de seize et dix-sept ans, qui seront élevés par sa sœur.

Dix ans après la photographie dans le jardin, il ne subsiste que les deux enfants. Deux adolescents – ma grand-mère et son frère – qui ne s'en remettront jamais, tant financièrement que psychologiquement. Et je n'ai d'ailleurs appris que récemment le suicide de leur mère, que l'on avait toujours très pudiquement dite « morte de chagrin »[7]*…*

7. Témoignage de Jean-Marie Hista.

Des bilans longs à se solder

Dans ces familles éprouvées, décimées, ruinées par l'enchaînement des circonstances, les conséquences de ces bilans dramatiques se feront en effet parfois sentir sur plusieurs générations, voire jusqu'à aujourd'hui…

Dans toutes les branches de ma famille, la guerre et ses fantômes sont là, avec leurs cortèges de souffrances.
Mon grand-père paternel, grand mutilé de guerre, dont la femme, ma grand-mère, qui ne s'était jamais remise de la mort de son fiancé, tué en 1915, s'était mariée par dépit.

Mon grand-père maternel, qui avait eu plusieurs frères tués et sa femme, Augustine Dupont, elle-même fille et nièce de poilus eux aussi « morts au champ d'honneur ».

Résultats :
– à la mort de son second fils, l'arrière-grand-père Dupont, après avoir perdu sa femme, morte de chagrin après le décès du premier fils, avait vendu sa ferme de Clinchamp, dans la Haute-Marne, et placé son argent dans des titres qui s'étaient rapidement effondrés et l'avaient laissé ruiné.

– sa belle-fille, veuve de guerre à vingt-huit ans, avec quatre enfants à élever, ne supportera plus la compagnie des hommes. Elle se murera dans son chagrin, avec sa foi pour béquille. Voyant un de ses fils épouser une Sarroise, dont elle ne supportait pas l'accent allemand, elle se brouillera avec lui et ne connaîtra jamais ses petits-enfants, issus de cette union.

– né d'un mariage « fataliste », mon père, élevé sans amour maternel, aura bien des difficultés pour tisser de véritables liens chaleureux et donner la tendresse qu'il n'avait jamais reçue[8]*…*

8. Témoignage de M.-B. Jondreville.

L'arrière-grand-père de mon mari, Arsène Delobel, était directeur d'une maison de charbons à Boulogne-sur-Mer. Père de cinq enfants, trois garçons et deux filles, il était, comme la plupart des Français, un patriote convaincu. Il répondra immédiatement à l'appel de l'État, en donnant de l'or pour financer l'effort de guerre. L'aîné de ses fils, âgé d'à peine dix-huit ans, engagé volontaire, mourra au tout début de la guerre, en août 1914, ce qui conduira un deuxième à s'engager à son tour, « pour venger son frère ». N'ayant que dix-sept ans, son père devra lui signer une autorisation, et ce fils sera tué moins d'un an plus tard, son corps n'étant jamais retrouvé.

Éprouvé par ces deuils, rongé par la culpabilité liée à la disparition du second fils, Arsène mourra en janvier 1920, âgé seulement de cinquante-quatre ans. Ses deux filles se feront religieuses et le plus jeune fils – le grand-père de mon mari –, trop jeune pour avoir porté les armes, restera seul avec sa mère. Toute sa vie, il sera marqué par cette guerre qui, brutalement, a fait de lui le seul homme de la famille. Lorsque mon beau-père m'a raconté cette histoire, il était particulièrement ému au souvenir de cette souffrance encore si vivace et contenait difficilement ses larmes[9].

Destins individuels et destins familiaux se croisent et se conjuguent. La Grande Guerre va en quatre ans infléchir de manières souvent très diverses le cours de toutes les familles.

9. Témoignage de Nathalie Mathis-Delobel.

II.
Des familles décimées

Six Grézanlé et cinq Jardot

« Ma famille a payé un très lourd tribut à cette guerre : mes arrière-grands-parents ont eu quatorze enfants, comme le montre cette photographie, datant sans doute de 1905, que je conserve précieusement[1]*… »*

Pris un jour de printemps, à Vennecy, une petite commune du Loiret, en bordure de la forêt d'Orléans, ce cliché en parfait état montre la famille au complet, devant la ferme familiale, au hameau des « Portes-Rouges ».

Au centre, les parents, Jules et Marie-Thérèse, la cinquantaine, tous deux issus de vieilles souches implantées dans le secteur depuis la nuit des temps. À leurs côtés, on peut en effet compter quatorze enfants. Ils sont tous là : deux filles – les aînées, dont

1. Témoignage de Janine Dutertre-Grézanlé.

une est mariée depuis peu – et douze fils ! Aucun ne manque à l'appel : chose rare à cette époque où, si les familles nombreuses, de dix, douze, quatorze enfants, étaient fréquentes, surtout à la campagne, peu étaient épargnées par la mortalité infantile… Bénédiction céleste : Jules et Marie-Thérèse n'ont perdu aucun enfant. Ils peuvent afficher un regard serein.

Jules, droit, costumé, cravaté, les mains croisées sur ses jambes, sentant celles de sa femme appuyées sur ses épaules, peut être satisfait. Et fier !

Lui, qui a débuté comme modeste charretier, arrive aujourd'hui à nourrir tout ce monde, sur la modeste ferme qu'il exploite, grâce bien sûr au travail de tous.

L'aisance, certes relative, est manifeste : chaussures de cuir pour tout le monde, robes élégantes des filles, vestes en bon tissu épais des garçons, et pour les plus jeunes des costumes marins, que l'on s'efforce de préserver du vert de l'herbe fraîche, en les faisant asseoir sur des couvertures.

Une famille au grand complet, aux regards souvent assurés, mais aux personnalités diverses, comme on le ressent lorsqu'on s'attarde à les regarder. Sourire et joie des uns. Sérieux et concentration des autres… Chacun mesure l'importance de l'instant, face à l'objectif d'un photographe d'Orléans, engagé pour la circonstance, et qui a choisi de les installer là, devant la treille encore sans feuilles et sous ce soleil encore froid – température qui a fait exiger par la mère que l'enrhumé du jour garde son cache-nez.

Une tribu au grand complet, qui ne va cesser de s'agrandir, au fil des ans, jusqu'à cet été 1914 où, comme toutes les familles de France, elle se retrouvera face à la guerre. Les Grézanlé, d'emblée, vont compter neuf fils mobilisés, auxquels on doit ajouter les deux gendres et deux autres fils encore, qui seront appelés au cours des années à venir, pour donner finalement le nombre impressionnant de treize hommes dont onze fils mobilisés.

De ces onze fils, la guerre en prendra six. Plus de la moitié ! Cinq seront tués ou portés disparus : deux en 1914 (dont le plus jeune, mort à vingt ans), trois en 1915 et un dernier, qui mourra des suites de ses blessures, en janvier 1919, à quoi l'on doit encore ajouter que deux autres, rentrés l'un avec un bras en moins et l'autre gazé, ne pourront quasiment plus travailler. Un bilan insoutenable pour le père, veuf depuis 1910 – Dieu en avait préservé sa femme – qui aura reçu six télégrammes lui annonçant la mort d'un fils. Père qui leur survivra pourtant sept années durant, alors que tout, chaque jour – les prés, les champs et cette photographie, que l'on imagine trôner au chevet de son lit –, lui rappelle leur absence. Une famille anéantie, hébétée par ces deuils, même si le dernier des fils mobilisés finira par être libéré, sur intervention de la municipalité...

> « *En fait, personne n'en parlait. Comme si on ne voulait pas en parler. Ou comme si on ne savait pas le faire... Je n'ose imaginer ce qui se passait lorsque le maire venait frapper à la porte de mes arrière-grands-parents et la détresse de ce dernier, devant apporter de telles nouvelles. Et aujourd'hui, dans la famille, plus personne n'est capable de mettre le bon prénom sur le visage de chacun des fils disparus (les trois, en haut, à droite, et à gauche, le premier en haut et les deux premiers en bas).* »

L'histoire est à peu près la même, à l'autre bout de la France, dans le village d'Évette, aux environs de Belfort. Avec les mêmes paysans, les Jardot, établis depuis des siècles au pied des Vosges. Sauf que leur ferme fait face à la mairie, que les deux parents vivent encore et que la mère – âgée de cinquante-quatre ans en 1914 et qui n'a eu... que huit enfants : six garçons et deux filles – s'évanouit dès qu'elle voit le maire sortir de la mairie et se diriger vers sa maison.

L'histoire des Jardot (photographiés ci-après, quelques mois avant la mobilisation[2]) ressemble trait pour trait à celle des Grézanlé, à cela près qu'il n'en périra que cinq, mais sur six, et surtout que la mémoire familiale conservera des souvenirs plus précis.

Le 1er août 1914, par un temps de grande chaleur, les fils avaient moissonné les blés et les avaient mis en gerbes, quand ils avaient entendu, sur le coup de 4 heures, les cloches de l'église annoncer la déclaration de guerre. Ils étaient rentrés, avaient préparé leur paquetage et le lendemain matin, deux d'entre eux, mariés et établis dans le village, l'un père de deux enfants et l'autre ayant sa femme enceinte, étaient passés à la ferme prendre leurs cadets, célibataires, le plus jeune ayant vingt-deux ans. Tous étaient alors partis avec les autres hommes du village, pour gagner Belfort, leur cortège grossissant à mesure qu'ils traversaient les fermes et villages voisins. Pendant ce temps le père s'en était allé de son côté « piquer les gerbes en maillettes », pour les faire sécher et commencer à assumer seul le travail de la ferme. À soixante-cinq ans, il y sera souvent aidé par ses filles, âgées d'une quinzaine d'années, mais aussi régulièrement par des jeunes, ramenés au village par des permissions et émus des malheurs de la famille qui, en moins d'un an – entre août 1914 et juin 1915 –, va perdre cinq de ses fils.

Quatre fois le maire viendra frapper à la porte, laissant la cinquième fois le curé du village se charger de la pénible dé-

2. Photographie confiée par leurs descendants, Hélène et Marc Simon.

marche. Cinq fois, la mère s'était évanouie, pour chaque fois, revenant à elle, simplement répéter : « Mon Dieu, que votre volonté soit faite ! » Les permissionnaires aideront le père à récolter un immense champ de pommes de terre, plantées pour nourrir la grande famille, et lui, qui avait à ses débuts appris le métier de sabotier, le reprendra pour leur fabriquer des sabots, pendant les soirées d'hiver, en guise de remerciements.

Comme chez les Grézanlé, l'instituteur écrira au ministre de la Guerre, pour demander le rapprochement du dernier fils vivant – en fait l'aîné de tous – qui rentrera très marqué par la guerre et pour voir bientôt mourir sa mère…

DOSSIER

Les annonces et les télégrammes

Chez nos voisins, le chien hurla à la mort en regardant la photographie de leur fils, qui était mobilisé, bien avant que le maire ne vienne leur apporter le télégramme officiel. (Odette Comtal)

Le décès d'un soldat est en principe annoncé par un télégramme officiel, presque toujours acheminé en mairie par les gendarmes – à cheval. Si à Paris et dans les grandes villes on a des employés spécialisés, dans les communes rurales, c'est le maire ou son adjoint qui se chargent de la triste corvée et vivent quotidiennement dans sa hantise.

Le maire est toujours le premier à recevoir la nouvelle. Un internaute a ainsi retrouvé un carnet ayant appartenu à celui de la commune de Solignac, en Haute-Loire, dans lequel le magistrat a transcrit la nécrologie des soldats de la commune qui sont tombés, avec nom, date du décès et date à laquelle l'avis de décès lui a été remis. On y voit que les délais sont variables, pouvant aller de huit jours à deux mois, voire jusqu'à huit à dix mois, mais pouvant aussi être réduits à quelques heures, lorsque la nouvelle était envoyée par dépêche télégraphique, notamment pour les décès survenus dans les hôpitaux.

Si l'avis donne en principe la cause du décès, par exemple « mortellement frappé d'une balle au front le 7 novembre 1916 », il se contente presque toujours de formules passe-partout, comme « mort au combat », « mort pour la France des suites de ses blessures », « tombé au champ d'honneur », « tué à l'ennemi »...

Le télégramme commence toujours par la formule « ai regret vous informer décès soldat Untel », pour recommander « prière aviser avec tous ménagements désirables [...] et présenter sincères condoléances ministre » et finir par « rendre compte télégraphiquement ».

La réception du télégramme, tant redoutée, entraîne évidemment des scènes pénibles, faisant s'évanouir les mères, aussi bien celle des Jardot, paysans francs-comtois, que Blanche Doumer, la très digne épouse du futur président de la République (➔).

Dès lors, le souvenir de ces télégrammes est longtemps resté très présent dans les mémoires familiales.

Mon père, qui souffrait terriblement de ses blessures mais ne pleurait jamais pour rien, avait les larmes aux yeux lorsqu'il racontait comment il avait appris la mort de son grand frère, tué à vingt ans, d'une balle en plein front, car il portait la casquette rouge.

Travaillant dans une filature, il commençait très tôt le matin et prenait tous les jours son café dans le même petit bar. Un jour, alors qu'il était accoudé au comptoir, le marchand de journaux est entré et a dit au patron : « Le nom du premier tué d'Armentières vient d'arriver à la mairie : c'est Maurice Pottier. » Mon père, qui avait entendu, est parti en courant annoncer la nouvelle à son père, à qui il la dit à l'oreille. Assis dans son fauteuil, en train d'attacher ses chaussures, celui-ci se tassa, foudroyé, et lui répondit « ne dis rien, je le dirai moi-même à ta maman ».
(FERNANDE HERNANDEZ)

Ces annonces se voyaient souvent, par la suite, complétées par une lettre d'un compagnon de tranchées, témoignant de la bravoure du soldat tombé et racontant ses derniers moments, telle la lettre suivante, datée du 14 mai 1915, et adressée au père du malheureux[3].

Cher Mr Azéma,

je m'emprese de venir en deux mots de lettre, qui vont vous surprendre malheureusement,

je viens vous anoncer la mort de votre fils Azéma Frédéric, sergent au 163ème d'inf.

Il vient d'être frapper d'une mort glorieuse a lataque du 13 courant à 8h30 du matin; la compagnie a faitte une attaque lui est sorti de la tranchée avec sa section et plein de courage. Il a aperçu devant lui que quelques prussiens dont le nombre était inférieur à lui; lui cherchant à les contourner, Une grande pluie de balles les prend par le flanc et le malheureux brave a était ateind d'une balle à la tête.

Sa dernière parole a été: « ces pas trop tôt » dont il a pu dire, braves parents Azéma cella a était si dur pour moi que celle le sera pour vous, depuis trois ans qu'on vivait comme deux frères au régiment, que l'on a été toujours à la même section. Il a commencé d'être mon caporal, et après mon sergent, moi je suis du côté de Millau dans l'Aveyron, j'ai une tante à Aulas, la veuve Tinel Une cousine mariée à Ganges avec le fils de Fesquet, une nomé Antoinette c'est pour vous dire que l'on se considérait comme pays.

[...]

je lai toujour estimé. Il a toujour fait se qu'un français doit faire, lui a fait son devoir et nous autres nous le ferons aussi et nous le vengerons si nous pouvons. notre comandant, un homme comme il y en a guerre était parti en tête avec lui a eue troix blesures graves et malgré ses blesures, il lui a prononcé un petit sermont dont tout le monde, les larmes lui

3. Document communiqué par Marie-José Guigou.

sont venus aux yeux, et ont répondu nous voulons venger nos morts

Son cadavre a été transporté en arrière dans un petit cimetière, ou on va lui acheter une belle couronne.

[...]

je vous envoye l'argent dont il avait sur lui et qu'il m'avait souvent dit, en cas de mort prend mon portemonaie et envoyé l'argent à mon père; j'ai acompli mon devoir et j'ai fait comme je voudrais que l'on me fasse

Brave père, je vous quitte en vous embrassant et quant au pauvre Frédéric je le salut et penserai toujours à lui.

Voici mon adresse Gérard Vergely 163ème d'inf 11ème Comp. Secteur 123

Souvent, le compagnon qui était un « pays » venait d'ailleurs en personne, lors d'une permission, remettre à la famille quelques objets laissés par le soldat tué (son portefeuille, des lettres ou quelques objets personnels...).

Les petits comme les grands

Le malheur frappe partout, sans distinction de rang. Aussi bien la famille d'un armateur de Saint-Malo ou celle d'un aristocrate lyonnais que celles de nos paysans du Val-de-Loire et de Franche-Comté. Une autre, plus en vue encore, est douloureusement éprouvée : celle de l'homme politique Paul Doumer.

Le 24 septembre 1914, alors qu'il préside le comité de ravitaillement, on lui apporte une dépêche. Il l'ouvre, la lit et pâlit. Une larme est vue dans ses yeux. Mais il se reprend rapidement et invite ses collègues à conclure. La séance terminée, il explique à son collaborateur : « J'apprends qu'un de mes fils vient d'être tué [...] je vais, cette nuit, rejoindre ma femme en Touraine. Il ne faut pas que la pauvre mère apprenne par un autre la mort de notre enfant. Je serai rentré demain soir. » André Doumer, lieutenant du 8e régiment d'artillerie, serait tombé ce jour-là à vingt-cinq ans en disant : « Vous direz à mon père que je suis tombé à ma place, en faisant mon devoir. Dites-lui aussi que je meurs content et que je suis sûr qu'il sera content pour moi. »

Le 26 avril 1917, Andrée, la petite-fille de Paul Doumer, note dans son journal que Bon-papa a l'air « aussi bizarre que le salon ». Il ne regarde personne d'autre que Blanche, son épouse, et annonce, d'une voix très grave : « René est mort. » Elle devient toute pâle, tend les bras et tombe. On se précipite. Tout le monde pleure. Les larmes deviennent hurlements. Blanche lâche, anéantie dans son effroi : « Quand cette hécatombe cessera-t-elle ? » On demandera souvent par la suite à Doumer pourquoi il n'avait pas cherché à empêcher ce deuxième fils, blessé, de repartir combattre. Interrogations balayées d'un revers de la main par le père, indigné de trouver tant de fils de famille embusqués à l'arrière.

Le 23 juin 1918, ce sera le tour d'un troisième, à l'épouse duquel le beau-père écrira une lettre bouleversante de dix pages, dans laquelle on peut lire : « L'être chéri qui disparaît est mort au devoir, en accomplissant la tâche la plus belle et la plus haute, en donnant sa vie à la France. [...] Je pleure en vous écrivant, alors que j'ai tant pleuré que je ne le croyais plus pouvoir. » Pourtant à sa petite-fille qui pleurera, pour un chagrin d'enfant, son grand-père assènera autoritairement : « Une Doumer ne pleure pas ! » Si Durkheim est mort de chagrin après que son fils est tombé, Blanche et Paul Doumer ont le devoir de se montrer dignes et continueront à le faire lorsqu'un quatrième de leurs fils, en convalescence dans les Vosges, succombera à ses blessures en 1923.

Le salon familial est transformé en autel, où photographies et souvenirs des fils défunts sont religieusement exposés (voir ci-contre une photographie montrant le président, à droite, aux côtés de ses cinq fils, dont quatre ont été tués). Accompagnés des décorations encadrées, les portraits des disparus sont posés en bonne place, comme ils sont aussi sur la cheminée du cabinet de travail de Paul Doumer, avec la photo de leur sœur, décédée à vingt-trois ans, en 1917, après la naissance de son fils, morte de chagrin d'avoir perdu ses frères chéris. Un deuil de plus... Au Sénat, ses collègues disent de Doumer que sa douleur est poignante et visible, malgré ses efforts pour la dissimuler.

© Selva/Leemage

Pour Amaury Lorin, son biographe[4], que je viens de citer, on peut vraiment dire que Doumer « change de stature avec la Grande Guerre », dont il devient un « témoin moral de premier plan, notamment vis-à-vis des anciens combattants ». Symbole patriotique vivant, il jouit d'une surface politique considérable et ses regards se tournent rapidement vers la droite, qui voit en lui un possible successeur de Poincaré.

La perte de quatre de ses cinq fils, qui aurait été dénoncée par Georges Clemenceau comme son « fonds de commerce » politique, oriente indiscutablement son image publique et participe incontestablement à sa popularité nationale. Paul Doumer incarne tout à la fois la famille française endeuillée et la patrie amputée : son deuil privé est devenu public. Alors que l'inégalité devant la mort transcende l'inégalité sociale, un

4. Il est notamment l'auteur de *Paul Doumer : la République audacieuse*, Payot, 2013.

sentiment amer prévaut, selon lequel les classes populaires auraient payé à cette guerre un tribut plus lourd que les classes aisées. Son *Livre de mes fils* sera réédité à plusieurs reprises et, en 1931, il sera élu à la présidence de la République…

DOSSIER

Des records dramatiques

À Saint-Paul-en-Chablais, près d'Évian, c'est une famille de vingt-cinq enfants qui aurait ainsi eu dix-huit fils mobilisés. Quatorze, pour une famille de la Manche. Onze sur douze chez les **Grézanlé**, à Vennecy, près d'Orléans. Dix – sur dix ! – chez les **Ruellan**, armateurs malouins. Neuf sur onze, chez les **Duguy**, à Mortagne-sur-Sèvre, en Vendée, les vieux parents, dont le mari est infirme, se retrouvant ici seuls, avec à leur charge deux petits-enfants et pour toutes ressources une allocation de 2,25 F… Neuf fils aussi, âgés de quarante et un à vingt-quatre ans, chez les **Arqué**, à Sainte-Croix, dans l'Ariège. Sept, chez une veuve de Saint-Genest-Malifaux, dans la Loire, comme Louis Trousselier, surnommé « Troutrou » et vainqueur du Tour de France, en 1905, avait fait partie d'une fratrie de sept mobilisés, à laquelle on devait encore ajouter deux beaux-frères…

Et les hécatombes, dès lors, de se succéder, frappant une même fratrie, à commencer par ces jumeaux, Marcel et Robert **Lemaître**, d'Ablon, dans le Calvados, fauchés par un obus perdu, le 10 janvier 1916.

> *Ils étaient deux frères jumeaux, deux petits soldats de vingt ans, qui s'adoraient. Ils étaient du même régiment; et tout de suite, l'action finie, ils se cherchèrent… Ils eurent l'immense joie de se retrouver vainqueurs et joyeux de vivre. Et ils venaient de se jeter aux bras l'un de l'autre, quand un obus perdu vint s'abattre et éclater à côté d'eux. Et l'obus tua raide les deux frères. Leurs corps ont été couchés côte à côte près de l'endroit où ils sont tombés… (Journal* Le Commerce de Sablé, *19 janvier 1916)*

On ne saurait recenser toutes les familles qui compteront trois fils morts : les **Harriet**, à Guéthary, en Pays basque, dont deux, Gabriel et Gratien, tombés le même jour, le 16 avril 1917 (à deux heures d'intervalle et dans le même secteur) et les **Rattaire**, en Savoie, avec trois tués en moins d'un an, entre octobre 1914 et octobre 1915 (➔). Les **Trouillot**, à Gézier-et-Fontenelay, en Haute-Saône, qui seront inhumés ensemble, et les **Sabiani**, à Casamaccioli, en Corse : trois fils tués pour quatre mobilisés, le quatrième, surnommé le « Bayard Corse », multipliant les actions d'éclat, malgré la perte d'un œil. Voilà encore les trois fils du général **de Castelnau** et les trois frères **Masurel**, industriels du textile, à Roubaix (trois fils morts et deux prisonniers de guerre). Les **Chades**, à Saugues, dans la Haute-Loire, les **Videlaine**, dans le Pas-de-Calais, les **Tanguy**, à Carantec, les **Gautereau**, à Saint-Jean-d'Angély... Citons encore les **Nézet**, à Fouesnant, dans le Finistère, dont la mère servira de modèle à la pleureuse du Monument aux morts, comme un peu plus loin, à Plozévet, on immortalisera le vieux et digne Sébastien **Le Gouill** qui, à la perte de trois fils, ajoutait celle de ses deux gendres...

Nombreuses aussi sont celles qui, comme les Doumer, en perdront quatre : les **Créac'h**, à Vannes, les **Bernard**, à Cuers, dans le Var, les **d'Elbée**, à Guéthary, en Pays basque, pour six fils mobilisés, les **Duguy** déjà cités, les **Bonlaron**, à Rambervillers, dans les Vosges, les **Trotoux**, à Hédé-Bazouges, en Ille-et-Vilaine, les **Guillon**, à Maidières, en Meurthe-et-Moselle... Comme on a encore les quatre frères **Peignot**, typographes parisiens, et quatre des huit fils que Pierre **Morvan**, de Cléden-Poher (Finistère) avait eus de ses deux épouses successives.

Certaines familles en perdront cinq :

– les **Jardot** (➔), à Évette, dans le Territoire de Belfort,

– les **Tramaille**, à Blanzy, en Saône-et-Loire, famille de onze enfants, qui perdra cinq fils sur six mobilisés, en moins d'un an, dont deux tués à cinq minutes d'intervalle, un jour de mai 1915. Une famille dont le père, ivre de douleur, lorsque le suivant de ses fils, né en 1897, sera appelé, hurlera qu'il préfère le tuer lui-même et se suicider après. Avec sa femme, il se laissera lui aussi mourir de chagrin et la dernière de leurs filles, décédée en 1984, passera des heures entières enfermée dans sa chambre, face à la photographie de ses quatre frères morts à la guerre,

– les **Fresse**, à Rupt-sur-Moselle, dans les Vosges, auront six fils mobilisés : cinq tués en 1915, quatre en l'espace de deux mois, parmi lesquels deux mariés et pères de famille. Le sixième, qui avait vu tomber le dernier de ses frères à ses côtés, sera retiré du front et placé dans une unité médicale (ce qui lui permettra de dire, plus tard, que ses frères lui ont sauvé la vie).

Et deux familles de la noblesse :

– les **L'Estang du Rusquec**, à Treflevenez, dans le Finistère, dont l'un des fils, marié, mourra en Suisse de la grippe espagnole en 1918 après trois ans de captivité, sans avoir vu son fils, né en 1914,

– les **Falcon de Longevialle**, à Lyon, une famille de la noblesse du Gévaudan comptant seize enfants – quatre filles et douze garçons –, qui aura dix fils mobilisés, dont quatre tomberont « au champ d'honneur » et dont les morts seront régulièrement annoncées à la mère par son curé.

D'autres enfin en perdront six, un bien triste record détenu semble-t-il par trois familles :

– les **Grézanlé** (➜)

– les **Ruellan**, déjà cités : famille de la bourgeoisie malouine, avec les seize enfants d'un armateur, six filles et dix fils, qui porteront tous les armes, plusieurs d'entre eux s'étant engagés – les plus jeunes, y compris un prêtre, qui aurait pu rester à l'arrière. Certains étaient revenus d'Uruguay et des États-Unis, où ils étaient établis, l'un d'eux, qui exprimera sa « fierté d'être jugé digne de fournir au pays de si pures victimes », sera l'un des cinq tués, alors qu'un autre – le sixième, sur les dix –, rentré gazé, succombera rapidement. Sans oublier la sœur aînée restée célibataire, qui recevait, en l'absence des parents déjà décédés, les télégrammes annonçant la mort de ses frères et qui se comportera en véritable chef de famille. Famille photographiée page suivante avant guerre, dans son jardin de Paramé (document confié par Marc Ruellan).

– et apparemment une famille clermontoise, que je n'ai pu identifier, avec une mère de sept fils, qui aurait déclaré, en 1917 : « Ça va bien pour la patrie [...]. Six ont été tués. Le septième est aveugle et fou. »

Un record absolu, de huit fils pour onze mobilisés, cité à propos d'une famille ariégeoise ne semble pas avéré. L'unique sœur, à la mort de l'un de ses frères, avait écrit à l'un des survivants : « J'apprends que Charles et Lucien sont morts... Eugène est blessé grièvement. Quant à Louis et Jean, ils sont morts aussi... Maman pleure. Elle dit que tu sois fort et que tu ailles les venger... Mon cher frère, fais ton devoir [5] »...

5. Parmi les patronymes des victimes de la Grande Guerre, dans l'Ariège, on n'en trouve aucun, figurant huit fois, avec pour prénoms ceux figurant dans la lettre citée...

III.
Les familles éclatées

DOSSIER

Mal connus : les « déplacés » des zones occupées

Avec le plan Schlieffen, l'armée allemande a très rapidement occupé une grande partie du nord-est de la France. À partir d'octobre 1914, le front se stabilisant, trois zones ont coexisté, en France et en Belgique, avec une *zone de front* entre une *zone occupée* et une *zone libre.*

➜**La zone de front**, délimitée par une ligne de 700 km de tranchées, allant de la mer du Nord à la Suisse, comporte une zone de guerre d'une quinzaine de kilomètres de large, soumise aux tirs d'artillerie. La population civile est totalement évacuée et les villages seront totalement détruits.

En février 1917, dans l'Aisne, Chauny et les localités voisines ont été évacuées, avant d'être pillées et détruites, laissant ce secteur livrer une vision d'apocalypse, avec 222 églises et 38 000 maisons totalement détruites, dans 264 communes. Dans le Nord, Bailleul ne garde qu'une maison debout, et Mazinghien et La Bassée sont quasiment rasées, comme de nombreux villages de l'Artois et des Flandres, qui devront être entièrement reconstruits.

Les exploitations agricoles, dévastées, devront au lendemain de la guerre être entièrement « nettoyées » avant d'être réexploitées. Dans la terre saturée de gaz toxiques, il faudra rechercher et extraire les obus non explosés, rechercher et inhumer les corps des soldats morts et niveler les tranchées.

Cependant, le long de la ligne de front, plusieurs des villages détruits ne seront pas reconstruits. Des communes seront supprimées, ou rattachées à d'autres, quelques-unes étant maintenues, pour le principe, tout en se voyant déclarées « mortes pour la France ». Il s'agit, pour la plupart, de communes peu peuplées, comptant entre 100 et 300 habitants.

Ont été ainsi détruites :

- dans l'Aisne, des communes du site du Chemin des Dames (chemin baptisé ainsi pour avoir été empierré pour le passage de

Mesdames Adelaïde et Victoire, filles du roi Louis XV, se rendant au château de La Bove, chez la duchesse de Narbonne-Lara, entre 1776 et 1789) : Ailles, Beaulne-et-Chivy, Courtecon, Grandelain-et-Malval, Moussy-sur-Aisne, et Vauclerc-et-la-Vallée-Foulon (cette dernière comptant 62 habitants et ayant sa mairie donnant directement sur le Chemin) ;

- dans la Marne : Hurlus, Le Mesnil-lès-Hurlus, Perthes-lès-Hurlus, Ripont et Tahure ; Moronvilliers et Nauroy ;
- dans la Meuse : Beaumont-en-Verdunois, Bezonvaux, Cumières-le-Mort-Homme (pour « l'orme mort »), Douaumont, Hautmont-près-Samogneux, Louvemont-Côte-du-Poivre, Ornes, Vaux-devant-Damloup et Fleury-devant-Douaumont (dont la destruction donnera l'occasion en 1916 à une commune du Calvados, nommée *Allemagne*, en souvenir d'une ancienne garnison d'Alamans, de se débarrasser de son nom pour devenir Fleury-sur-Orne) ;
- en Meurthe-et-Moselle : Regniéville, Remenauville et Fey-en-Haye.

➔ **La zone occupée** : qui l'est totalement. À Lille, les soldats du Kaiser se détendent dans les cafés, où la bière coule à flots, et les boutiques tenues par des civils allemands fleurissent dans la rue Nationale. Pour achever de saper le moral des occupés, on fait quotidiennement défiler les prisonniers, auxquels les Lillois ont l'interdiction de parler ou de témoigner de la sympathie. À l'automne, alors que les deux tiers du département de l'Aisne sont occupés, Guillaume II viendra en personne parader à Saint-Quentin.

Partout, les occupants se livrent à des pillages systématiques (aliments, bois, matériaux...) et en profitent pour contrôler les industries locales (mines, sidérurgie, textiles...), capitales pour l'approvisionnement du pays, démontant souvent dans les usines les machines les plus modernes, pour les transporter outre-Rhin. Lorsqu'ils quittent les lieux, ils pratiquent volontiers la politique de la « terre brûlée ».

Pour soutenir leur machine de guerre, les Allemands réquisitionnent les produits agricoles, les matériels et outillages, ainsi que les cloches et les statues, qu'ils fondent pour récupérer le métal. Jusqu'aux matelas, dont ils réutilisent la laine, pour fabriquer des uniformes. Ils pillent les caves, à la recherche de vin, confisquent les chevaux des fermes au profit de leur armée et font main basse sur les cheptels, pour nourrir leurs soldats, d'où de graves pénuries, touchant toute la société : 32 des 40 000 habitants de Saint-Quentin seront inscrits au bureau de Bienfaisance… En résultent des problèmes de sous-nutrition, voire de famine, dont l'issue sera souvent fatale.

La population vit à proprement parler à l'heure allemande (décalée de deux heures par rapport à l'heure française) et dans un climat de terreur, imposé par diverses mesures touchant la vie quotidienne : interdiction de quitter son lieu de résidence sans autorisation, couvre-feu généralisé et variable (de 1 heure à 6 heures à la campagne, de 18 heures à 7 heures en ville), appels réguliers chaque jour (souvent deux, à 8 et 13 heures), affichage dans chaque maison de la liste de ses membres et des biens matériels et même, pour faire rentrer de l'argent, instauration d'une taxe sur les chiens. À quoi s'ajoutent réquisitions, travail obligatoire et déportations.

À la recherche de main-d'œuvre, et ayant beaucoup de mal, malgré des conditions intéressantes de logements et de salaires, à trouver des volontaires, les Allemands vont rapidement en réquisitionner, notamment pour réparer les infrastructures militaires ou entretenir les tranchées, en procédant à des recensements et à des contrôles de tous les habitants de plus de quatorze ans. Ordre est donné de « perquisitionner maison par maison ». L'exécution des mesures commandées doit être pratiquée avec énergie. « Si des troubles se manifestent, ils seront réprimés sans considération aucune… » Sont ainsi réquisitionnés des femmes, pour des travaux ménagers, en usine ou à la campagne et tous les hommes mobilisables, de quatorze à cinquante-cinq ans, qui vont être considérés comme prisonniers de guerre et astreints au travail obligatoire (en usine ou dans des fermes, ainsi que pour terrassements, réparations de voies ferrées et des routes…). À Saint-Quentin, en 1916, 870 jeunes gens sont entassés dans des wagons à bestiaux pour être envoyés aux travaux forcés vers le Nord…

J'ai connu l'enlèvement forcé de toutes les jeunes filles et femmes sans enfants, de quatorze à quarante ans, par les

Allemands, pour aller travailler à la campagne. Les Allemands allaient quartier par quartier, une mitrailleuse à chaque coin de rue. Les femmes devaient être prêtes à 4 heures du matin, avec un baluchon. C'était le travail forcé dans les champs. Parquées dans des baraquements infects. (GINETTE DAUBIGNY)

Ceux qui refusent sont d'abord condamnés à trois ans de prison et 10 000 Reichsmark d'amende (soit environ 30 000 de nos euros !), avant d'être envoyés dans des bataillons disciplinaires, où ils porteront un brassard rouge. On y envoie notamment les jeunes hommes, que l'on veut encadrer et surveiller, et surtout empêcher de rejoindre l'armée française. Les évacués de la zone du front sont, quant à eux, incorporés à des colonies ouvrières, en France occupée ou en Allemagne.

Les déportations sont nombreuses avec, au mépris des « lois de la guerre » définies dans les conventions de La Haye, de nombreuses prises d'otages, généralement choisis parmi élus et notables, et appelés à répondre des agressions contre les soldats allemands ou des actes de sabotage. Ces otages sont parfois utilisés comme « boucliers humains », notamment sur les aérodromes ou pour faire pression sur les municipalités. Les habitants de celles refusant de payer les contributions de guerre auxquelles elles sont soumises peuvent ainsi être déportés dans des camps allemands, où les hommes sont astreints à des travaux pénibles et les femmes à l'intendance, tout en y étant extrêmement mal nourris.

Deux déportations massives ont ainsi lieu :

- une en novembre 1916, avec 300 civils du Nord, choisis le plus souvent dans les grandes familles (Motte, Prouvost, Tiberghien…). Ils seront emprisonnés dans des camps organisés, parfois en France, comme Bellenglise, Vadancourt ou Sissonne, dans l'Aisne, où sont déportés 200 hommes de Chauny, âgés de cinquante à soixante ans. Plus souvent en Allemagne comme ceux d'Holzminden, Rastatt, Parchim ;
- une autre en janvier 1918, avec 600 otages, hommes et femmes, dirigés vers la Lituanie et la Lettonie, où ils seront détenus dans des conditions d'hygiène et de discipline dramatiques et où plusieurs laisseront la vie, mourant parfois de froid… Des

camps où conditions de vie et discipline de travail sont terribles : « travaux des champs 7 jours sur 7, de 4 heures du matin à 8 heures du soir » avec parfois d'épouvantables punitions (prison, coups, pain sec et eau, etc.).

D'autres otages étaient échangés contre des prisonniers de guerre allemands, faits par les armées alliées, ou servaient eux aussi de bouclier humain, pour être placés devant les troupes allemandes lorsque celles-ci progressaient sur le terrain.

Les « déplacés »

D'un bout à l'autre de la guerre, les populations ne cessent d'aller et venir. Ainsi dans l'Aisne, avec l'arrivée de réfugiés belges, en août 1914, qui débarquent par trains entiers, et avec le départ, deux ans et demi plus tard, en février 1917, de 40 000 Saint-Quentinois, « évacués » en deux semaines, par vagues de 2 000 par jour.

400 000 et 500 000 civils de ces régions[1] – essentiellement femmes, vieillards et enfants – ont été contraints de quitter maison, famille et amis, pour être soit « évacués », de force, par les armées françaises, avant l'arrivée des troupes allemandes, soit considérés comme « prisonniers civils », soit « rapatriés », dans des convois organisés par l'armée allemande, qui transitaient par Genève. Des familles entières ont été éparpillées, déplacées vers d'autres départements français, où elles étaient accueillies, hébergées généralement chez l'habitant, et où elles bénéficiaient de l'aide apportée par des organisations humanitaires.

On entendait le front, qui n'était qu'à quelques kilomètres. On voyait le ciel tout rouge et parfois tout tremblait dans la maison.

Nous étions ravitaillés par les comités américains et hollandais : du riz et de la farine (qui contenaient parfois des vers), du sucre et du lard d'Amérique, qui arrivait dans des

1. Les départements concernés par cet exode sont principalement et dans l'ordre l'Aisne, les Ardennes, l'Aube, la Haute-Marne, la Marne, la Meurthe-et-Moselle, la Meuse, le Nord, l'Oise, le Pas-de-Calais, la Seine-et-Marne, la Somme, le Territoire de Belfort et les Vosges.

tonneaux et parfois immangeable tant il était rance... Et pour tout cela, il fallait souvent faire des heures de queue. Sans parler du manque de charbon...

Un beau matin, enfin, nous avons été évacués. Nous devions être à la gare à 5 heures du matin. Les Allemands vérifiaient les bagages et fouillaient des femmes prises au hasard, pour le cas où elles porteraient des messages de renseignements. Nous avons fait trente et une heures de train, sur des banquettes en bois. Nous sommes passés par Strasbourg, puis Sedan, où on nous a donné un bol de soupe chaude. Puis Zurich, où nous avons été reçus avec de l'eau chaude – il neigeait – pour nous débarbouiller et un bon déjeuner. Puis Évian et Thonon, où l'on est restés dix jours et d'où l'on nous a finalement dirigés vers l'Ardèche. (Odette Thomas)

Mes grands-parents, Arthur et Élise, vivaient à Santes, en banlieue de Lille, avec leurs cinq enfants, lorsque la guerre éclata et que lui fut mobilisé.

En zone occupée, ma grand-mère subit les sévices de l'occupation : logement d'artilleurs allemands, caves transformées en dépôt de munitions, réquisition des pommes de terre sur pied dans les jardins-ouvriers, corvées d'arrachage d'orties, pain noir dit « pain kaka », disponible parcimonieusement...

Réformé temporaire pour blessure et maladie en juillet 1916, mon grand-père se retira donc chez ses beaux-parents, à Audrehem, près de Calais, en zone « libre » et demanda à la Croix-Rouge le rapatriement de sa famille.

En laissant un fils aîné – seize ans – prisonnier civil, requis au creusement des tranchées et à l'inhumation des cadavres, Élise put bénéficier avec ses autres enfants, dont un sourd-muet et infirme, de l'inconfort d'un fourgon ferroviaire – quarante hommes et huit chevaux – qui, par la Belgique, la Lorraine, l'Alsace et la Suisse la conduisit à Annemasse, centre d'accueil et de répartition des rapatriés. De là, elle fut dirigée vers Brive et séjourna dans le Cher, où elle dut attendre l'accord des autorités anglaises, contrôlant la zone de Calais.

Quand elle rentra enfin à Audrehem au lendemain de la guerre, Arthur était mort depuis le 8 novembre 1917 et elle ne retrouvera rien de ce qu'ils avaient possédé[2]*...*

La recherche dans l'intérêt des familles

Face tant aux disparitions qu'à ces fréquents cas de dispersion familiale, cette formule sera imaginée dès 1919, pour permettre aux familles séparées de se retrouver, avec le concours de la force publique. Elle ne sera abrogée qu'en avril 2013, du fait des possibilités offertes par les voies modernes de communication, après avoir traité – et souvent avec succès – des milliers de cas.

L'étrange histoire de Charlotte

1912 : une famille de journaliers agricoles devant sa maison, à Crécy-au-Mont.

2. Témoignage de Claude Brisy.

Le père, la mère et leurs sept enfants : quatre garçons et trois filles, dont Hortense et Charlotte – la deuxième, en partant de la gauche, regardez-la bien. On doit être dimanche, ou bien c'est jour de fête, car chacun s'est fait beau, peut-être spécialement pour la photo... Seul, un des fils, tout à droite, qui devait être aux champs, n'a pas eu le temps de changer ses sabots pour ses chaussures, à moins qu'il n'en ait pas eu, la paire achetée voilà deux ans, pour sa première communion, étant devenue trop petite... Une famille qui semble elle aussi plutôt heureuse – car elle sait se contenter de peu...

Mais Crécy-au-Mont est une commune de l'Aisne, au nord de Soissons, en pleine zone occupée, qui sera largement détruite. Dès 1914, cette famille va donc connaître l'enfer, comme leur descendante le raconte.

D'abord, après le décès de la mère, en couches du plus jeune, en 1913, c'est la mort du fils aîné, tué en Belgique, en août 1914.

Le père reste seul, avec ses six enfants. Au moment de la prise du village par les Allemands, les deux plus âgés sont envoyés dans les mines de Silésie, et lui, avec le plus jeune fils et les filles, seront utilisés comme bouclier humain. Comme de nombreuses femmes et jeunes filles de leur village, deux des filles seront violées, dont Charlotte – ma grand-mère –, qui a quinze ans.

Ils seront finalement récupérés par la Croix-Rouge suisse et évacués vers la France. Une des filles sera emmenée jusqu'en Espagne, d'où elle sera rapatriée à Paris, pour y être placée comme bonne. Les autres se retrouveront dans le Midi, où ils seront dispersés dans plusieurs grosses propriétés agricoles de l'Aude.

À la fin de la guerre, le père et son plus jeune fils, qui n'a pas dix ans, retourneront dans le Nord, où ils démi-

neront leurs champs, mais leur maison ayant trop souffert ne pourra plus être habitée.

Deux des filles resteront dans le Midi et s'y marieront, dont Charlotte, qui n'aura jamais l'occasion de revoir son pays.

Par contre, j'ai découvert que du viol de guerre était né un enfant, l'enfant du secret, puisqu'elle n'en a jamais parlé.

Enquêtant, j'ai alors appris qu'en 1915 la famille qui l'avait accueillie l'avait envoyée accoucher dans une pouponnière de la région. Elle en était sortie le même jour qu'une dame de Carcassonne. Charlotte n'avait pas d'enfant dans ses bras. La dame en avait un, qu'elle emmenait, avec ma Charlotte, qui allait être sa nourrice. Et Charlotte, désormais, portait deux secrets au lieu d'un[3]...

Une histoire émouvante mais somme toute logique puisque – et c'est là une des grandes conséquences de la guerre – de nombreuses familles vont éclater ou seront dispersées. Et cela bien souvent définitivement...

3. Témoignage d'Anne Leenhardt, auteur d'un livre de souvenirs, *Charlotte, le secret* (publié à compte d'auteur, 2010).

L'énigme de la photo trouée

Une vieille photo, abîmée, jaunie, qui a manifestement subi les outrages du temps. Mais une photo précieuse, qui a une histoire, ou plutôt dont le trou, curieux, en a une. Car ce trou, Nicole Levasseur l'a aujourd'hui bouché, et la photo est désormais complète, au bout de près d'un siècle.

C'est l'histoire d'une paisible famille d'ouvriers, décimée par la guerre. Ce n'est pas la seule, mais cette histoire c'est celle de ma famille, telle que je l'ai entendu raconter par ma mère et ma tante.

Mes grands-parents, Louis et Rosa, se marièrent en 1890. Ils avaient vingt-huit et dix-neuf ans. Il était houilleur à la Compagnie des Mines.

Un couple simple. Lui cultivait son jardin après le travail à la mine. Elle faisait parfois office de « matrone » (personne qui va aider les familles lors d'un accouchement, d'un décès, etc.) car elle était très serviable et forte de caractère. Ils élevèrent leurs six enfants, quatre filles et deux garçons, dans le sens de l'honneur, de la patrie et du devoir. La discipline était très stricte; les enfants vouvoyaient leurs parents.

Arriva la guerre, le fils aîné, mobilisé, fut grièvement blessé dès les premières semaines. Le père fit une crise cardiaque et mourut. Un mois plus tard, le fils mourait à son tour, dans un hôpital militaire provisoire.

Femme de caractère, ma grand-mère fit face et accepta la proposition qui lui fut alors faite d'aller tenir un petit estaminet dans une ville voisine, où les filles ont trouvé du travail. La région était dévastée. Seules subsistaient les Mines de charbon, qui employaient femmes, vieillards et enfants sous l'égide des Allemands et ma grand-mère ne voulait pas voir ses enfants y travailler!

La vie ainsi réorganisée, tout basculera pourtant en avril 1918. La guerre continue et les obus sifflent souvent au-dessus des maisons. L'un d'eux – obus perdu a-t-on dit… – détruit estaminet et logement, laissant ma grand-mère morte sous les décombres et blessant trois des filles.

Commence alors pour la famille une ou plusieurs dramatiques odyssées.

Les deux seuls enfants indemnes (mais choqués) sont pris en charge et envoyés dans une ferme du Cantal et les trois blessées, trois filles âgées de vingt-deux, dix-neuf et seize ans, d'abord évacuées vers un hôpital militaire des environs, sont ensuite envoyées par un train sanitaire vers Bordeaux, dans un hôpital militaire. Là, la plus jeune, touchée à la tête, va être trépanée. Ma mère, avec un bras cassé et un éclat d'obus sous le cœur, sera opérée. Elle récupéra son bras à 90 %, sans que l'on parvienne toutefois à lui enlever l'éclat, qu'elle gardera toute sa vie. Ma dernière tante, ayant eu la gorge tranchée et les cordes vocales coupées, ne pouvait ni parler ni manger. Après avoir soigné ses plaies, on lui mit un tuyau dans la gorge pour l'alimenter, on lui entoura le cou d'une bande et on lui donna un carnet et un crayon, pour communiquer! Lorsque son état

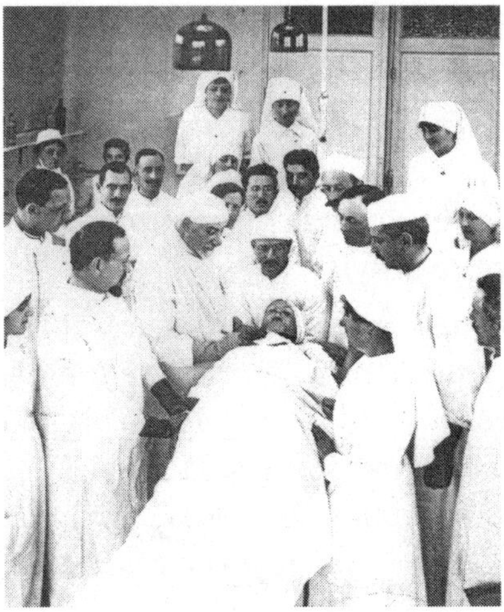

fut jugé satisfaisant, on lui confia des tâches ménagères en attendant que ses sœurs soient rétablies.

C'est ainsi qu'en balayant l'escalier de l'hôpital elle rencontra un étudiant en médecine qui lui demanda ce qu'elle faisait là. Elle prit son crayon et écrivit : « Je balaye. » Il insista : « Je le vois bien, mais qu'avez-vous à la gorge ? » Elle écrivit donc son histoire, et lui, ému, alla immédiatement en parler à son professeur. C'est ainsi que le Dr Moure la fit transférer dans sa clinique, où il tenta la première trachéotomie française et le rattachement des cordes vocales (voir photo ci-dessus). Le succès fut complet et vaudra même à ma tante d'être présentée à un ami de son sauveur : le roi Alphonse XIII d'Espagne… (voir photo ci-contre)

Non satisfait le bienfaiteur se chargera de décrocher aux trois sœurs des pensions de victimes de guerre, de leur trouver une famille d'accueil et d'obtenir pour les deux plus âgées des emplois réservés dans l'Administration.

La guerre terminée, les deux « Cantaliens » seront rapatriés chez une tante dans le Pas-de-Calais et rejoints par la plus jeune des sœurs, alors que ma mère et son autre sœur prendront le train pour Rouen, où des emplois les attendaient dans une caserne : couturière militaire pour l'une, travail de bureau pour l'autre. Elles y feront leur vie, bien loin du Pas-de-Calais[4].

Venons-en maintenant à l'épilogue, autrement dit au trou de la photo de famille, que notre témoin avait toujours connue ainsi évidée.

Une de ses tantes avait en fait découpé le visage de sa mère, pour le mettre dans un médaillon, et celle-ci n'ayant pas eu d'enfant, le morceau de photo de l'aïeule s'en était allé dans une autre branche. Il faudra donc attendre une réunion de cousins, dans cette grande famille dispersée par la guerre, pour retrouver non sans émotion le morceau manquant et connaître enfin le visage de sa grand-mère. Et l'on boucha ainsi ce trou, découpé voilà près d'un siècle…

Mais si évacuer les familles a permis de les sauver, la rançon en a par contre souvent été la dispersion, qui a souvent été définitive.

4. Témoignage de Nicole Levasseur.

Ainsi chez les cinq enfants, élevés par le couple Caron, mineur dans le Nord, dont le mari avait été mobilisé et dont la mère sera internée, suite à la mort de l'aîné, tué à l'âge de quatorze ans, par l'explosion d'une grenade. Les quatre restants, placés dans l'Ain et dans le Rhône, n'auront au cours de leur vie que des contacts épisodiques[5].

DOSSIER

Les victimes civiles

Il est impossible de les détailler, sachant qu'elles sont essentiellement recensées dans les régions occupées (→), en Belgique comme en France.

L'armée allemande, qui soupçonne tous leurs habitants d'être des francs-tireurs, jusqu'aux prêtres et aux enfants, n'hésite pas, au moindre acte hostile - comme l'ont fait toutes les armées dans toutes les guerres –, à fusiller, piller, brûler et violer. Dès le mois d'août 1914, plus de cent villes ou villages belges et français sont ainsi mis à sac (Andenne, Aarschot, Arlon, Tamines, Dinant-sur-Meuse...), avant que d'autres politiques, notamment de déportation, ne fassent de très nombreuses victimes civiles :

- victimes exécutées, en groupe ou individuellement. 5 000 victimes civiles en vingt jours à Louvain, en août 1914, alors qu'à Clary, près de Cambrai, deux jeunes filles sont achevées à la baïonnette et qu'au Nouvion-en-Thiérache, deux habitants sont fusillés, avant qu'une tuerie organisée ne fasse des milliers de victimes (tués, disparus ou blessés) en quelques heures... ;
- victimes des mauvais traitements, dans les camps de travail ou de discipline, en France et surtout en Allemagne, où les conditions de vie, d'alimentation et d'hygiène sont catastrophiques, et où les hommes épuisés et fuyards sont impitoyablement abattus ;

5. Témoignage de Renée Fichet.

- victimes des déplacements et évacuations, qui ont souvent lieu en plein hiver, voyant vieillards ou très jeunes enfants mourir de froid, dans des gares détruites par les bombardements ;
- victimes des privations et de la famine, ou victimes de maladies auxquelles leur organisme affaibli n'a pu résister. On a vu qu'à Lille la mortalité a doublé, entre 1913 et 1916 ;
- victimes des événements, comme des mères et grands-mères, apprenant les décès de leurs fils, ou comme ce grand-père, rentrant en 1919 à Chauny et qui meurt dans la gare, en découvrant sa ville en ruine ;
- victimes de la grippe espagnole, en 1918 (➜).

Sans oublier ceux et celles qui ont survécu à la guerre, mais resteront traumatisés à vie : enfants ayant souffert, femmes violées et familles détruites, qui n'ont jamais été prises en compte et dont le nombre est impossible à estimer.

Réparations et récompenses

Les réparations seront évidemment difficiles à gérer, malgré tout un éventail de mesures :

- un ministère des Régions libérées, créé dès novembre 1917 et maintenu jusqu'en 1925. Momentanément confié au futur président de la République, Albert Lebrun, il aura pour tâche principale d'organiser la reconstruction, qui passa d'abord par une phase de désobusage et de nettoyage (y compris l'enlèvement des cadavres) sur les 3 337 000 hectares de 4 000 communes dévastées, réparties dans dix départements. Opération menée après une hiérarchisation des zones en fonction des besoins, priorité étant donnée à des zones « rouges », correspondant aux lignes de front ;
- des récompenses, avec plusieurs médailles (➜) : celles de la Reconnaissance française (1917), des Victimes de l'invasion (1921), de la Fidélité française (1922), des Prisonniers civils, Déportés et Otages de la Grande Guerre (1936) ;
- des monuments (➜), des plaques ou des inscriptions destinés à honorer leur mémoire.

La veuve qui fuyait son mari

Anna F., photographiée en 1926, avec ses deux fils, dans son village de Piedigriggio, au nord de Corte. Une veuve en noir de quarante-six ans, dont les épreuves de la vie ont prématurément fait blanchir les cheveux… Veuve de guerre, bien sûr, dont on ressent la dignité et le courage, ainsi que la fierté, reçue en héritage. Fierté aussi de ses deux fils. L'aîné en costume de collégien ; le second, encore en berger. Deux fils qu'elle aime passionnément et violemment, pour lesquels elle est prête à tout, et qui vivent en osmose avec elle, au cœur de cette montagne corse qui leur est chère. Deux frères qui ne peuvent se quitter, comme l'indique la main, posée par le cadet sur l'épaule de l'aîné.

Mais ce cliché, en fait, trompe sur toute la ligne. Sur le présent comme sur l'avenir.

Mon grand-père, incorporé en 1914 et grièvement blessé par un éclat d'obus, avait été réformé.

De retour au foyer, à Marseille, les souffrances qu'il endurait l'avaient empêché de retrouver son emploi et rendu irritable. Voire violent. Craignant pour ses deux fils, ma grand-mère, corse, avait alors décidé de l'abandonner pour se réfugier sur son île, dans sa famille.

Les gamins avaient alors sept et deux ans. Elle se comporta comme une veuve et leur expliqua que leur père était mort... Mais, décédant elle-même rapidement, des suites d'un coup de froid, les gamins seront alors confiés à une tante... à Marseille. C'est là qu'ils achèveront de grandir, en ignorant la présence dans la ville de leur père, qui devait décéder à son tour, encore jeune, à l'hospice, dans la souffrance et la solitude. Son acte de décès le dira « célibataire, sans domicile connu » et il sera inhumé dans la fosse commune...

Reconnus plus tard « pupilles de la Nation », les deux frères seront très vite séparés, pour être placés l'un en apprentissage, sur place, l'autre dans un orphelinat, près de Rambouillet.

Mon père a toujours été secret sur la vie douloureuse du sien, dont il a ignoré jusqu'au bout la triste fin, que j'ai moi-même découverte, en menant des recherches généalogiques[6].

Mon père, né en 1911, a perdu sa mère – alors qu'il avait trois ans –, tuée par un éclat d'obus. Son père, auparavant coiffeur à Dunkerque, était bien sûr à la guerre. Il s'est rapidement remarié, mais a été lui-même tué peu de temps après, au Chemin des Dames. Il a laissé sa seconde femme enceinte d'un fils, dont elle accouchera en 1917, avant de repartir pour Moulins, d'où elle était originaire.

6. Témoignage de Henri Prothin.

Élevé dans sa famille maternelle, mon père n'aura plus jamais de nouvelles d'eux, jusqu'à ce qu'il pense, vers l'âge de vingt-cinq ou trente ans, à questionner le ministère des Anciens Combattants, qui devait logiquement verser une pension de veuve de guerre à sa belle-mère. Il a pu ainsi retrouver son demi-frère, qui a été mon parrain.

Cette histoire est sans doute banale, mais parlera à tous ceux dont les familles ont vécu de tels drames. La raconter m'a fait en tous les cas beaucoup de bien, car je n'ai jamais eu l'occasion d'en parler[7].

Entre Bretagne et Jura : décomposée et recomposée

À la déclaration de guerre, mes grands-parents habitaient à Clamart, en banlieue parisienne, avec leur bébé – mon père – âgé d'un an et demi. Mon grand-père, Léon, est mobilisé et un deuxième bébé – ma tante – voit le jour en 1915, et ma grand-mère, Victorine, meurt l'année suivante, d'une phtisie galopante.

Les orphelins sont alors emmenés chez les parents de Victorine, qui vivent en Bretagne, dans un village des environs de Saint-Brieuc, à qui mon grand-père les confie.

Démobilisé, il regagne Paris, où il va refaire sa vie avec une jeune veuve, arrivée depuis peu du Jura, où elle a elle-même laissé une fille. En 1921, le nouveau couple, bien établi – il tient la gérance d'une petite droguerie, près de la porte d'Orléans –, aura une petite fille.

Très vite, Léon prend le train pour la Bretagne, afin de récupérer ses enfants. Mais le bon grand-père, entre-temps devenu veuf, s'est attaché aux gosses et les perdre est pour

7. Témoignage de Josette Breem.

lui un drame. Il fait de la résistance et finit par dire à son gendre : « Va pour la fille, mais je garde le garçon. »

Cette solution étant acceptée, frère et sœur sont donc séparés. Ma tante revient vivre à Paris, mais garde son cœur partagé entre ses deux familles, son grand-père et ses oncles et tantes, en Bretagne, et la famille de sa belle-mère, dans le Jura, où elle ira passer toutes ses vacances avec pour compagne la fille de sa belle-mère. Voilà donc une bien curieuse famille décomposée et recomposée, avec un frère en Bretagne et une sœur à Paris, une demi-sœur elle aussi à Paris, qui en a elle-même une dans le Jura.

L'épilogue est inattendu : au mariage de cette « sœur du Jura », ma tante fera la connaissance de son mari et ira se fixer là-bas, où mon grand-père choisira de prendre sa retraite et où finalement, mon père, l'enfant resté en Bretagne, qui n'a jamais cessé de correspondre avec sa sœur, finira par aller lui-même se fixer, tant il avait besoin de retrouver sa sœur[8]*…*

Le démembrement des familles a été une situation fréquente.

Ainsi, en 1915, les deux fils de Jules et Angèle, lorsque leur père sera porté disparu, se retrouveront chacun dans une famille. L'aîné dans les Deux-Sèvres et le second en Vendée. Séparés, ils ne se connaîtront pratiquement pas avant l'âge adulte et leurs enfants seront plus liés à leurs cousins issus de germains qu'à leurs cousins germains, avec lesquels ils renouent tout juste aujourd'hui, un siècle après cette séparation[9]…

Ainsi encore, en 1916, dans le Vaucluse, à la mort de Joseph, père de trois enfants, âgés de deux à six ans : la famille – modestes agriculteurs – qui n'est pas riche, opte pour le partage de la fratrie entre des oncles et des tantes[10].

8. Témoignage de Josette Petit.
9. Témoignage de Marie-Claire Donnet-Parpaillon.
10. Témoignage de Josée G.

Quand l'histoire se répète

Une Croix de guerre pour toute image. Pas de visage. Pas de photo. Humble parmi les humbles, Joseph Picart, qui s'est battu héroïquement – comme tant et tant d'autres – pour sauver ce qu'il devait sauver, n'a laissé aucun souvenir à ses petits-enfants, qui ne l'ont jamais vu et ne se sont jamais vus.

C'est l'histoire d'une famille, sur trois générations.

Le père, Joseph, a grandi à l'Assistance publique, avec un de ses frères, qu'il avait perdu de vue, tout comme un frère aîné, que les parents avaient gardé.

D'abord domestique, Joseph s'est marié en 1910 et est allé travailler comme ouvrier aux usines de Marquise, pour nourrir ses trois enfants. Il fait toute la guerre – le froid, la boue, les assauts, que seuls le vin et le rhum aident à supporter – et revient blessé, décoré de la Croix de guerre et reconnu invalide à 40 % (pour sclérose pulmonaire et plusieurs blessures).

Mais, de retour, l'homme ne parvient pas à se ré-intégrer. Il ne trouve pas de travail régulier, boit, brutalise sa femme qui, après avoir accouché de deux autres enfants, va tomber gravement malade et mourir, en 1929. Il n'a alors guère d'autre choix que d'aller à son tour confier les plus jeunes... à l'Assistance publique. Ils n'auront dès lors entre eux que des relations très lointaines. Aucune avec leur père, qui mourra solitaire et miséreux, à l'hospice de Montreuil, en 1958, à l'âge de soixante-quinze ans, sans doute sans avoir su la mort d'un de ses fils, tué en 1944 au cours des combats menés pour la libération de Boulogne-sur-Mer. Un fils qui, justement, commençait à réussir dans la vie quand il l'a perdue – il était sous-chef de gare – et dont les propres enfants, à la mort prématurée de leur mère, seront à leur tour dispersés, pour se perdre de vue et se retrouver, l'histoire recommençant donc, curieusement, à chaque génération[11]...

DOSSIER

Des croix et des médailles

Médaille militaire: créée en 1852 par Louis-Napoléon Bonaparte, récompense à la fois les soldats gradés et sous-officiers (à qui elle tient en fait lieu de Légion d'honneur). Concédée pour des services militaires exceptionnels et un minimum de huit ans de campagne. Originellement, son attribution comportait une rente annuelle de 100 francs-or, calculée pour assurer au récipiendaire le pain et le tabac à vie. Elle était en 2006 d'un montant annuel de 4,57 €...

– Médaillon doré, à l'effigie de la République, entourée d'un cercle d'émail bleu, dans une couronne de lauriers d'argent. Revers: devise: *Valeur et Discipline*. Ruban jaune, bordé de vert des deux côtés.

Croix de guerre: créée en 1915, pour récompenser l'octroi d'une citation par le commandement militaire, pour conduite exceptionnelle ou exploit particulier. Essentiellement conférée aux militaires ayant obtenu, pour fait de guerre pendant la durée des opérations contre l'Allemagne et ses alliés, une citation à l'ordre d'une armée, d'un corps d'armée, d'une division ou d'une brigade.

– Croix en bronze, à quatre branches, deux épées croisées, effigie de la République coiffée d'un bonnet phrygien et d'une couronne de lauriers. Au revers, les années de service. Ruban vert à liseré rouge et à cinq rayures rouges verticales (reprise du ruban de la médaille de Sainte-Hélène, que Napoléon III avait

11. Témoignage de Thérèse Bouché.

décernée aux vétérans de l'armée du Premier Empire). Peut-être chargée d'étoiles et de palmes, dont le nombre varie selon le type de citations (la plus chargée fut celle de l'aviateur René Fonck, avec 28 palmes et une étoile).

– Nombre de récipiendaires : inconnu ; largement plus de 2 millions, en 1920. A aussi été remise à des aumôniers, des ambulanciers et même à un pigeon voyageur, nommé *Cher Ami*[12].

Croix du combattant (1930) : créée en 1930, quatre ans après la Carte du combattant, et décernée à tous ses titulaires (ayant été présents au moins trois mois dans une unité combattante).

– Croix de Malte, aux branches reliées par une couronne de lauriers, avec en médaillon l'effigie de la République, coiffée d'un casque lauré. Au revers, un glaive surmonté de rayons, avec la mention Croix du combattant. Ruban bleu à rayures verticales rouges.

Croix du combattant volontaire : créée en 1935, à l'intention des engagés de la Grande Guerre, qui ont été volontaires pour servir au front dans une unité combattante.

– Croix à quatre branches en bronze, à l'effigie d'un poilu casqué, repose sur une épée dressée verticalement sur les branches de la croix, chargées de feuilles de laurier et de chêne. Revers : branche de lauriers, avec l'inscription « Combattant volontaire 1914-1918 ».

Croix de guerre des T.O.E. : créée en 1921, pour les combattants des opérations menées après 1918 sur les « Théâtres d'opérations extérieures » (Moyen-Orient et Maroc).

Médaille des évadés : créée en 1926, pour les évadés militaires et civils.

12. Versé à l'armée américaine, il participa, en octobre 1918, au sauvetage d'un bataillon de 194 hommes, encerclé par les troupes allemandes, et achemina héroïquement son message, bien que grièvement blessé par les tirs ennemis (touché à la poitrine et à un œil, il arrivera avec une de ses pattes ne tenant plus que par un tendon, que l'on remplacera par une patte de bois !).

– En bronze, à l'effigie de la République. Au revers une couronne de feuilles de chêne, avec l'inscription « Médaille des évadés ». Ruban vert, coupé de trois bandes orange.

Médaille commémorative de la guerre 1914-1918 : créée en 1920, pour récompenser tous les participants au conflit, accordée à tout militaire ou présent sous les drapeaux ou à bord des bâtiments entre le 2 août 1914 et le 11 novembre 1918, ainsi qu'aux civils, hommes et femmes, ayant servi entre ces mêmes dates aux armées ou à l'intérieur (infirmiers, médecins, pharmaciens, administrateurs, et personnes ayant servi dans diverses œuvres, comme foyers du soldat, cantines de gare, sections sanitaires automobiles, femmes téléphonistes et secrétaires dans les formations organiques des armées, gardes civils, agents de police, sapeurs-pompiers des villes bombardées...).
– En bronze, à l'effigie de la France, coiffée du casque utilisé pendant la guerre de 1914-1918, la main gauche tenant un glaive antique, avec faisceau de branches de lauriers, feuilles de lauriers mêlées à des feuilles de chêne. Au revers : inscription « Grande Guerre 1914-1918 ». Ruban coupé dans le sens de la longueur de onze raies blanche et rouge.

Médaille commémorative de la bataille de Verdun : créée en 1916, par la ville de Verdun, n'est donc pas une médaille officielle, mais un simple insigne, destiné aux combattants des armées françaises ou alliées, en service commandé entre le 31 juillet 1914 et le 11 novembre 1918, dans le secteur compris entre l'Argonne et Saint-Mihiel, soumis aux tirs de canons. Leurs noms sont inscrits sur un registre, déposé dans la crypte du monument à la victoire élevé dans la ville.
– En bronze, à l'effigie de la République, casquée tenant un sabre, avec la légende « On ne passe pas ». Au revers : façade de la citadelle de Verdun, entourée de palmes, avec la date du 21 février 1916 (début de la bataille). Ruban rouge, à trois petites raies verticales bleu-blanc-rouge.

Citations : la « citation à l'ordre du jour » était un témoignage de reconnaissance officiel, signalait un acte valeureux en « citant » le combattant dans l'ordre du jour, selon les cas, du régiment, de la division, du corps d'armée ou de l'armée. Portée dans les états de service et le livret militaire, comptera aux nombre des critères retenus pour obtenir la **Légion d'honneur**, à titre militaire (sachant que les exigences, pour son attribution aux combattants de 1914, n'ont cessé d'être revues à la baisse, au fur et à mesure que leur nombre diminuait).

Carte du combattant: instaurée en 1926, reconnaît la qualité de « combattant » et est destinée aux militaires ayant appartenu pendant au moins quatre-vingt-dix jours à une unité réputée combattante, ayant été évacués pour blessure reçue ou maladie contractée en service, faits prisonniers alors qu'ils appartenaient à une unité combattante, ainsi qu'aux Alsaciens et aux Lorrains blessés, devenus français en exécution du traité de Versailles (et tant ceux ayant servi dans l'armée française que dans l'armée allemande, à l'exception pour ces derniers des officiers de carrière).

Tableau d'honneur

Il s'agit d'une série de planches, puis de fascicules, publiés de janvier 1915 à juin 1917, dans le magazine hebdomadaire *L'Illustration* (un des plus forts tirages de l'époque), honorant les combattants ayant été « cités à l'ordre de l'armée, nommés ou promus dans l'ordre de la Légion d'honneur ou décorés de la médaille militaire », avec reproduction de leur portrait (le journal demandait directement à ses lecteurs de lui envoyer une photographie des décorés qu'ils connaissaient (famille ou amis). Furent ainsi cités 16486 personnes, dont le recensement informatisé est consultable sur le site Genealogie.com (➔).

Décorations civiles

– **Médaille de la reconnaissance française**: créée en 1917, alors que la situation militaire a détérioré le moral des Français. Destinée à ceux qui, sans obligation légale ni militaire, avaient aidé les blessés, les invalides ou les réfugiés, ou avaient accompli un acte de dévouement exceptionnel, en présence de l'ennemi. Or, argent et bonze, à l'effigie de la France, coiffée du bonnet phrygien et tenant une palme. Ruban blanc, avec liseré tricolore.

– **Médaille des victimes de l'invasion**: créée en 1921, à l'intention des otages de la guerre, des personnes déportées hors de

France, emprisonnées par l'ennemi ou condamnées au travail forcé. En 1922, son attribution fut étendue aux habitants des régions envahies, victimes de brutalités et de sévices graves de la part de l'ennemi.

Médaille à l'effigie d'une femme aux mains liées, sur fond de ruines. Ruban bleu marine, avec raie noire et bande rouge.

– **Médaille de la fidélité française**: créée en 1922, destinée à récompenser les dévouements exceptionnels des civils face à l'ennemi, et tout particulièrement aux Alsaciens et Lorrains, emprisonnés ou exilés par les autorités allemandes, à cause de leur attachement à la France. Médaille représentant deux femmes assises côte à côte (allégories de l'Alsace et de la Lorraine). Ruban tricolore.

– **Médaille des prisonniers civils, déportés et otages de la Grande Guerre**: créée en 1936, destinée aux personnes des régions envahies, victimes de déportations dans des camps. Médaille représentant une femme enchaînée, lâchant un flambeau. Ruban rouge, avec une raie bleue, deux bandes blanches et un liseré vert.

Dans le jardin de Saint-Maur

Dans le jardin d'un pavillon cossu de Saint-Maur, sur les bords de la Marne, une femme et des enfants posent sur un large banc. Hiérarchie et convenances obligent : les garçons – seulement deux – sont debout. Le plus âgé, digne, sérieux et posé, semble investi de responsabilités. Il pose une main, que l'on sent affectueuse et protectrice, sur l'épaule du plus jeune, lequel, cravate dénouée et veste posée, paraît plus dissipé et toujours prêt à se dépenser et à s'amuser. Les filles sont sages – petites filles modèles, manifestement d'âges très rapprochés –, n'y devinerait-on pas des jumelles ? Quant à la dame, en noir, elle a tout d'une jeune veuve de guerre… Elle sourit pourtant, et l'atmosphère générale est manifestement moins empreinte de deuil que de sérénité et de bonheur. Un bonheur aussi solide que le banc qui les supporte tous, en cet après-midi de 1921, alors que la guerre est passée et que tant de familles ont éclaté…

Le bonheur est en effet bel et bien là, dans ce jardin, mais ses bases sont en fait beaucoup plus tordues que les barres droites et parallèles formant l'assise du banc de bois.

Mais si les liens unissant – à ce moment et dans l'avenir – ces neuf personnes sont compliqués, l'histoire est très facile à suivre et émouvante de simplicité et de beauté, telle qu'Anne la raconte[13].

> *Je ne serais pas là si la Grande Guerre n'avait eu lieu…*
>
> *En cette fin d'été 1914, mon grand-oncle est mobilisé. Il a trente et un ans, une belle situation à Paris et est très amoureux de sa femme, Lucie, avec laquelle il vit dans une belle maison de pierres blanches, qu'ils ont fait construire en bordure de Marne, à Saint-Maur. C'est là que Lucie va se mettre à travailler, comme infirmière, soignant et réconfortant les malades, en attendant des nouvelles de son cher époux.*

13. Témoignage d'Anne Quinet.

Hélas, celles-ci ne tardent pas et le 14 octobre, on lui remet le funeste télégramme : son mari a été « tué à l'ennemi », dans la Somme.

Elle continue courageusement ses visites, reportant son affection sur sa belle-famille. Sa belle-sœur, Renée, qui habite Paris, dont le mari est également mobilisé, doit élever trois enfants et est enceinte d'un quatrième. Les deux femmes se soutiennent donc moralement et peut-être aussi financièrement, de sorte que, lorsque c'est au tour de Renée de perdre son mari, Lucie lui propose de venir partager sa grande maison vide, où elles s'occuperont ensemble des enfants, qui ont entre trois et un an, et où Renée ne sera pas seule, pour accoucher trois mois plus tard d'une petite fille.

Renée accepte et la vie s'organise à Saint-Maur, où les enfants s'ébattent dans le grand jardin.

Un soir, Lucie, qui continue ses visites à l'hôpital, raconte qu'elle est restée longuement auprès d'une jeune veuve d'officier, qui a fait une tentative de suicide à l'annonce de la mort de son mari. Elle s'appelle Séraphyne et a elle aussi des enfants, de douze et dix ans. « Penses-tu, demande-t-elle à Renée, que l'on puisse lui proposer de venir s'installer ici ? La maison est grande et nos malheurs sont communs… »

La solidarité, alors, n'était pas un vain mot. Une famille originale va donc se constituer : trois femmes, dont deux mères, et six enfants. Deux des femmes travaillant (Lucie comme infirmière et Renée comme institutrice), la nouvelle venue, très cultivée, va s'occuper de l'éducation de tous les enfants. Pour compléter le tout, Lucie accueillera bientôt son frère, prêtre, qui sera ainsi le seul homme de la maison.

Voilà comment trois femmes, unies par la perte de leur amour et leur chagrin, ont su donner à six enfants sans père une éducation dans l'effort, au service des autres et surtout une vie « normale » dans la joie, l'humour et le goût des belles choses. Tout cela autour de bons repas pré-

parés par les fines cuisinières qu'elles étaient, égayés par des soirées de pastiches moquant gentiment tel ou tel sur des airs à la mode – je les ai conservés – et d'interminables parties de croquet dans le jardin...

C'est là en effet que les années de guerre s'écouleront, heureuses, sous ses frondaisons, au sein de cette famille artificielle, mélange de Viteau et de Quinet, que chacun considérait comme une famille à part entière.

Et la photographie, dès lors, se regarde tout autrement.

Le plus grand des garçons est le fils de Séraphyne. Il s'est déjà mis dans le rôle du père. Sérieux et bon élève, il entrera à Saint-Cyr, pour épouser la carrière du sien. Le plus jeune, qu'il aime comme son frère, est le fils de Renée.

La dame en noir n'est en fait que l'aînée de toutes les filles, qui avaient ce jour-là des amies. La plus jeune, l'enfant posthume née à l'arrivée à Saint-Maur, bien identifiable, sera demandée à dix-neuf ans en mariage par le Saint-Cyrien, qui n'était pas son frère, bien qu'ils aient grandi ensemble... C'est de leur mariage que naîtra celle qui vient de raconter cette histoire, seule descendante avec ses frères de cette « famille heureuse », car sans cousin ni cousine, puisque son seul oncle, tout dissipé qu'il ait été, reproduira le seul modèle d'homme qu'il ait eu, en devenant prêtre, et puisque ses trois tantes ne se marieront pas, pour avoir toutes les trois perdu leur fiancé à la Seconde Guerre...

DOSSIER

Les femmes et les enfants d'abord

Tous les civils, autrement dit les trente-quatre millions de Français et de Françaises qui n'ont pas été mobilisés, n'en sont pas moins en guerre, à commencer par les femmes et les enfants.

Maris et pères au front, les femmes et les enfants ont non seulement vécu dans l'angoisse constante, mais ont dû souvent faire face à de graves difficultés matérielles.

Les femmes

Les livres d'Histoire les montrent remplaçant les hommes absents au travail. Dans les champs, à la campagne. Dans les ateliers et dans les usines, en ville, en devenant souvent « munitionnettes » dans des usines d'armement.

Elles aussi sont souvent partout, avec ces infirmières et ambulancières, et toutes celles à qui l'on remettra la Médaille commémorative de la guerre et d'autres décorations civiles (Médaille de la reconnaissance française, de la fidélité française, des prisonniers civils, déportés et otages de la Grande Guerre (➔). À tous les plans, leur rôle est souvent essentiel, y compris pour les marraines de guerre (➔), soutenant le moral des troupes.

Beaucoup ont été des victimes humiliées. Victimes de viols, pour certaines, principalement dans les régions occupées, où l'on a dit que les témoignages sont nombreux, bien qu'évidemment souvent tus et sur lesquels on ne dispose d'aucune statistique. Viols commis par les troupes armées pillant les villages qu'elles traversent, ou viols commis par des geôliers des camps de prisonniers !

D'autres situations sont tout aussi dramatiques : Jean-Jacques Godfroid cite l'établissement d'une boucherie aux armées, à Ognes, près de Chauny, où des soldats profitent de la situation de privations pour monnayer les « restes ». Comme partout en zone occupée, ajoute-t-il encore, la cohabitation avec des femmes souvent seules dans les habitations réquisitionnées va entraîner la formation de couples « affichés » : il en résultera des enfants illégitimes ! Enfants illégitimes nés parfois également de relations plus consenties, qui seront cause de drames et de divorces, au retour du guerrier.

Mais les drames les plus fréquents sont ceux des mères et des épouses perdant leur fils ou leur mari – ou le récupérant invalide – et qui devront parfois se battre avec administration et tribunaux pour faire valoir leurs droits à réparation.

Sinon, l'obsession première de l'épouse reste essentiellement, lorsqu'elle le peut, de suivre son mari. Étant à l'arrière, Suzanne, de Paris, ira régulièrement rejoindre le sien, avec leur fils de dix ans, à Autun, puis à Châteaulin. Sa belle-sœur, Berthe, ira de même, avec sa fille, voir son mari hospitalisé et convalescent[14].

Souvent, rien ne les arrête :

> *Ma mère enceinte de sept mois, qui était la secrétaire du frère du général André, ancien ministre de la Guerre, avait obtenu la permission d'aller voir son mari. Or, est-ce le voyage ou les bombardements, elle a accouché à son arrivée de jumeaux – mis au monde par le médecin du régiment – et comme elle n'avait pas de layette, les bébés ont été enveloppés dans du coton et dans les torchons du régiment et Clemenceau, l'ayant appris, offrit 50 F à chacun.* (DENISE BERNARD-COGAN)

Parfois, tous les trucs sont bons. Lettres codées ou autres techniques :

> *Mon père écrivait à ma mère et lui indiquait le lieu de cantonnement par un post-scriptum à « l'encre sympathique » (de l'eau, avec une plume en verre torsadé, sur laquelle il suffisait, à la réception, de passer un tampon d'ouate imbibé d'encre). Ma mère, malgré les barrières, allait le rejoindre avec moi, né en 1914, dans mon berceau à roulettes.* (FERNAND BOURGEOIS)

Mais certaines, aussi, effectuent ces visites avec la ferme intention d'en rentrer enceintes, afin de valoir au mari d'être

14. Cf. page 193.

retiré du front et envoyé à l'arrière, en tant que père de famille nombreuse.

Les enfants

Côté français comme côté allemand, les garçons vivent totalement cette « guerre patriotique ». Ils sont largement représentés sur les cartes postales de l'époque, habillés en soldats et le fusil à l'épaule, jouant – dans les familles où l'on a des jouets – avec des canons et des soldats de plomb. De leur côté, les filles sont représentées comme des « consolatrices » et habillées en infirmières…

Si, à la campagne, les enfants travaillent très jeunes dans les fermes, ceux des villes seront les premières victimes des privations et des épidémies – notamment en 1918 de la terrible grippe espagnole.

Sans oublier les traumatismes psychologiques, comme chez ces enfants témoins directs ou indirects, dans les zones occupées, du viol de leur mère, par le soldat que l'on doit loger.

S'ajoutent évidemment les centaines de milliers d'enfants dont les pères ne reviendront pas et qui perdront aussi parfois leurs mères. Orphelins qui se verront plus tard adoptés comme « Pupilles de la Nation » (➜).

Les autres civils

– **Les vieillards**: eux aussi ont repris du travail, notamment à la campagne, et beaucoup de grands-parents devront, malgré leur âge, recueillir et élever des petits-enfants orphelins. Quelques-uns, qui sauront également s'impliquer dans la guerre, seront récompensés par les médailles destinées aux civils.

– **Les hommes non mobilisés**: ce sont principalement ceux chargés d'une famille, mobilisés en principe à l'arrière, mais également laissés dans leurs foyers, pour les pères de plus de six enfants. Ce sont aussi ceux mobilisés parfois dans des usines d'armement, et enfin ceux exemptés, pour raisons de santé, et généralement soupçonnés, tant pendant qu'après le conflit, d'avoir été des « profiteurs » ou des « embusqués ».

Questions d'intérêts et de principes : brouilles et disputes

Les motifs de brouilles sont aussi nombreux que divers et la nature humaine suffit évidemment à en offrir des occasions en tout genre, à commencer par l'éventail des jalousies. Jalousies conjugales. Jalousies des situations sociales et matérielles – les pensions font régulièrement des envieux, tant pour les veuves, les orphelins, que les mutilés. Jalousies des décorations et des reconnaissances. Mais aussi divergences idéologiques et de principes, qui pousseront par exemple deux frères, en Berry, à cesser toutes relations du fait que l'un, au retour de quatre années de guerre, ne pourra supporter la compagnie de l'autre, qui avait été réformé et qu'il considérait comme un planqué[15].

> *Le dimanche de Pâques 1918, à Douai, mon grand-oncle et ma grand-tante emmènent leurs deux filles, de quatre et six ans, en promenade. Les deux aînés – deux garçons de treize et quatorze ans – restent garder le magasin de meubles, près de la fameuse Porte de Valenciennes. La ville a bien essuyé plusieurs tirs d'obus au cours des dernières semaines, mais il faut bien sortir… Alors qu'ils approchent du jardin public, un obus s'abat sur eux et les tue tous les quatre.*
>
> *Le conseil de famille décidera de confier les deux garçons orphelins à une de leurs tantes, veuve de guerre, qui viendra alors s'installer chez eux et va gérer le magasin de meubles.*
>
> *Pour la suite, deux versions ont cours. Selon eux, ils ont été traités comme des domestiques; la tante a géré l'affaire à son seul profit et les en a dépossédés. Selon elle, les neveux étaient des enfants difficiles, elle s'est donné beaucoup de mal et, dès leur majorité, ils sont partis sans la remercier…*
>
> *La vérité ? Sans doute, comme souvent, entre les deux versions*[16]*…*

15. Témoignage de J. B.
16. Témoignage de Gérard Delannoy.

Mais il y a eu aussi les incontournables « questions d'intérêts », façon très convenue de nommer, tout en les justifiant, les dérapages dus à des problèmes de gros sous. Des problèmes qui ont souvent résulté de la « redistribution des cartes », engendrée par la guerre, sans laquelle ils ne se seraient pas posés.

La boulangère, qui avait mangé son pain blanc

Ne vous attardez pas ici au regard des enfants. Ne scrutez pas l'expression de la mère. Le seul intérêt de la photographie, c'est le mur que l'on voit à l'arrière-plan. Un mur qui sera bientôt l'objet d'un conflit d'intérêts. L'histoire de la famille est en marche et Marie-Louise et ses enfants… au pied du mur.

Une fois encore, tout avait bien commencé. Mariage, en 1910, en Touraine, de Félix et Marie-Louise. Lui, garçon boulanger, courageux et ambitieux. Elle, bien décidée à le suivre dans ses projets et ayant derrière elle une famille relativement à l'aise, ses parents étant propriétaires.

Le couple s'installe dans le village de Brèches, aux confins de l'Indre-et-Loire et de la Sarthe, où Félix acquiert une boulangerie, grâce au prêt consenti par l'oncle Victor, oncle par alliance de l'épouse. Un homme prudent qui, s'il avait accepté d'avancer la majeure partie de l'argent nécessaire à l'acquisition, avait bien sûr pris des garanties.

La famille, très vite, s'agrandit de trois enfants, nés à la boulangerie, mais rapidement confiés à la sœur de Félix, jouant la nourrice, afin de libérer Marie-Louise. Belle-sœur bientôt secondée d'une bonne, pour tenir le commerce, lorsque cette dernière est en tournée. Car le mari boulange la nuit, la femme effectue le jour des tournées, sillonnant la campagne et allant de ferme en ferme, avec une voiture à cheval, dont la caisse est remplie de pains et de miches bien farinées.

Le ménage est fier de sa réussite et de cette belle boulangerie, au 15 de la rue principale, devant le mur arrière de laquelle Marie-Louise a justement été photographiée avec ses trois enfants et ses deux aides.

En 1914, Félix, bien que père de trois enfants, part pour le front. Il reviendra deux fois en permission. À la première, il est tellement sale et hirsute que ses enfants le prendront pour un vagabond. Ils seront terrorisés et n'accepteront qu'il les approche que lorsque leur mère lui aura apporté un baquet d'eau et qu'il aura fait sa toilette. Un souvenir qui les a marqués... À la seconde, il leur remettra à chacun une timbale et à sa femme un coupe-papier, façonnés dans les tranchées à partir de douilles de munitions (➔), objets qui seront plus tard pour eux les seuls souvenirs de lui.

Mais les époux ont mangé, comme l'on dit, leur pain blanc en premier et, pour Marie-Louise, la situation devient de plus en plus dure.

Au départ du poilu, elle a dû engager un commis, qui fait certes du bon pain, mais a la fâcheuse tendance de prélever un surplus de salaire dans la caisse. En 1917, depuis plusieurs semaines sans nouvelles de son mari, il lui arrive de s'endormir en pleurant, sur la table de la cuisine, à côté de ses livres de comptes, et de se réveiller vers 1 heure du matin, pour devoir se lever à 5 et entamer sa tournée à 6.

Il en va ainsi jusqu'au jour où le maire arrive avec le télégramme tant redouté : Félix a été soufflé par un obus.

Marie-Louise organise un service funèbre et, à la fin de la messe, reçoit la facture du curé et la visite… de l'oncle Victor qui, tout aussi inquiet qu'elle de son avenir, demande évidemment le remboursement du prêt sans délai. Il suffit pour cela de vendre la boulangerie. Dont acte. Acte de vente passé devant notaire, qui ne laisse pratiquement rien à la pauvre veuve, sinon de quoi se replier au premier étage d'une petite maison du village voisin, où vivent ses parents, et où elle va installer une épicerie au rez-de-chaussée.

Ne pouvant élever ses enfants, elle placera l'aîné, dès onze ans, en apprentissage, la fille chez sa belle-sœur, pour ne garder près d'elle que le plus jeune, situation qui générera des jalousies et finalement des brouilles. Le pain, longtemps, aura pour eux tous un goût très amer[17].

17. Témoignage de Chantal M.

DOSSIER

L'artisanat de tranchées

Dans les tranchées, l'attente continuelle de l'assaut est rendue plus insupportable encore par l'inaction à laquelle sont contraints les poilus.

Pour tromper le temps et maîtriser leurs nerfs, ils ont les cartes et la lecture, à condition d'avoir des livres… et de savoir lire – les illettrés sont encore très nombreux.

Mais beaucoup préfèrent s'occuper l'esprit et les doigts par des activités manuelles, qui leur conviennent mieux. Comme les marins confectionnant en mer des objets à partir d'os de baleine, les soldats font rapidement de même, pour disposer d'importantes quantités de métaux, provenant des douilles des munitions tirées sur l'ennemi. Douilles de balles et surtout douilles d'obus, dont la consommation est astronomique, avec ainsi près de quatre millions d'obus de 75 mm tirés au cours du seul mois de mars 1916, dans le secteur de Verdun.

Cette production artisanale sera donc florissante, pour partie fabriquée dans les tranchées, mais surtout en deuxième et troisième ligne et par les convalescents dans les hôpitaux.

Partout, on fond du cuivre et du laiton – celui des boutons, récupéré également parfois sur les cadavres –, parfois aussi de l'aluminium, provenant des gamelles et des quarts récupérés à droite et à gauche. On repousse et on grave. On martèle des décors en ronde bosse. On cisèle des cœurs et des fleurs, on grave des prénoms, des noms de bataille, des slogans patriotiques ou militaires…

Objets utilitaires, décoratifs, souvent destinés à l'épouse ou à la bien-aimée, bijoux aussi, bague, broche… Objets le plus souvent en cuivre, allant du briquet au crucifix, en passant par couteaux et coupe-papier (voir ci-dessous, celui offert par Félix à Marie-Louise), ronds de serviette, bougeoirs, lampes, vases, boucles de ceinturon, tabatières, étuis de boîte d'allumettes et boîtes en tout genre… Parfois aussi en fer, comme des cadres fabriqués dans des fers à cheval, ou

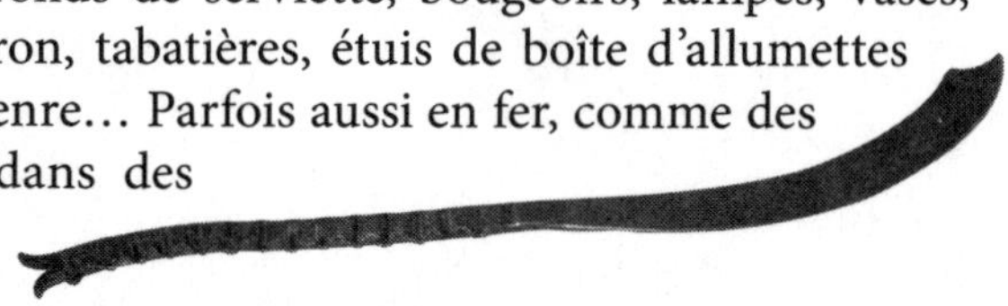

en bois, avec des cannes aux pommeaux sculptés ou des jouets en bois, destinés aux enfants. Objets travaillés avec parfois beaucoup de talent – des vases au décor « Art nouveau » ; avec évidemment ici certains poilus bénéficiant d'un savoir-faire professionnel, comme des orfèvres, des graveurs – qui acceptent d'aider leurs camarades et dirigent parfois de véritables chaînes de fabrication, visant quelquefois à la production d'objets destinés à la vente, au profit d'œuvres ou des familles. Les plus manuels troquent fréquemment leur fabrication aux plus intellectuels, contre des cigarettes, des verres de gnôle ou une paire de chaussettes.

Dès l'automne 1915, l'hebdomadaire *Le Pays de France* organise même des concours des plus beaux objets d'artisanat de tranchée et des expositions-ventes.

Autre conflit d'intérêts. En 1919, dans l'Yonne, Alice, veuve de guerre avec trois fils, s'est entendu dire par ses beaux-frères, anciens associés de leur frère, son défunt mari, dans une affaire de bois, qu'elle et ses enfants pouvaient aller voir ailleurs, en proposant de les « dédommager » de leur part dans l'affaire familiale. Dédommagement chiffré au plus serré, compte tenu de prétendus emprunts et pertes, et du fait qu'on venait de les avoir en charge depuis trois ans. Si la perspective d'une pension donnait bonne conscience aux oncles, l'avenir des neveux n'en était pas moins compromis et, enfants du frère aîné, ils devront travailler dur, pour remonter la pente, alors que leurs cousins germains travailleront à développer l'affaire familiale, dont ils se contenteront d'hériter[18].

À Noirétable dans la Loire, le fait qu'un des deux frères plâtriers, qui travaillaient ensemble, rentre de la guerre gazé et invalide servira pareillement de déclencheur aux antagonismes familiaux latents d'avant-guerre, notamment vis-à-vis de la

18. Témoignage de Richard T.

belle-fille et belle-sœur à qui ils diront de retourner dans sa famille, en Haute-Loire[19].

Inévitablement enfin, les dommages de guerre, eux-mêmes, une fois la paix revenue, se révéleront volontiers sources de tensions et de conflits.

Dans la Meuse, Nicolas Bausch s'était marié deux fois. Sa première épouse lui avait donné un fils, Paul, et la seconde une fille, Marie, ainsi que des terres et une maison, dont elle était propriétaire, à Rouvres. C'est là que la famille va vivre et où le demi-frère et la demi-sœur seront élevés ensemble.

Le 24 août 1914, les troupes allemandes, qui viennent d'essuyer une défaite, rasent totalement le village et s'y livrent à un effroyable carnage, abattant sans pitié les habitants, dont les Bausch. Par miracle, quelques personnes réussissent à s'échapper, parmi lesquelles leur petite fille, qu'ils avaient envoyée se cacher au jardin, au milieu des haricots ramants.

Lorsque le gouvernement français indemnisera les familles, en 1921, le frère et sa demi-sœur se fâcheront car pour cette dernière, la maison appartenant en propre à sa mère, l'indemnité lui était intégralement due à elle seule, sans qu'elle ait à la partager. L'affaire traînera durant des années, au risque de finir au tribunal. Les deux familles en sortiront en tous les cas définitivement brouillées, et leurs descendants respectifs, tout en habitant des villages voisins, s'ignoreront totalement. Jusqu'à ce que le site généalogique GeneaNet leur permette de se découvrir, quatre-vingts ans plus tard, et de se retrouver au sein d'une cousinade et au pied d'un immense arbre généalogique, pour essayer de rattraper le temps perdu[20]...

---

19. Témoignage de Jeanne Meilland.
20. Témoignage d'Anne Pierrot-Michel.

IV.
Les couples dans la guerre

Mariages de guerre, mariages heureux

Même en temps de guerre – et même sans doute plus encore –, hommes et femmes vont s'aimer. Amours tendres et amours passion. Amours refuge et amours folles. Amours de raison et amours interdites. Amours heureuses et amours malheureuses. Amour sans lequel, personne ne saurait vivre…

La grande majorité des combattants a vécu les quatre années de guerre en tant qu'époux ou que fiancé, dans l'attente des courriers et des nouvelles, dans l'angoisse pour les femmes et les mères. L'amour, durant tout ce temps, est souvent mis à rude épreuve. Mais le plus dur est encore le cas des célibataires, ceux dont le cœur n'est pas pris, et qui se retrouvent dans les tranchées plus solitaires que leurs compagnons.

Elle vendait des cartes postales…

Voici d'abord une histoire toute simple.

Le hasard voulut qu'un Lyonnais entre un matin dans un bazar de la Manche, pour y acheter des cartes postales et qu'il rencontre son destin, qui l'attendait à 900 kilomètres de chez lui.

Sachant qu'en 1917 le hasard s'appelait presque toujours la guerre…

Mon grand-père, Francisque, né à Lyon en 1888, était employé aux écritures comptables, dans une entreprise de sa ville natale, où son avenir semblait logiquement tout tracé : carrière à Lyon et mariage avec une Lyonnaise…

La guerre en a décidé autrement, en l'envoyant au front, au sein du 3e RI, où il sera blessé à plusieurs reprises, ce qui lui vaudra de passer temporairement à l'arrière, pour quelques semaines de convalescence. Il se retrouvera ainsi à Agon-Coutainville, une petite station balnéaire du département de la Manche, où des hôtels et des villas avaient été réquisitionnés comme lieux de soins et de repos pour les combattants.

Dès le lendemain de son arrivée, il poussa la porte du Bazar Percepied (voir photo ci-contre) – nom d'autant plus pittoresque qu'il était

blessé au pied – pour y acheter une carte postale, afin de donner des nouvelles à ses parents.

La vendeuse se nommait Adrienne. Elle avait vingt-deux ans ; lui vingt-huit. Ils ont longuement bavardé, ont fait de longues promenades en bord de mer. Il lui promit que, s'il échappait à cette boucherie, il reviendrait l'épouser.

Il en réchappa et se hâta de tenir parole, l'épousant en mai 1919 à Agon, et ouvrant rapidement un bazar, où lui vendait articles de pêche, jouets de plage et produits photographiques, et elle étoffes, rubans, parfumerie, vaisselle et articles de ménage, sans oublier… des cartes postales[1].

Les mariages de guerre ont en effet été nombreux, avec diverses situations, où le hasard s'en mêla.

Mon père, né en 1892 à Valenciennes, a été blessé en décembre 1915, et envoyé à l'hôpital militaire de Ganges, dans l'Hérault. Ma mère, native du lieu et couturière, passait chaque jour devant l'hôpital, pour se rendre à son travail, les soldats convalescents étant aux fenêtres des étages. Ils parlèrent, « tissèrent des liens » et avec mon père, reparti au front, s'engagea une correspondance, qui se termina par un mariage…, et ma naissance, dans l'Hérault, enfant de ce couple « Nordiste et Sudiste »[2].

Le charme discret des infirmières

Fiancé assis et fiancée debout, une main protectrice sur son épaule : une image type du couple poilu - infirmière, conséquence très classique de la guerre.

1. Témoignage de Xavier Guyot.
2. Témoignage de René Martin.

Fils de paysans du Gard, mon grand-père, né en 1891 et mobilisé en 1914, avait été blessé et soigné dans un hôpital de fortune, à Ménerbes, dans le Vaucluse, où il avait été soigné par une infirmière bénévole, qui était devenue ma grand-mère. Tous deux issus de familles très modestes, ils ont travaillé dur, pour cultiver leur petite ferme[3].

Et ces infirmières, courageuses et parfois même héroïques, vont se retrouver dans bien des histoires de famille.

3. Témoignage d'Éliane F.

Éloi, Ch'ti intrépide et chanceux !

Dans un studio de Brive, quatre personnes posent devant un classique décor aux couleurs fondues, mais dans des postures cependant inattendues.

Trois sont debout et un seul assis : le seul qui justement ne devrait pas l'être, le militaire.

La composition étonne plus encore quand on fixe son expression : manifestement très jeune, un large sourire aux lèvres, l'air malicieux et entendu, la pipe à la main. Il semble content de son sort, mais aussi prêt à bondir. On l'imagine presque sautant et faisant la roue.

Derrière lui, un couple, côte à côte. La femme a sa main appuyée à sa chaise et l'homme a posé la sienne sur son épaule, protectrice et affectueuse. À droite, une femme, plus jeune, regarde l'avenir en face.

Cette photographie n'est en effet pas banale. Elle réunit elle aussi des individus que rien ne destinait à se rencontrer.

Le jeune militaire, Éloi Lepers, est un gars du Nord. Un Ch'ti, né à Roubaix en 1893. Il a vingt-deux ans, a été mobilisé dès le début de la guerre au 127e RI, établi à Valenciennes, avec son frère aîné, qui est lui aussi sportif accompli, mais qui tombera le 10 septembre.

Évidemment affecté par ce deuil, Éloi ne perdra nullement sa fougue pour autant. Un jour, sa section, isolée sous un tir croisé de mitrailleuses, n'aura d'autre choix que de se replier, mais devra pour cela traverser une rivière. Aucun des hommes présents ne sachant nager, excepté Éloi. Pas de problème, il va les aider à traverser, au risque de se faire cent fois trouer la peau…

Mais la chance n'est pas toujours avec Éloi : le 15 septembre – quatre jours après son frère –, il est grièvement blessé à la tête lors d'un assaut et est laissé pour mort, sur le champ de bataille. Bandé à la tête – sans doute par un brancardier allemand – pendant son coma, il est dirigé vers une de ces petites ambulances, surnommées « Petites Curies », équipées d'appareils *Röntgen*, où on lui fait passer une radioscopie. L'examen révélant qu'une balle est logée dans la boîte crânienne, il est renvoyé à l'arrière, où aucun chirurgien ne voudra se risquer à l'opérer. Au bout de quelques semaines d'hôpital, il sera donc intégré à un convoi de convalescents en partance pour le Sud-Ouest. Mais une hémorragie nasale, survenue au cours du voyage, obligera à le débarquer. Voilà comment il s'est retrouvé à l'hôpital de Brive…

Le hasard veut que son père, âgé de quarante-six ans et mobilisé à l'arrière, dans la Territoriale, se trouve alors en Haute-Vienne, à 130 kilomètres de là. Il va le voir et écrit le 13 novembre à sa femme, restée seule dans le Nord : *j'ai été voir Éloi, à Brive, où je suis resté deux journées. Il est très bien et va passer tous les après-midi chez l'infirmière.*

La photographie devient dès lors très claire. L'impétueux Éloi est assis, car convalescent. Le couple à ses côtés est celui de l'infirmière – bénévole – et de son mari, gendarme. La jeune fille, à droite, est leur fille, Élise, vingt-deux ans.

Et qui n'imaginerait pas la suite la devine en poursuivant la lecture de la lettre paternelle, évoquant à sa femme le couple hébergeant leur fils : *Eux aussi ont un fils blessé et le nôtre est chez eux comme le fils de la maison.* Il ajoute même : *je te mets l'adresse de l'infirmière, chez qui il est si bien soigné. J'espère que tu lui enverras quelques mots de remerciements.* Remerciements bien mérités, en effet, tant pour les soins du corps que ceux du cœur, puisqu'en juin 1918 Éloi épousa Élise.

Épilogue : avec sa femme Élise, Éloi démobilisé ira s'installer en région parisienne, où il fera venir ses parents et ses sœurs. Tout le monde coulera des jours heureux, à Gentilly. Éloi montera un négoce de tissus, dans le quartier du Sentier. Il conservera toute sa vie la balle dans son crâne, qui lui vaudra de violentes douleurs à la tête, provoquant des crises d'épilepsie, soignées par des séances d'électrochoc. Tout choc à la tête lui étant interdit, il sera autorisé à reprendre l'escrime mais devra abandonner la boxe, se rattrapant sur la natation, pour être, à soixante-quinze ans passés, le cauchemar des maîtres nageurs de la piscine de la Butte-aux-Cailles, obligés de plonger pour aller le chercher au fond du bassin, où il perd régulièrement connaissance, après avoir sauté du plongeoir le plus haut.

Officier de la Légion d'honneur, pour faits de bravoure au combat, il deviendra trésorier général des Gueules cassées et Grands Blessés crâniens, fier de dire que les seuls feux qu'il s'autorise sont ceux d'allumer sa pipe et de ranimer la flamme du soldat inconnu.

Son petit-fils, mordu de généalogie, conserve précieusement la photographie de sa radio crânienne, qu'il montre en ajoutant : *s'il avait été allemand, la balle du fusil français Lebel, chemisée en cuivre avec le fond en plomb apparent, l'aurait à terme à coup sûr empoisonné, alors que celle du Mauser 98, che-*

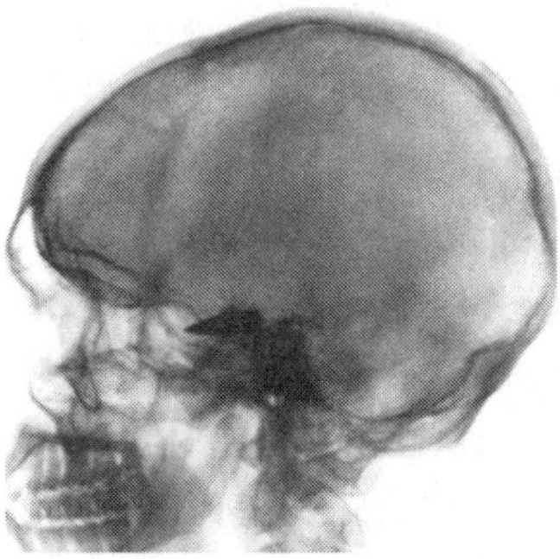

misée intégralement de maillechort, s'est avérée chimiquement neutre au beau milieu de l'encéphale (voir radiographie de sa boîte crânienne, ci-contre). Avec cette balle et son hémorragie nasale, on peut finalement dire que mon grand-père a eu de la chance[4] !

Le copain de tranchées…

Jeanne et Fleury, le jour de leur mariage, en 1919, à Ancône, dans la Drôme. Un couple digne, mais construit sur un deuil.

Le père de la mariée, cultivateur dans un village des environs de Montélimar, y avait construit de ses propres mains une maison où leur fils, après eux, devait un jour s'installer avec sa

4. Témoignage de Philippe Lepers.

femme et ses enfants… Né en 1892, celui-ci avait été mobilisé dès 1914 et était décédé sur le front, de la grippe espagnole, en septembre 1918, célibataire.

La fille avait alors épousé le camarade de tranchée de son frère mort, un garçon combattant de la région, qui en était revenu, mais auquel un éclat d'obus avait fait perdre une cheville à Verdun, l'empêchant de travailler la terre. Il trouva facilement du travail en ville, mais la maison, bientôt, se retrouva tristement vide[5].

Dans l'Indre, Jules et Estelle avaient eu trois enfants : deux fils et une fille. L'un des fils disparut à Verdun. L'autre rentra, blessé à la tête, et mourut rapidement. Et le mari de la fille, un jeune sous-lieutenant épousé juste avant la guerre, fut tué en 1915. Veuve, celle-ci se remaria avec le meilleur ami de son défunt mari, un autre sous-officier[6]…

DOSSIER

Courriers et correspondances

Jamais les Français ne se sont autant écrit que pendant la Première Guerre.

Forts d'avoir appris à écrire, grâce à l'école obligatoire de Jules Ferry, la plupart des soldats écrivent volontiers une lettre par jour, si ce n'est davantage, et en reçoivent autant.

Les déplacements étant presque impossibles et les permissions rares, la correspondance devient la seule fenêtre vers l'extérieur

5. Témoignage de Geneviève Veysseyre.
6. Témoignage de Thérèse G.

et vers la vie. D'autant que l'acte est gratuit, avec la « franchise militaire », valable tant pour le courrier envoyé par les soldats que pour celui qui leur est adressé.

Des lettres, contenant parfois une fleur séchée, pensée, violette, brin de muguet..., cueillie au jardin – ou à l'inverse dans la tranchée. Des cartes postales – avec ici des séries de circonstance, dont slogans et illustrations sont propres à soutenir le moral – sans oublier les colis envoyés par les familles, contenant chatteries et trésors, allant des gâteaux aux pièces de monnaie, mais surtout du tabac et du linge propre.

La lettre est « aussi nécessaire au soldat que la boule de pain, la soupe, le quart de jus et le pinard ». Cette marée de courrier est capitale pour le moral de tous, civils et combattants, tous avides de nouvelles, preuve pour le soldat qu'il n'est pas oublié et témoignant à ses proches que l'être cher est encore en vie. Car tous veulent rassurer. Le combattant sur la santé et son moral, quitte à généralement enjoliver... Il n'en reste pas moins que l'exercice n'est pas toujours simple et demande parfois de faire preuve de tact et de psychologie, tant est grand le contraste entre le front et l'arrière, avec deux mondes se côtoyant parfois souvent sans se comprendre.

Ce volume sans précédent a dû être géré et organisé. Un bureau central de la Poste militaire, installé à Paris, au Conservatoire national de musique, trie et classe tant bien que mal, tout en s'efforçant de suivre les déplacements des régiments. Une fois dans le bon sac, la lettre est acheminée à travers toute une chaîne de bureaux et de vaguemestres, qui vont parfois la renvoyer, en notant que « *le destinataire n'a pu être touché à temps* », mention signifiant qu'il est mort, blessé, disparu ou prisonnier et faisant sur l'expéditeur l'impression que l'on imagine...

À chaque étape de leur acheminement, ces courriers allant et venant dans chaque sens peuvent être lus par un officier d'état-major procédant par coups de sonde, en application des règles en vigueur. La censure, instaurée dès la mobilisation et renforcée en juillet 1915, bloque systématiquement le courrier entre trois et huit jours, ce qui en retarde considérablement l'acheminement.

La réglementation impose donc que les lettres ne soient pas cachetées et il est surtout rigoureusement interdit d'y donner aucune indication stratégique, de lieu, d'opérations ou de mouvements de troupes. Pour contourner ces dispositions, certains soldats recourent à des codes, rédigent leurs courriers en patois ou les font poster par des camarades en permission.

On propose aussi des cartes postales pré-remplies, ou avec des cases cochables, que l'on imposera notamment aux tirailleurs nord-africains, dont on craint de voir le recrutement tarir, s'ils font parvenir de mauvaises nouvelles. Dès 1915, ils ne pourront communiquer avec leurs familles que par l'intermédiaire de leurs officiers et au moyen de ce type de cartes, proposant en arabe un certain nombre de formules toutes faites.

Mais la censure reste sans effet sur ce courrier, qui ne cessera pas de s'amplifier, et qui procède parfois presque de la manie. Officiers et hommes de troupe : tous écrivent. Le mari à sa femme. Le fils à ses parents. Le célibataire à sa fiancée. Et qui n'a personne à qui écrire aura bientôt sa « marraine de guerre ». (➔)

Toute la tendresse des marraines de guerre

Tendres et aimantes, elles ne se montrent guère. Femmes de l'ombre, elles font rêver derrière les écrits et galvanisent le moral de nos poilus qui, démobilisés, leur passeront souvent la bague au doigt…

Les cas sont nombreux et les histoires très simples :

Mon grand-oncle, né en 1895, a fait toute la guerre et est rentré plusieurs fois décoré. Comme beaucoup d'autres, il avait correspondu avec une « marraine de guerre » et, une fois démobilisé, était allé la rencontrer, à 150 kilomètres de chez lui, pour l'épouser un an plus tard[7].

7. Témoignage de Gilbert Faveau.

Cette « marraine », souvent, n'est autre que la sœur d'un compagnon d'armes.

Dans les tranchées, mon grand-père, natif de Paris, s'était fait un ami qui, le voyant seul et sans famille, le mit en relation avec une sœur de sa femme, célibataire, qui fut d'accord pour être sa « marraine ». L'ami l'emmena chez lui, à l'occasion d'une permission, et filleul et marraine se sont plu…

En 1917, il fut très grièvement blessé au pied et la guerre fut finie pour lui, avec dix-huit mois d'hôpital, dont il sortit avec une jambe gauche appareillée et choisit de devenir cordonnier. Il ira alors dans le Midi, où il épousera sa marraine. Et comme le frère de celle-ci avait été tué, il le remplacera et terminera sa vie dans une petite ville de l'arrière-pays niçois[8].

À qui n'en trouve pas lui-même, on se charge vite d'en procurer une. Toute une organisation se met rapidement en place, dont va notamment bénéficier le Belge Léonce Delzant qui, un jour d'octobre 1917, reçoit la photographie ci-contre, dédicacée à son verso : *À mon cher Léonce, tendre souvenir Marie, 7 octobre 1917,* et sur laquelle une institutrice de trente ans lui offre son plus doux regard…

Ma grand-mère est née en 1884 dans un petit village perdu dans la montagne à une centaine de kilomètres de Nice, aux sources du Var. Fille d'un ouvrier tisserand

8. Témoignage de Laure G.

d'une minuscule filature locale, elle est devenue institutrice, comme ses deux sœurs. Lorsque la guerre éclate, elle est en poste à Vallauris, et, à trente ans, elle n'est pas mariée.

Mon grand-père est issu lui d'une famille de potiers de verrerie de la frontière franco-belge. Né en Belgique, il s'est retrouvé, en 1914, aérostier dans l'armée belge.

Rien ne les destinait à se rencontrer. Ils feront pourtant connaissance grâce à la mise en place des « Marraines de guerre » et correspondront pendant deux ou trois ans, jusqu'à ce qu'il profite d'une permission, en 1918, pour aller la voir, à l'autre bout de la France. Leurs relations prendront alors un tour beaucoup plus intime. Ils se marieront dès le mois de mars et une fille naîtra en octobre. En 1919, le mari, démobilisé, viendra définitivement vivre auprès de sa belle-famille, sans que le couple raconte pour autant à ses descendants comment ils se sont connus, pour leur laisser le découvrir seulement après leur mort, en classant leurs papiers qu'ils laisseront[9]*...*

La situation a parfois été plus simple encore.

Ma grand-mère corrézienne, veuve à vingt et un ans, en 1914, s'était tout naturellement vue chargée, par ses beaux-parents qui ne savaient ni lire ni écrire, de correspondre avec leur autre fils, lui aussi mobilisé. Ce lien la rapprocha de ce beau-frère, qu'elle épousera donc tout naturellement dès son retour[10]*.*

9. Témoignage de Pierre Fontecave.
10. Témoignage de Gérard Salagnac.

DOSSIER

Les marraines de guerre : toute une organisation !

En octobre 1914, visitant l'hôpital de la Charité, à Lyon, Esther Lemaire-Crémieux, présidente de l'Union des familles françaises et alliées, a été sensible au cas d'un jeune soldat « sans famille ». Pensant alors aux mères et aux épouses, dont le fils ou le mari était tombé, elle eut l'idée de tenter de mettre en relations « ces êtres qui souffraient sans se connaître et qui pourraient sans doute trouver dans ce rapprochement une atténuation à leur malheur ». Elle créa à son Union une filiale « Frères et sœurs de guerre » et envoya ce que nous nommons des communiqués de presse à tous les grands journaux. Ceux-ci furent nombreux à les publier et fort étonnés des retombées : l'un d'entre eux reçut ainsi plus de 2000 lettres en quelques jours, tant de marraines que de filleuls.

Car ce sont des candidates et des candidats de toutes les régions et de tous les milieux, citadins et paysans, aristocrates et midinettes, que la dame va s'efforcer de mettre en contact, chacun respectant parfaitement l'autre, dans des relations que l'on veut simples et vraies. Ainsi cette lettre écrite en 1916 par un marin :

Ma bonne dame, Je voudrais vous dire la joie que m'a fait votre dernière lettre et comme je suis content quand je pense que vous irez bientôt voir ma vieille maman dans notre petite maison de Paimpol. Elle est si triste, si seule, que votre visite lui fera du bien. Vous lui direz que vous êtes la marraine de son Pierre-Marie. Elle vous recevra bien, vous verrez.

Relations parfois fortes et émouvantes, comme en témoigne cette autre lettre de 1916 :

Chère Madame, Je ne pourrai jamais trouver les mots qu'il faudrait pour vous témoigner ma reconnaissance. Vous êtes sans doute la personne à laquelle je pense le plus durant les longues heures d'inaction et de rêverie dans la tranchée, et il y a un mois je ne soupçonnais même pas votre existence, et je ne vous ai jamais vue. Vos lettres m'émeuvent jusqu'aux larmes. Quand j'ai lu que votre fils a été tué en Alsace et que vous avez adopté un filleul pour le remplacer, j'ai eu du chagrin comme si je l'avais connu. La prochaine fois que je prendrai part à une action, je penserai à lui et ferai mon possible pour le venger.

Esther Lemaire-Crémieux s'efforcera de jongler de son mieux avec son fichier, en tenant compte des cultures et des éducations, au risque de compter quelques marraines inattendues et parfois cachées, comme une grand-mère de quatre-vingts ans ou un « collectif » de jeunes filles sans revenus, se groupant pour adopter ensemble un filleul qu'aucune d'elles n'aurait pu aider seule. Bien des marraines sont également des femmes aisées, qui ne tombent pas dans le sentimental, mais comblent de cadeaux des soldats mariés et leurs enfants. Plus original : un officier à la retraite, très vieux et très riche, qui cachera son identité, mais qui couchera son filleul sur son testament... Sans oublier quelques dérapages, inévitables, avec notamment quelques péripatéticiennes parisiennes, qui essaieront de profiter à leur façon de cette organisation.

Mais le mouvement est bien lancé. En 1915, *La Famille du soldat*, une œuvre de bienséance d'inspiration catholique, sera fondée à Angers, par Jules Cambon et le baron Beyens, et dirigée par Marguerite de Lens. D'autres associations suivront comme *Mon Soldat*, soutenu par le ministère de la Guerre, *L'Écho de Paris*, *L'Homme enchaîné*, ou même bientôt comme *Les Amis du soldat russe*, pour soutenir les soldats du tsar se battant aux côtés des Français. Et lorsque l'État réquisitionnera des vélos pour l'armée, chez Manufrance, un petit mot sera glissé dans chaque sacoche, à destination du soldat qui le recevra : « Voulez-vous que je sois votre marraine de guerre ? »

Des marraines douces et attentives, à la fois couturières, pâtissières et infirmières des âmes, mais dont les profils étaient extrêmement variés, avec parfois des écolières, comme Simonne, sept ans, qui écrit ainsi à son filleul :

Chair soldat, J'ai reçu votre lettre avec bien du plaisir et je les montrée à mes amies à l'école. Tout le monde à l'école vous cannait maintenant et vous aime bien mais ses moie qui vous aime le mieu. Je suis bien contente de savoire qu'on vous a photografié et j'attends votre photografie pour vous regarder. [...] Maman vous fait un pâté. Nous vous enverons un coli demain. Au revoire, chair soldat, battez bien fort les boches mais ne vous faites pas blésé surtout. Je vous embrasse.

Les morals des uns remontant donnent des idées aux autres, et la marraine de guerre devient bientôt très recherchée. Jeune fille non encore fiancée officielle, connue depuis longtemps ou rencontrée au cours d'une permission, d'un voyage ou d'une convalescence. Jeune fille au cœur à prendre ou femme à la recherche d'un héros à soutenir. Nombreuses sont les candidates à cette mission salutaire et qui n'en aurait pas n'aura guère de mal à en trouver.

Si la majorité parvient généralement à se faire « adopter » par la sœur ou l'amie d'un camarade ou de sa fiancée, il faut bien dire que de façon constante la proportion n'est pas égale et les candidats au poste de « filleul » plus nombreux que les postulantes à la fonction de « marraine ». Retenue et éducation l'emportent en effet souvent sur patriotisme et altruisme, même si certaines marraines adoptent plusieurs filleuls.

Dès lors, qui dans une tranchée reçoit de sa marraine une douce lettre ou un colis de victuailles provoque envie et amertume, au point que certains de ces « sans marraines » ne vont pas hésiter à passer une annonce.

La presse, complaisante, ouvre ses colonnes. En mai 1915, le journal *Fantasio* lance une opération baptisée « le flirt sur le front » en se propose de servir d'intermédiaire entre « les jeunes hommes de l'avant et les jeunes femmes de l'arrière ». Mais il doit s'arrêter là, six mois plus tard, pour se voir submergé de demandes militaires. D'autres revues prennent alors le relais : l'hebdomadaire *La Vie parisienne*, qui pourra six mois plus tard proposer chaque semaine deux pleines pages d'annonces de filleuls en quête d'adoption. Le journal *Les Annonces* en publie autant, parfois rédigées de façon originale : « Jeune aviateur, perdu dans le bleu ciel d'Orient, attend encore la blonde, jolie, charmante marraine qui viendra gentiment, par son gai gazouillement, lui rappeler Paris et son bon temps. »

Car il est bientôt notoire que certaines de ces marraines mènent leur mission avec tant de zèle et de conviction que le résultat dépasse largement l'objectif initial, pour du soutien moral glisser au flirt épistolaire.

> « *Oh ! Cela s'est fait bien simplement,* raconte Joseph Delteil[11]. *Un jour, un copain a donné son adresse, là-bas, à Paris. Pour rigoler, quoi ! Mais une lettre est venue. [...] Joli papier mauve, enveloppe doublée, format d'oiseau. À l'intérieur, quatre pages d'une écriture élégante. [...] Puis ce furent les colis, les colis où les durs doigts se perdent dans les tiédeurs. Colis, lettres, lettres, colis : voilà la Marraine !* »

Ce genre de glissements, qui vont se multipliant, favorise grandement le succès de l'institution. Certains soldats agissent manifestement à long terme, à commencer par notre si triste et solitaire Artésien dont on a cité la lettre, qui ajoutait au bas de celle-ci :

> *Je tenais à Lens une maison de commerce, épicerie, meubles, bicyclettes et machines à coudre. Si une Marraine charitable voulait bien s'intéresser à mon triste sort, je lui en serais bien reconnaissant.*

Mais au point que certains soldats vont évidemment chercher à profiter de la situation, avec des annonces de ce type : « Poilu, peu de barbe, désire câliner petite marraine pour triompher des rongeurs moraux du front » et terminées par la formule « discrétion garantie ».

N'en déplaise aux bien-pensants des « ligues de vertu », qui voient cela d'un très mauvais œil et qui n'hésitent pas à parler de « proxénétisme », avec parfois la surenchère des chanson-

11. *Les Poilus, épopée*, 1925, Éditions Grasset

niers de l'époque, qui s'amusent à moquer certaines « vieilles filles profiteuses ». N'en déplaise aux suspicieux qui y voient quant à eux d'éventuelles espionnes aux yeux doux, beaucoup de ces échanges vont esquisser de belles romances, permettant à nombre de couples de se former lors des permissions ou plus tard après la victoire.

Mariages forcés ou de raison

Un autre cas fréquent de « mariage de guerre » sera celui unissant une veuve à son beau-frère. Mariage d'amour ou de raison, avec souvent en filigrane des questions d'intérêts et un patrimoine ou une affaire familiale à maintenir, tant dans le monde agricole que chez les artisans et les commerçants.

À Saint-Mihiel, en Lorraine, Léonie épousera ainsi successivement les deux frères Cheval, dont l'aîné avait créé une maréchalerie, que son frère cadet gérera après qu'il fut tombé au front, à la bataille de La Vaux-Marie. Avec Léonie, ce dernier saura développer l'affaire, en l'orientant vers le machinisme agricole, avant qu'elle ne soit plus tard dirigée par les « Frères Cheval », qui n'étaient en fait que demi-frères, pour être issu chacun de deux unions de leur mère[12].

Au Creusot, Vitaline, dix-sept ans, qui avait pour cousins deux frères, prénommés André et Pierre, passait toutes ses

12. Témoignage de Didier Cheval.

journées avec André, l'aîné. Ils appartenaient aux familles aisées de la ville et, bien que cousins et encore très jeunes, tout le monde les voyait mariés sous peu. André, fils préféré de sa mère, mobilisé comme sous-lieutenant, fut tué dès les premiers combats. Sa mère n'en manifesta, par réaction, que moins d'amour à l'égard du cadet, qui se sentit « mal aimé ». Quelques années après guerre, celui-ci demandera la main de Vitaline, vivra heureux avec elle et aura des enfants, tout en espérant sans doute inconsciemment, en se substituant à son frère, gagner enfin l'amour de sa mère[13]...

Les « coups de foudre » de Lydia...

1919, photographié devant une demeure bourgeoise de Saint-Gilles, dans le Gard, ce groupe a été manifestement organisé et chacun y a sa place, autour d'une femme qui semble être le héros du jour. À elle le grand fauteuil d'osier du jar-

13. Témoignage de Françoise Viguier.

din. Les autres, bien que plus âgés, se contentent de chaises, et les enfants – âges obligent – sont au premier plan, filles assises et garçon debout. Ils posent, en cet instant dont on ignore s'il est banal ou grave. Tous sont vêtus de noir – on imagine un deuil – mais tous semblent pourtant satisfaits. Ou plutôt soulagés, comme si l'on venait de prendre une grande décision et de régler un problème délicat. Mine soulagée et presque triomphante, pour le couple de gauche. L'homme surtout, qui a croisé ses jambes et rangé sa canne – signe tangible de son autorité – alors que son homologue de droite a pris une cigarette, peut-être pour « décompresser » – et que sa femme croise ses mains – acceptation ou résignation – comme le fait aussi à sa façon la plus jeune, dans son fauteuil. Penchant très légèrement la tête, elle semble adresser un regard bienveillant à celui qui prend la photo, et que ce rôle met en retrait du groupe.

Partie de campagne ? Pas vraiment : plutôt conseil de famille.

Lydia, au centre, a vingt-huit ans. Veuve, depuis quatre ans, d'un combattant, tué en 1915, elle est entourée de ses parents, à sa droite (donc à gauche, sur la photo), de ses beaux-parents et de ses enfants. Quant à celui qu'elle regarde, le photographe, en marge du groupe organisé et hiérarchisé, il est le fils du couple de droite. Le frère du mari mort à la guerre. Un beau-frère qu'elle aime « comme un frère » et qui deviendra bien sûr... son second mari. Il ne peut d'ailleurs qu'en être ainsi et l'on pourrait bien l'avoir décidé ce jour-là, lors de ce conseil de famille, à l'issue duquel on aura appelé les enfants, pour acter par la photo cette sage résolution et sceller cette nouvelle union, que Lydia a acceptée au plus grand soulagement de tous.

Tout avait commencé voilà une douzaine d'années, lorsque les Castillon (la famille de gauche) avaient fait la connaissance des Roger (celle de droite).

Gros viticulteurs et négociants en vins de la région de Béziers, les Castillon possédaient de grandes propriétés en Camargue. Ils s'étaient tout naturellement trouvés un beau jour en affaire avec les Roger, installés à Saint-Gilles, dans le Gard, et propriétaires d'un commerce déjà ancien de transport de vins, doublé d'une fabrique de ces gigantesques tonneaux, qu'on appelle des foudres.

Les deux affaires sont faites pour marcher ensemble et les deux familles s'en félicitent. Le seul regret des Castillon est de ne pas avoir d'héritier mâle, pour assurer la succession. Mais ils ont une fille, Lydia, et les Roger ont deux fils, Jean-Louis et Philippe : l'avenir est assuré. Lydia et Jean-Louis ne se déplaisent pas et sont des enfants raisonnables. On les marie, en 1911, et les trois petits-enfants qui vont naître réuniront les deux affaires et les deux fortunes. Voilà une réussite idéale…

C'était malheureusement compter sans la guerre. Le mari de Lydia ayant trouvé la mort, la question va se reposer. Lydia a trois enfants à élever et peut être tentée de se remarier. Le mieux, alors, serait qu'elle choisisse son beau-frère. Il convient d'agir sans attendre. De la mettre au pied du mur. En face de ses responsabilités.

Son père sait la guider dans ses choix. Devant sa belle-famille, il lui expose sans complaisance la situation et elle ne peut que se rallier à son analyse. On appelle donc Philippe et c'est alors sans doute qu'a lieu la scène de la photo. Les regards dès lors s'éclairent. On regarde différemment chacun des personnages qui y figurent et qui fait face à son destin. Y compris Philippe, absent du groupe – et pour cause – substitué à son frère, installé à son bureau et dans son lit, et qui devra se débrouiller, avec cet avenir par procuration.

Philippe s'investira totalement dans ce rôle. Il développera l'affaire, en construisant notamment des wagons-foudres et des wagons-citernes, tout en agrandissant la famille – deux enfants naîtront rapidement. Mais de cette situation, il finira par se lasser. La quarantaine venue, il sera de plus en plus absent. Les scènes entre les époux, éprouvantes, se multiplieront et, le divorce étant bien sûr inconcevable, ce second beau mariage de raison se terminera, mais seulement à la disparition du père de Lydia, par une séparation extrêmement douloureuse, pour tous les membres de cette si raisonnable famille[14]...

... et le frère Germain d'Édouard

Disons-le tout de suite : le milieu est le même. Géographiquement et professionnellement : l'Hérault, les vignes et le vin. Mais Jeanne n'est pas Lydia...,

La photographie la montre avec ses deux filles (voir page suivante). Photographie en apparence banale, du moins classique, d'une veuve de guerre et de ses filles, toutes trois en grand deuil. Mais bien que prise quelques mois à peine après le décès du poilu, cette photographie sera pour Jeanne un souvenir des jours heureux. Car les épreuves qui l'attendent allaient être bien plus difficiles à vivre pour elle que la perte de son cher époux, lui faisant sans nul doute regarder des heures durant cette photographie, confiée aujourd'hui par sa petite-fille[15]...

Le mariage de Jeanne Vaurs avec Édouard Bonnafé, en 1907, rappelle celui de Lydia Castillon et Jean-Louis Roger. Les deux familles se connaissent bien, pour avoir des maisons voisines, à Murviel-les-Béziers, et pour posséder des vignes. Des vignes des deux côtés – même si le père de Jeanne est chef de gare. Des vignes qu'il faut exploiter, avec en parallèle un commerce de

14. Témoignage de Françoise Riou.
15. Témoignage de Jeanne Billat.

vins. De quoi occuper largement le ménage – lui gérant les propriétés vinicoles des deux familles et elle tenant le négoce. Tout va donc bien dans le meilleur des mondes. Deux filles naissent, mais la guerre arrive. Le mari est « tué à l'ennemi » dès le mois de décembre. Jeanne se retrouve seule avec ses deux filles, et tout le monde s'accorde bientôt à penser que la solution est de la marier à Germain, le frère d'Édouard.

Seulement, il y a un hic : Germain ne plaît pas à Jeanne. Ne serait-ce que pour avoir été nommé tuteur de ses filles et se montrer alors peu sensible à leurs intérêts.

Les années commencent à passer. Jeanne, qui a suivi sa mère – elle-même veuve et partie en Dordogne –, dans son pays natal, n'est pas d'accord pour revenir dans l'Hérault et recommencer sa vie avec ce remplaçant. D'autant qu'elle vient de rencontrer un autre garçon. Un gendarme, plus âgé qu'elle, veuf, mais plein de qualités et d'amour, avec lequel elle veut refaire sa vie…

Un gendarme ? Y songe-t-elle bien ? D'abord, il n'est pas de leur monde et puis, il y a les intérêts. C'est Germain ou personne. Jeanne veut passer outre ? Sa mère la met à la porte et s'organise pour qu'elle ne puisse plus voir ses filles, qu'elle envoie elle-même en pension. Jeanne va devoir se battre. Seule. Seule contre tous : sa famille et sa belle-famille. Elle devra aller devant le tribunal pour se remarier en 1918 – en pleine guerre – avec celui qu'elle avait choisi, obtenir le mois suivant, et au terme d'un douloureux procès, que ses deux filles lui soient rendues…

DOSSIER

Les « veuves de guerre » : un deuil éternel ?

À la déclaration de guerre, nous étions à Chambéry. J'avais quatre ans et demi. Je voyais pleurer Maman et quand je lui demandais pourquoi, elle me répondait que j'étais trop petite pour comprendre. (MADELEINE ROUVIER)

On compte entre 600 000 et 700 000 « veuves de guerre », de la Grande Guerre, selon que l'on se limite aux veuves de soldats tués durant le conflit ou qu'on leur ajoute celles dont les maris sont morts des suites de la guerre. On a assisté là à un véritable phénomène de société, totalement nouveau et imprévu, qui a fait apparaître alors une catégorie nouvelle de femmes.

Des femmes que l'on imagine traditionnellement recluses dans le deuil éternel de l'époux mort au champ d'honneur, alors que la réalité est souvent tout autre, comme nombre de mauvaises langues se plaisent à le dénoncer : « On connaît deux catégories de veuves, écrit ainsi en 1926 P.J. Mézières, dans un livre intitulé *La Voix des morts*, celles qui oublient et celles qui n'oublient pas !… Hélas ! La première catégorie est de beaucoup la plus importante et je revois les braves poilus qui ne manquaient jamais, même au feu, d'envoyer à leurs compagnes la lettre journalière, où ils répétaient la recommandation suprême : “ Si je tombe, pense à moi ! ” Ils sont tombés, ces braves ; leurs compagnes se sont remariées et, parmi elles, il y en a dont la pensée, jamais, ne s'envole vers la pauvre croix de bois perdue au milieu des lignes sanglantes du Front… Cheveux courts, jupes courtes, cigarettes, chapeaux cloches et perception régulière de leur pension, elles ont bien autre chose à faire ! Il y a par contre des veuves au cœur élevé qui, malgré une seconde union nécessitée par les exigences de la vie, conservent pieusement en elles le souvenir du héros. Celles-là seulement sont vraiment veuves et, si je m'appelais le Droit, c'est à elles seules que je servirais une pension !… »

Mais un gros problème – que cet auteur semble oublier ou ignorer – est que le remariage prive automatiquement les veuves de leur pension.

Elles seront pourtant 140 000 à se remarier dans les cinq ans suivant la fin de la guerre et autant dans la décennie qui suivra (1923-1934), soit 42 % de nos veuves qui, en convolant en justes noces, vont permettre à l'État de sensiblement alléger le poids des pensions qu'il verse chaque année (➔). Il n'empêche que cette réglementation, si elle poussait certaines veuves à la fidélité éternelle, poussait également de nombreux couples à préférer vivre maritalement, afin de conserver la précieuse rente.

Les pensions

Ont été officiellement considérées comme « veuves de guerre » les femmes ayant perdu leur époux pendant la guerre ou des suites de celle-ci – tous « Morts pour la France » (➔). D'où d'innombrables dossiers ouverts après la guerre, au décès des maris, survenu parfois huit à dix ans après leur démobilisation, dossiers qui feront souvent l'objet de contestations devant les tribunaux spécialisés. Étaient aussi reconnues comme telles la plupart des femmes d'aliénés et d'internés, combattants rentrés fous et jugés incurables, et dont le coût des soins absorbait bien souvent la pension personnelle.

Les veuves devaient être de nationalité française – présumée pour celles de militaires tués au combat –, avoir été légalement mariées et avoir eu des enfants légitimes, celles sans enfants devant avoir été mariées depuis au moins trois ans au décès du pensionné (sauf à produire un certificat de concubinage, établi par le maire).

Ce statut leur permettait de bénéficier à la fois d'une pension et occasionnellement de « secours » financiers (par exemple pour l'achat d'une machine à coudre ou pour des soins médicaux). Leurs enfants mineurs deviennent alors « Pupilles de la Nation » (➔).

Comme pour toute pension, le taux de celle-ci est variable, entre taux exceptionnel et taux normal, et dépend notamment du grade et de la solde du conjoint, la veuve d'un général touchant annuellement et selon le taux entre 3 500 et 5 250 francs, alors que celle d'un simple soldat ne recevait que 375 à 563 francs (ce qui ne saurait évidemment lui suffire pour vivre (➔ *pensions*).

Les veuves se voyaient également reconnaître des avantages fiscaux. Elles avaient aussi la possibilité d'adhérer à une caisse mutualiste de retraite (constitution de rentes mutualistes, avec des versements libres sur une période minimum allant de quatre à dix ans – selon l'âge du souscripteur –, pour des retraites qui pouvaient être servies dès l'âge de cinquante ans, si la durée de cotisation le permettait).

S'ajoutaient à cela d'autres avantages, comme leur reclassement professionnel dans la fonction publique, l'attribution de bureaux de tabac – qu'elles pouvaient, à leur choix, exploiter directement ou mettre en gérance –, de quoi être assurées d'un revenu confortable, procuré par la vente de tabac et de papiers à cigarettes (voire aussi de cigarettes fabriquées sur place et dites « roulées » et souvent « cousues » par dix: un véritable luxe) ainsi que d'allumettes et de pierres à briquet, à quoi s'ajoutaient bien sûr timbres-poste et timbres fiscaux.

Sans oublier les aides au niveau des sépultures et du rapatriement des corps (➔) ainsi que pour les pèlerinages annuels sur les sépultures des époux ensevelis inhumés en cimetière militaire, une loi de 1921 organisant la prise en charge de la totalité du coût du voyage.

Conséquences collatérales

Forcément, ces pensions, généralement obtenues après bien des démarches et en usant de soutiens politiques, faisaient bien des jaloux.

Dans les années d'après-guerre, ma grand-mère connut des moments difficiles. Elle avait repris le salon de coiffure de son époux, travaillait son petit jardin et subsistait en partie grâce à la petite pension que lui avait procurée la mort du cher époux au champ d'honneur. Mais cela lui avait aussi valu de se trouver rapidement en butte à la jalousie de femmes à qui l'État ne donnait rien et remarques méchantes et mesquineries lui rendirent la vie pénible. Elle put heureusement puiser dans sa foi très profonde suffisamment de force pour élever sa fille[16].

Car les situations étaient parfois très injustes...

Beaucoup de « veuves » ne l'étaient ainsi pas officiellement, tout en ayant eu un enfant de leur liaison avec le défunt poilu. La réparation par un mariage, avec légitimation de l'enfant, évidemment prévue, reportée avec la mobilisation du père, n'avait pu avoir lieu et la pauvre femme, à la fois « veuve et mère », se retrouvait sans aucun moyen de subsistance.

« *Ma tante avait eu énormément de mal et avait dû multiplier les démarches, auprès du tribunal, pour obtenir que son fils, déclaré comme né de mère célibataire, puisse porter le nom de son père mort au combat et avoir ainsi droit au statut de Pupille de la Nation et aux substantiels avantages qui lui étaient attachés*[17]. »

Mais beaucoup de veuves, aussi, débordaient d'amour et avaient besoin d'en donner :

On peut dire que la guerre de 1914-1918 a joué un rôle capital dans la vie de ma mère. Née à Marseille en 1915 d'une mère célibataire aussitôt disparue, elle sera élevée par une veuve de guerre de l'Ardèche, dont le mari avait été tué trois semaines après leur mariage. Une femme aimante qui, une fois remariée, continuera à l'élever avec ses propres enfants[18].

16. Témoignage de Nicole Périlhon.
17. Témoignage de Claude Jusiak.
18. Témoignage d'Annick Devic.

Amours interdites et couples bousculés

Dans la société d'avant-guerre, les mariages étaient codifiés et obéissaient à des règles. L'alliance entre deux familles était lourde de sens et de conséquence. Bien des unions n'étaient pas permises, et enfreindre ces principes n'était jamais facile.

Mais la guerre, ce sera surtout pour les couples l'épreuve du temps. La chair est faible : bien des ménages de combattants ont malheureusement pu le vérifier tout au long des années de guerre, avec selon les cas des dénouements variables.

En voyage pour le bonheur ?

Ça semblait bien parti. Bien parti pour le bonheur…

En avril 1914, famille et amis assistent au mariage de Marie. Tous sont là, dans l'autobus du père, voiturier au Boucau, près de Bayonne. Ils l'entourent, elle et son mari, un ingénieur alle-

mand, que sa vie professionnelle avait conduit dans la région, pour travailler aux Forges de l'Adour.

Mais en août, le marié est rappelé en Allemagne et les quatre frères de la mariée partent au front, et le cadet – âgé de dix-neuf ans – décide de s'engager.

Au cœur du conflit, Marie ne reverra jamais son mari, tué en Pologne, ni l'un de ses frères, tué lui aussi. Seul reviendra le benjamin, blessé de guerre et décoré, qui la promènera ostensiblement à son bras dans les rues de la ville, pour faire taire les mauvaises langues, stigmatisant son mariage. Un mariage sans enfants, qui laissera Marie mourir seule, de solitude et de chagrin, à l'âge de trente ans.

Vingt ans plus tard, sous l'Occupation, le « petit frère » sera convoqué à la Kommandantur, pour répondre à une question : Marie avait-elle eu un fils et une fois veuve avait-elle été bien traitée[19] ?

« *Devine qui est se poillu…* »

19. Témoignage de Marie-France Viallard.

Comme tous les poilus de France, Urbain s'est fait « tirer le portrait », en novembre 1915, pour l'envoyer à sa femme. Modeste paysan de Lozère, peu assidu à l'école du village – travaux des champs obligent –, il maîtrise bien mal l'orthographe, comme beaucoup de ses compagnons. Et comme son Albine. Il ne lui griffonne pas moins un petit mot, tendre et spontané, touchant de simplicité et de complicité : « *Devine qui est se poillu ? cet le tien.* » Urbain enverra sa lettre. Albine versera sa larme et le couple attendra les permissions. De l'une d'elles naîtra une petite fille, en 1917. Le couple, séparé par la guerre, reste tendrement uni.

Mais voilà qu'Urbain sera fait prisonnier et emmené en Allemagne et qu'après l'armistice il y restera, de son plein gré, « chez une habitante », pour ne revenir que bien plus tard au pays, où il vivra de petits travaux. Il mourra seul, trente ans plus tard, sans avoir revu sa famille, à quelques pas de sa fille, qui n'a jamais compris et a pieusement conservé, sa vie durant, cette carte postale et un mouchoir brodé, qu'il lui avait envoyé des tranchées[20]…

Un témoignage que l'on peut rapprocher d'autres, à commencer par celui-ci :

> *Mon grand-père, paysan qui n'avait jamais quitté sa ferme, a eu « la chance » d'être très vite fait prisonnier et envoyé en Allemagne, travailler dans une ferme. Dur au travail, il y a été bien traité et d'autant plus apprécié que le fils était parti au front de l'Est, d'où il n'est pas revenu. Mais il y avait aussi une fille, sensible au charme de ses yeux verts et peut-être au contact de sa main, qui ne s'était peut-être pas attardée que sur la croupe des vaches.*
>
> *La guerre finie, la famille avait donc voulu le garder pour gendre, et son départ avait provoqué des pleurs, entre ces*

20. Témoignage de Régine Liard.

ennemis qui n'avaient jamais su pourquoi ils l'étaient... Une fois rentré et marié, il avait longtemps reçu des lettres en allemand, le suppliant de revenir[21]...

DOSSIER

Le poilu type

Avec des millions de mobilisés de tous âges, toutes les régions et tous les milieux sont représentés, avec toutes les disparités que cela peut induire. Entre le berger corse simple d'esprit, Joseph Gabrielli, et le poète Guillaume Apollinaire, entre le caporal Peugeot, l'engagé italien Lazare Ponticelli et le lieutenant d'aviation Henri-Paul Schneider, héritier présomptif de l'empire industriel familial.

La Grande Guerre a eu cela d'extraordinaire qu'elle a brassé ces millions d'individus et de destins, que rien ne destinait à se côtoyer ni à se croiser. Des Français qui souvent ne pouvaient même pas se comprendre, car ne parlant pas la même langue – ou le même patois – et qui utiliseront donc spontanément, comme un esperanto, la langue apprise à l'école, qui avait jusqu'alors semblé à beaucoup très théorique, et réservée aux livres et à l'administration.

C'est là que Bretons, Savoyards et Corses se sont découverts et ont appris à se comprendre. Comme se sont découverts les ingénieurs, les ouvriers et les paysans, en se retrouvant sous le même uniforme : d'abord le pantalon rouge garance, introduit en 1867, et un képi, protégeant peu la tête, qui céderont la place, en 1915, à la tenue bleu horizon, moins voyante, accompagnée d'un casque en métal, plus efficace.

S'il est difficile de brosser un portrait-robot du poilu, il est malgré tout possible de dénoncer quelques grands traits.

21. Témoignage de Laurence Fereira.

Le poilu appartient à une France encore extrêmement rurale. Il vit à la campagne, y est né ou en est issu. Le pays ne compte que cinq millions d'ouvriers. 45 % de la population vivent encore de la terre, sur des exploitations encore très petites, puisque 85 % d'entre elles sont inférieures à 10 hectares. Beaucoup, cependant, sont propriétaires de petits lopins de terre.

Grâce à l'école obligatoire, et comme 96 % des Français, le jeune poilu sait lire et écrire. Dès lors, même s'il est dans son immense majorité un manuel, il pourra envoyer et recevoir des lettres et des cartes postales, jouer aux cartes et lire les journaux.

Ajoutons un dernier trait commun qui a son importance. La France reste encore très christianisée. Le poilu est donc à la fois un paysan et un croyant. Il a la foi du charbonnier. Il craint autant Dieu que le diable, et entendra se comporter et mourir en soldat chrétien.

Pourquoi « poilu » ?

On dit parfois que ce surnom a été donné aux soldats du fait que la vie dans les tranchées les empêchait de se raser. C'est certainement faux, puisque le port du masque à gaz avait fait interdire le port de la barbe. L'explication semble en fait plus simple, avec une référence à la virilité, faisant désigner ainsi l'homme, « le vrai », celui ayant du poil aux jambes… et ailleurs, en tous les cas pas dans la main : le combattant courageux, au contraire de l'embusqué. Un surnom dans la droite ligne de celui des « grognards » de Napoléon.

L'héroïque bataille d'une femme de capitaine

Toujours dans la série des amours interdites, voici, dans les années 1930, la photographie d'un valeureux capitaine avec sa femme, en mission à Madagascar...

La tenant par le cou, il lui pose la main sur l'épaule. Geste qui trahit sans doute, outre son amour et son attachement, son soutien ou sa protection. À moins que ce ne soit en fait lui qui s'appuie sur elle...

Car telle est la question que l'on se pose, lorsqu'on connaît leur histoire, ou plutôt son histoire à elle, que lui n'a jamais connue...

Car ne nous y méprenons pas ! Au lendemain de la guerre, cette petite femme méridionale et sanguine, Niçoise à l'allure volontaire et à la forte tête, a aussi bien réussi à sauver sa famille que son mari avait su sauver sa patrie, pendant les quatre années de guerre. Mieux : elle la sauvera toute seule, avec pour toutes armes son imagination et cette robe noire, qui lui a porté chance.

L'armistice, en 1918, lui avait rendu un époux, qui avait été fait prisonnier et avait passé lui aussi plusieurs années en Allemagne. Joie double pour l'épouse et leur fille aînée, alors fille unique, une seconde devant naître quelques années plus tard. La vie conjugale avait repris son cours ordinaire, que tout portait à imaginer calme et sans surprise.

Pourtant, un beau matin, relevant la boîte aux lettres, Rosa a la surprise d'y trouver une lettre adressée à son mari. Une lettre venant d'Allemagne. Intuition féminine, elle l'ouvre immédiatement et la lit, stupéfaite : une femme, que son mari a connue lors de son séjour là-bas, lui annonce qu'elle a eu un enfant de lui – une fille – qu'elle veut lui présenter. Le croyant apparemment célibataire, elle annonce son arrivée en gare de Nice pour la semaine suivante, avec l'horaire précis d'arrivée du train.

Rosa ne tergiverse guère et choisit le silence. Doute-t-elle de la force et de l'attachement de son mari ? Peu importe, sa décision est vite arrêtée et son imagination lui suggère un scénario imparable. Le jour dit, elle se rend seule en gare, toute vêtue de noir des pieds à la tête, et se présente à sa rivale comme une veuve digne et courageuse, dont le mari a trouvé la mort au cours des derniers combats. Il n'est rien à ajouter. Le soir même, la femme et son bébé reprendront le train pour l'Allemagne. Ce n'est que soixante-dix ans plus tard que l'histoire sera révélée par une tante à l'arrière-petite-fille de Rosa, la veuve noire, qui la racontera à son tour[22].

Le ménage des ménages

À certains couples, la guerre a en effet fourni l'occasion de « faire le ménage ».

Officier de carrière, le Breton René Le Pivain avait fait, en 1906, un mariage arrangé, dans la bourgeoisie malouine, et d'où étaient nés deux enfants. Mais le ménage est manifestement froid et sans amour et il semble que pendant la guerre, qu'il a faite tout entière sur le front français, le mari ait eu, à l'occasion d'une hospitalisation suite à une blessure, une idylle sans lendemain avec une infirmière. En 1919, affecté à la Mission interalliée en Bulgarie, où la guerre continue, il va y rencontrer un

22. Monique Allieta s'inspirera de l'histoire de sa grand-mère dans son roman *La Veuve noire* (publié à compte d'auteur et déposé APA).

couple de Russes blancs, fuyant le bolchevisme, dont une sœur était gardée en otage à Moscou. Ayant réussi à la faire sortir, il fait sa connaissance, tombe amoureux d'elle, et va finalement divorcer pour l'épouser et avoir avec elle un troisième enfant[23].

Le bigame de Montereau

Sur la photographie du mariage d'une de ses petites-filles, un couple de retraités, apparemment tranquille et sans histoires. Apparemment, parce que déjà, à les bien regarder, on ne les imagine guère se cajolant tout le jour. Lui, avec ses moustaches épaisses, affiche des airs d'indépendance un rien provocants. Elle, corpulente et décidée, semble avoir le sens du commandement et on l'imagine fort bien jouer du rouleau à pâtisserie ou donner des ordres d'une grosse voix bourrue. Mariés en 1906, qui les observe sur cette photo conclut que le demi-siècle qui s'est écoulé depuis cette date a donc dû être pour le moins « animé ». Et pourtant, il se trompe… L'histoire a été en effet tout autre, comme le raconte leur petit-fils[24].

23. Témoignage d'Arnaud Noury.
24. Témoignage de Claude Desartine.

Mon grand-père, Charles Desartine, ancien pupille de l'État, abandonné par sa mère et qui avait été placé dans une famille d'accueil de paysans de la Marne, avait épousé à Joinville, en 1906, ma grand-mère, Georgette. Le couple s'était établi à Meaux, où il allait vivre, comme l'on disait alors, de ses journées, lui travaillant successivement dans des fermes, dans une carrière et puis dans une scierie; avant d'être mécanicien. Ils avaient eu un fils – mon père – en 1910 et, en août 14, le mari avait été mobilisé…

À son retour, à la fin de la guerre, il n'avait plus retrouvé ni femme ni enfant! L'avait-elle attendu? L'a-t-il recherchée? Pour avoir connu ma grand-mère, je ne peux que confirmer qu'elle n'était pas d'un naturel commode…

Mon père sera donc élevé par sa seule mère – plus quelques « beaux-pères » occasionnels – et personne ne se souciera du devenir de Charles, que son fils n'avait quasiment pas connu.

Les années passent. Une nouvelle guerre arrive. En 1943, à la fin de laquelle la mère et le fils habitant Provins, le fils se rend à la mairie pour y récupérer sa carte d'alimentation des tickets de rationnement et entend le secrétaire lui dire qu'il connaît d'autres Desartine, à Melun.

Intrigué, il saute sur son vélo et se transporte sur place, où il débarque dans une maison pleine de gosses, qui sont en fait ses demi-frères et sœurs, puisque leur père, qui le reçoit, n'est autre… que le sien propre: ce même Charles Desartine, dont on est sans nouvelles depuis un quart de siècle!

L'homme s'explique: n'ayant retrouvé personne à son retour de la guerre, il avait refait sa vie avec une autre, qui lui avait donné neuf enfants et qu'il n'avait évidemment pas pu épouser légalement. Malgré tout, il avait réussi à régulariser sa situation par un subterfuge, en déclarant avoir perdu son livret de famille et en s'en faisant délivrer un autre, avec le nom de sa nouvelle compagne.

Le plus extraordinaire sera qu'au décès de cette dernière mon père réussira à réunir ses parents, qui finiront ainsi leur vie ensemble, avec dix années durant lesquelles Georgette ne ratera jamais une occasion de traiter son mari de « bigame »…

La permission fatale

Un couple et un enfant, dans un jardin. La photographie doit dater du printemps 1915. Dans son uniforme bleu horizon, le mari doit être en permission. Son attitude est raide, inquiète – ou contrariée. La permission s'achève-t-elle déjà ? L'enfant – un garçon de trois ans – paraît triste. Comme s'il avait pleuré, il semble se blottir contre sa mère, qui le tient par la taille, alors que les mains du père n'étreignent personne. L'expression de la femme, enfin, est difficile à cerner, le regard est comme absent. À quoi pense-t-elle ? Et à qui ? À son mari qui va bientôt repartir ? À l'avenir de son fils ? Au sien propre ?

La fiche du poilu, récupérée sur le site *Mémoire des Hommes* (→), permet de préciser la scène. Jules Albert Hilaire, soldat au 21e RI, a été tué à l'ennemi, à Aix-Noulette, dans le Pas-de-Calais, le 16 juin 1915, à l'âge de trente-trois ans. Les arbres du jardin ayant manifestement leur feuillage adulte, la photographie a dû être prise très peu de temps avant le drame.

Telle a longtemps été la conclusion de notre témoin, le fils du petit garçon – seul descendant de ce couple qui n'a donc pas connu son grand-père, et qui, jusqu'au décès de son père, n'a jamais entendu parler de la famille de ce côté, jusqu'à ce qu'une vieille tante, un jour, lui en raconte l'histoire.

Une histoire banale et classique. Né à Paris, Jules Albert, zingueur de son état, est le fils d'un couvreur. Une famille modeste, comme on en trouve alors couramment dans les faubourgs de la capitale, à Ménilmontant ou dans le quartier d'Italie. Une famille qui, à force de travail et d'économies, réussit à avoir son petit pavillon en banlieue, où la vie sera plus agréable, et où, dans le jardin, ils peuvent aménager un petit entrepôt, pour stocker outils et matériaux. C'est là que Jules Albert fera la connaissance de Jeanne, dont il tombe follement amoureux. Elle a à peine vingt ans. Elle est modiste, elle est belle et séduisante. Peut-être même trop, aux yeux de ses parents, qui lui déconseillent ce mariage et vont s'y opposer. Mais le couvreur et sa femme ont beau dire et faire, le fils passe outre et, à vingt-cinq ans révolus, épouse celle qu'il aime. Le couple attendra cinq ans pour avoir un enfant : ce fils unique, qui est sur la photo.

Août 1914. Jules Albert est mobilisé et, les permissions étant restées longtemps rares, il n'en aura qu'en 1915. En juin. Il arrive au Pré-Saint-Gervais, retrouve sa femme et son fils et se hâte bien sûr d'aller embrasser ses parents, qui habitent à deux pas… Sa mère le prend à part. Elle ne saurait se taire. Depuis quelque temps, au marché, les conversations s'arrêtent lorsqu'elle arrive. Mais quelques « bonnes amies » lui en ont fourni l'explication. On parle de Jeanne. On dit qu'elle aurait… une relation. Le père, aussi, en a entendu parler, par des clients, des ouvriers. Pis : il y aurait malheureusement des preuves. Du moins une : Jeanne aurait été prise en photo à son insu, avec un homme, et le cliché a été exposé à la vitrine d'un photographe parisien…

Jules Albert, effondré, ne peut en supporter davantage. Mieux valent la guerre et les tranchées que les cornes ou, pire, le doute. Il rentre chez lui, rassemble ses affaires et repart pour le front. En quelques heures, sa décision a été prise. Le temps de s'être expliqué, d'avoir vu Jeanne et fait pleurer le petit ? D'avoir… pris cette photo, pour que le gamin ait un souvenir de lui ? Car Jules Albert sait vers quoi il va : vers la mort, qui le frappe seulement « quelques jours plus tard », selon la mémoire familiale ; alors qu'il aurait dû être encore en permission et à l'abri, sous les arbres du Pré-Saint-Gervais…

L'année suivante, le grand-père couvreur mourra accidentellement sur un chantier, tombant d'un toit et s'empalant sur une grille, laissant ceux qui le pleurent convaincus qu'il s'est suicidé. Jeanne, évidemment, n'ira pas à l'enterrement et ne reverra plus sa belle-famille[25]…

Répudiations et pardons

Pierre, rentré à Paris démobilisé en 1919, après plus de trois ans sans permission (armée d'Orient, Salonique, hôpital militaire…), a retrouvé sa femme, Germaine et… un petit garçon d'un an ! Divorce. Action en désaveu de paternité. Meurtrissures à vie et gamin qui, toute son enfance, s'entendra traiter de bâtard.

Même chose pour Clément, dans l'Yonne, fier de rentrer au foyer avec Croix de guerre et Médaille militaire, mais moins fier d'y trouver des jumelles.

25. Témoignage de Gilbert Hilaire.

Des centaines de couples volent en éclats, au lendemain de la guerre, et les demandes de divorce, qui avaient été jusqu'alors peu nombreuses depuis son instauration, en 1884, connaissent un pic historique et encombrent les tribunaux, pour commencer aussi à être mieux acceptées par la société d'après-guerre.

Quelques maris, pourtant, philosophes et sachant pardonner, ont quant à eux décidé de fermer les yeux à leur retour, et cela parfois même si voisins et parents ne fermaient pas les leurs…

> *Dans les Ardennes, seul département français entièrement occupé durant toute la guerre, la population souffrit peut-être plus qu'ailleurs… Les hommes au front, les femmes restèrent consignées au village avec souvent l'obligation de travailler pour l'ennemi. Des liaisons – amoureuses ou non – avec l'occupant s'établirent… C'est ainsi que, dans ma famille, un garçon et une fille verront le jour en 1916 et 1918, deux blondinets aux yeux bleus, alors que les quatre enfants « d'avant-guerre » étaient tous très bruns avec des yeux marron…*
>
> *Mon grand-père, combattant de Verdun, abandonné à la naissance par ses parents, décidera de les reconnaître et les élèvera comme les siens, ajoutant même, l'année suivante, une petite fille à la nichée.*
>
> *Je n'ai appris ce « secret de famille » que très tardivement, bien après le décès de ma grand-mère, et suis très fière de ce grand-père, que je n'ai malheureusement pas connu et que je considère comme un héros à double titre, pour son comportement valeureux au front et pour cette décision, que j'analyse d'abord comme un acte d'amour*[26].

26. Témoignage volontairement anonyme.

Le secret de Marie-Louise

« Souvenir scolaire, 1921-1922 ». La guerre est finie depuis plus de trois ans. Deux fillettes posent sur la même photographie d'école. Deux sœurs, logiquement, que l'on a comme à l'habitude réunies sur le même cliché. Gisèle, à gauche, et Paulette, à droite… L'une a les cheveux courts, l'autre très longs à l'image de leur histoire, simple et tenant en quelques lignes pour la première, longue et enchevêtrée pour la seconde et pleine de rebondissements.

Car disons-le tout de suite, contrairement à ce qu'il paraît, à ce que tout le monde pense et à ce qu'elles ont elles-mêmes longtemps cru, Paulette et Gisèle ne sont pas des sœurs, mais des cousines. L'histoire, là encore, est embrouillée, mais tout a été fait pour qu'elle le soit, sachant que, là encore, c'est la Grande Guerre qui l'a produite.

Dans une famille d'agriculteurs de Doué-la-Fontaine, en Anjou, deux des filles se prénomment Louise-Marie et Marie-Louise. Des prénoms comme on en donne parfois à des jumelles, bien qu'elles ne le soient pas, pour être nées à trois ans d'intervalle, en 1889 et 1892. Mais elles sont liées comme si elles l'étaient et Marie-Louise, la seconde, aurait pu vous dire qu'elles le sont restées jusqu'à leur mort. Sauf qu'en disant cela elle se serait lourdement trompée.

Trompée en toute bonne foi ? On comprendra que la question peut se poser, en suivant la chronologie et dans un premier temps, le récit qu'elle en a donné.

1907 : Louise-Marie, l'aînée, épouse Paul Aubry, dont elle aura quatre enfants : trois garçons et une fille, prénommée Paulette, née en 1911, qui mourra en 1918, à l'âge de sept ans, de la grippe espagnole, qui n'est donc pas la Paulette de notre photographie.

1913 : Marie-Louise, la cadette, épouse à son tour M. Gremiaux, dont elle aura une fille, Gisèle, en 1916 : une de nos deux petites filles, celle aux cheveux courts.

La guerre éclate. Les deux beaux-frères partent au front. Le second est tué. Marie-Louise ne se remariera pas, et restera seule avec Gisèle.

Mais Paul Aubry, le mari de Louise-Marie, de retour, découvre que celle-ci vient d'accoucher d'une fille, qu'elle a prénommée Paulette, comme sa sœur décédée. Une fille dont il ne peut évidemment être le père et qui est donc notre seconde petite fille, celle aux cheveux longs. L'homme n'a pas envie de pardonner. Il récupère leurs trois enfants communs et s'en va refaire sa vie ailleurs, après avoir répudié sa femme et la fille qui n'est pas de lui, lesquelles vont toutes deux trouver momentanément refuge… chez Marie-Louise.

Et Marie-Louise élèvera Paulette avec sa fille à elle, Gisèle, exactement comme deux sœurs, d'autant plus que Louise-Marie va rapidement disparaître. Partie alors en Provence, Marie-Louise fera passer sa nièce pour sa propre fille, ne révélant que beaucoup plus tard la triste vérité : sa sœur aînée est morte de désespoir en 1919 : elle s'est jetée sous un train et elle a bien sûr recueilli la gamine, qui se serait sinon retrouvée à l'Assistance publique.

Et la vie de continuer, comme programmée : Gisèle, fille de Marie-Louise, aura un fils sans avoir été mariée, qu'elle élèvera avec sa sœur Paulette, fille de Louise-Marie, qui n'est en réalité que sa cousine. Paulette, restée célibataire, n'apprendra tout cela que très tard, au décès de Marie-Louise, sa tante qu'elle croyait être sa mère, en 1979.

Ici se termine le récit de Marie-Louise.

À présent, donnons la parole à son petit-fils – fils de Gisèle et « neveu » de Paulette –, pour l'épilogue.

> *Quelques années après la mort de ma grand-mère, j'ai reçu une lettre d'une certaine Claudine, née Fagniart, qui faisait des recherches généalogiques et me disait être ma cousine. Elle corroborait ses dires d'un certain nombre de détails, avec des noms et des dates, qui semblaient les accréditer. Un point en revanche ne collait pas, en ce qu'elle prétendait être la petite-fille de Louise-Marie, divorcée de Paul Aubry et remariée à Léon Fagniart, dont elle avait eu deux enfants. Impossible, puisque Louise-Marie s'était suicidée en 1919 ! Troublé malgré tout, une rencontre est organisée et là la vérité s'impose : Louise-Marie ne s'est pas suicidée. Elle a effectivement refait sa vie et est décédée dans le Nord en 1966, sans avoir jamais cherché à reprendre contact avec sa sœur et sa fille.*
>
> *Suite à cette découverte, un frère et une sœur, qui n'avaient jamais entendu parler l'un de l'autre, ont pu se rencontrer.*
>
> *Tout s'est passé au mieux, mais toute la famille, depuis ce jour, n'a bien sûr cessé de se demander si ma grand-mère, Marie-Louise, avait volontairement caché tout cela et conservé ce secret jusqu'à sa mort. Nul ne le saura jamais, mais nous entretenons aujourd'hui des relations très affectueuses et régulières avec nos nouveaux cousins et cousines*[27].

27. Témoignage de Dominique Gremiaux.

Les oubliés

Mais si les mariages se font et se défont, agités par les turbulences de la guerre, d'autres en revanche attendent désespérément. La guerre a également pour effet de multiplier les célibataires des deux sexes. Garçons rentrés invalides, qui seront difficiles à marier malgré de confortables pensions, mais aussi filles qui ont vu passer ces années sans que le prince charmant vienne frapper à leur porte.

Vieilles filles en tout genre

Autant de situations, autant de drames. Drames de la souffrance, de la solitude, et des « laissés-pour-compte ».

Tous les villages, toutes les familles, tous les bureaux, toutes les paroisses ont eu leurs « vieilles filles de guerre » : bonnes du curé, maîtresses de pensions, bigotes acariâtres, institutrices tyranniques, infirmières dévouées et secrétaires parfaites, vouant même souvent à leur patron une dévotion sans bornes, qu'elles ne sauraient imaginer être en réalité aussi proche de l'amour.

Autrefois promises à des destins heureux, du moins conjugaux, elles s'étaient retrouvées en marge du marché matrimonial, sur lequel la distorsion entre l'offre et la demande avait impitoyablement laissé pour compte les moins gâtées par la nature, provoquant pleurs et grincements de dents, rendant les unes jalouses et aigres et transformant les autres en révoltées, ruant dans les brancards. Toutes exprimeront, par l'agressivité, leur rancœur à l'égard de cette société qui les avait en réalité oubliées et trahies.

Quelques-unes, cependant, y avaient échappé.

Dans l'Orne, Germaine, belle et élégante, dont le fiancé était mort au champ d'honneur, épousera ainsi par dépit le premier homme, mutilé et issu de milieu modeste, qui avait pourtant osé lui demander sa main.

Émilie, près de Montpellier, connaîtra un destin plus tragique. Fiancée à l'ami d'un de ses frères, elle rompra ses fiançailles lorsque celui-ci viendra annoncer à sa famille la mort au front du frère en question et termina ses jours dans un asile psychiatrique.

Et plus encore Augustine, en Corrèze, qui, apprenant la mort de son demi-frère, en 1918, ne s'en remettra jamais et se suicidera cinq ans plus tard, en se jetant dans la Dordogne[28].

Mais d'autres, heureusement, réagiront différemment, pour avoir bénéficié de circonstances leur permettant de donner malgré tout un sens à leur vie solitaire.

Marthe, célibataire, épanouie par la guerre

Une mère et son fils ? Une mère veuve de guerre, qui regarde tendrement l'orphelin, dont le regard semble errer, comme s'il pensait au père absent…

Tout, dans cette photo – atmosphère, composition, pose –, pousse à la regarder ainsi. Pourtant, elle ne montre pas un fils et sa mère, mais un orphelin et sa tante, qui va l'aimer comme sa propre mère.

Né près d'Autun le 10 septembre 1914, alors que son père était au front, Jean Charmeau devra à la guerre d'être privé successivement de ce père, tué dans les Vosges sept jours plus tard, et de sa mère, emportée par la grippe espagnole, en 1919. Orphelin à cinq ans, il ne sera pas élevé dans la ferme familiale et ne deviendra pas agriculteur à son tour. Il sera recueilli par une sœur de son père, Marthe, à qui l'on confiera sa tutelle. Elle lui consacrera sa vie et l'élèvera à Paris, où elle était allée travailler et où elle avait appris le métier de modiste.

28. Témoignages de M.B. Jondreville, Martine Pigeyre et Isabel Lopez-Carbonnié.

Marthe a vingt-six ans, elle est belle et courageuse. Elle changera de métier, pour être plus disponible pour son pupille, devenant gouvernante dans de grands hôtels. Personne fine et cultivée, avec évidemment un sens aigu de la famille, elle s'épanouira tant dans son métier que dans son double rôle de père et de mère. Elle saura notamment pousser son neveu à faire des études et les lui financera, pour faire de lui un officier, qui le conduira dans le Pacifique, très loin de sa Bourgogne natale[29].

DOSSIER

Les « vieilles filles de guerre »

Autre phénomène de société, totalement nouveau et imprévisible, les « vieilles filles de guerre » constituent un phénomène logique et inévitable, compte tenu des événements et de la démographie générée par la guerre.

29. Témoignage de Georges Pertuisot et Alain Charmeau.

À côté du déficit des naissances (➔), aux graves répercussions sur le long terme, a correspondu un très fort déficit des mariages. En 1915 – année la plus touchée –, leur nombre a été de 75 % inférieur à la moyenne annuelle d'avant-guerre. Il remonta lentement, sera de 47 % supérieur, en 1918, pour bondir à + 172 % en 1919 et flirter l'année suivante avec la barre des 200 %, lorsque l'on « rattrapera le temps perdu ». À noter au passage que le divorce a alors battu son record historique, avec une augmentation de 20 % par rapport aux chiffres d'avant-guerre, divorce prononcé une fois sur six pour cause d'adultère de la femme, durant les années de guerre.

Mais ce déficit de mariages va continuer à se présenter sous un autre aspect, tenant au nombre de célibataires, qui ont été tués ou sont rentrés trop invalides pour espérer se marier. Un nombre difficile à évaluer, certainement largement supérieur au nombre des pensions d'ascendants, versées aux parents des célibataires morts à la guerre, puisque celui-ci, qui est de 850 000, est forcément sous-évalué, du fait que nombreux sont les parents ayant malheureusement perdu deux fils ou plus.

Pour approcher la question, on peut comparer le nombre de mobilisés par classes d'âges du nombre des tués dans ces mêmes classes. On voit ainsi que pour 292 000 jeunes gens de la classe 1914 (jeunes gens nés en 1894), 85 000, soit presque 30 % d'entre eux, ont été tués. Sur l'ensemble des classes « à marier » – les classes 1914 à 1918 –, la guerre a fauché près de 265 000 jeunes gens célibataires. Certainement plus de 300 000, si on leur ajoute les célibataires des classes précédentes. La conclusion est aussi simple que claire : voilà 300 000 filles à marier condamnées à monter en graine, sans trouver chaussure à leur pied. Plus sans doute, du fait qu'elles vont se retrouver en concurrence avec des veuves de guerre souvent encore jeunes, et qui plus est bénéficiaires de pensions les dissuadant certes du remariage (➔) mais pas forcément pour autant du concubinage.

Tout concourt donc alors à la montée en nombre du contingent des « vieilles filles », sachant que les mentalités de l'époque allaient largement contribuer à les doter de personnalités souvent peu amènes, sans pour autant tomber dans la caricature...

V.
Ruines et fortunes

La chaise vide

1902. Dans un intérieur cossu, trois femmes, deux hommes, un enfant… et une chaise vide. Pour sûr, celle du troisième homme. Le photographe. C'est évident…

Une famille classique. Le grand-père, Joseph, et sa femme, Catherine, appelée Kate – souvenir d'une très chic gouvernante anglaise, qu'elle avait eue lors de sa jeunesse parisienne –, leurs deux filles et leur petite-fille, dont on pourrait bien, à la fin de ce repas de famille, fêter le premier anniversaire, et vers laquelle tous les regards convergent, même si elle a l'air d'apprécier très modérément le « petit pot » que Bonne Maman s'efforce de lui enfourner à la petite cuillère. Un gendre, à droite de son beau-père. Et un autre, donc, à gauche, qui a quitté la table, pour prendre la photographie.

Famille de parfaite éducation, mais famille de filles, où le père prend ses gendres à ses côtés, pour parler « affaires » et la mère ses filles près d'elle, pour parler « maison » et « éducation ». Au moment du dessert – et du toast – les conversations se sont rejointes, avec pour sujet l'héritière – encore une fille, mais c'est un premier enfant et l'on espère bien qu'un garçon, et même plusieurs, suivront.

Famille aisée. Moyenne bourgeoisie toulousaine. On a « du bien ». Une importante affaire de quincaillerie, à deux pas du Capitole, employant une dizaine d'employés. Des domaines agricoles dans le Tarn, exploités par des métayers. Une belle villa, construite voilà une dizaine d'années, à Amélie-les-Bains.

Les filles, récemment mariées, ont donc été très bien dotées. L'aînée a épousé un garçon à particule, qui vit de ses rentes – assis ici à la droite du patriarche – et la seconde le fils d'une famille amie, qui travaille avec son beau-père, et auquel il est entendu que ce dernier passera le relais. Photographe amateur, qui s'est levé pour officier, d'où la chaise vide…

Quoi de plus banal qu'une chaise vide… Ce jour-là, oui. Mais ce détail paraîtra en fait beaucoup moins banal, lorsque l'on connaîtra la suite.

Les dix années qui suivent seront sans surprises. Les parents vieillissent. Le père se retire avec un beau matelas d'or et de titres – dès leur émission, il a acheté une masse d'emprunts russes. Le gendre prend les rênes de l'affaire familiale et sait la gérer au mieux. Vacances à Amélie-les-Bains. Voyage aux lacs italiens et aux Floralies gantoises. Fidélité absolue aux opéras du Capitole… Une seule ombre au tableau, aucun petit-fils ne naît. Valentine, l'héroïne de la photographie, reste la seule héritière. Elle aura donc elle aussi une très belle dot, et fera un beau mariage. À tous les plans, l'avenir est assuré.

La guerre, évidemment, chamboulant tout, réduira ces perspectives à néant. Peu de familles ont connu un tel enchaînement de catastrophes.

Août 1914 : les gendres sont mobilisés.

Juillet 1915 : patriote, le père répond immédiatement aux appels lancés par l'État, pour faire rentrer de l'or et financer l'effort de guerre : « Je n'ai pas eu de fils. Je ne peux pas donner mon sang. Je donne mon or ! » Tout son or... Sa femme, qui en tenait de ses parents, l'imite (➔).

1916 : le gendre qui dirige l'affaire disparaît. On ne sait trop comment. Insoumission ? Mutinerie ? Désertion ? On repense à la chaise vide... C'est la honte et l'omerta absolue (➔). Le beau-père, anéanti, est incapable de réagir. L'affaire va rapidement péricliter...

Octobre 1917 : avec la révolution russe, le cours des emprunts s'effondre.

Janvier 1918 : l'autre gendre meurt « des suites de ses blessures », dans un hôpital militaire.

1920 : Valentine fête ses dix-huit ans. La dot est moins belle que prévu. Un ingénieur de Perpignan, rencontré à Amélie-les-Bains, qui la demande en mariage, essuie pourtant un refus sans appel ; sa famille n'est pas assez bien ; pour Valentine, on veut mieux !

On l'attendra longtemps. Refusant encore deux ou trois partis, jugés eux non plus pas assez avantageux. Mais le « beau », celui dont on rêvait pour elle, ne se présentera pas. Chacun à son tour, les membres de la famille vont disparaître et Valentine se retrouver seule, en 1946, dans la maison d'Amélie-les-Bains. Seule, avec sa pile d'emprunts russes, quelques pièces d'or, deux fermes dans le Tarn, qu'elle devra bientôt vendre. Seule dans une villa sans confort, sans mari ni sécurité sociale. Elle sera pourtant « sauvée par le gong » pour, après la vente de sa dernière ferme, au début des années 80, gagner près d'un million au loto[1]. Lui faisant dire qu'il y a parfois une justice...

1. Témoignage de Pierre-Matthieu Bondet.

DOSSIER

Déserteurs et mutins : « fusillés pour l'exemple »

Tous les « poilus » que j'ai connus et qui avaient été en première ligne, qui avaient connu la mitraille, la boue, le froid... n'avaient pas de haine pour ceux d'en face. Ils estimaient que c'étaient de pauvres gars, comme eux. (ANDRÉ CLÉVY)

Durant tout le conflit, le moral des troupes et celui des civils ont souvent flanché et ont conduit certains à refuser la guerre, avec notamment des déserteurs et des mutins, que l'armée se devait de sanctionner, afin d'éviter l'hémorragie et de préserver la discipline et l'obéissance. Avec l'obligation de sanctionner vite et bien.

Dès le début de la guerre, l'armée avait obtenu du gouvernement que la présentation des prévenus devant le conseil de guerre puisse se faire sans instruction préalable, tout en faisant abolir les possibilités de recours en grâce et en révision. Mieux : Joffre avait imposé la constitution de cours martiales, dénommées « conseils de guerre spéciaux », composées de trois personnes (le commandant du régiment et deux officiers), qui jugeaient rapidement (sans audition de témoins) et rendaient à la majorité des jugements scellant le sort des prévenus, jugements qui devaient être sévères, rendus pour l'exemple, et qui, en cas de condamnation à mort, étaient applicables dans les 24 heures.

Les mutineries

Les plus importantes ont eu lieu au printemps 1917. Après trois ans de guerre meurtrière, indécise, épuisante, alors que les conditions de vie au front sont terribles (le froid, la boue, les bombardements, la rareté des permissions). L'Offensive Nivelle, au Chemin des Dames, qui a inutilement coûté la vie à 200 000 hommes, provoque déception et colère. Lorsque, début mai, l'ordre est donné de reprendre les combats dans les mêmes conditions, beaucoup de soldats – y compris les plus valeureux – refusent de monter en première ligne. Avec un pic du 20 mai au 10 juin, les mutineries vont se multiplier durant tout l'été, touchant plus de cinquante régiments et Pétain, nommé alors en remplacement de Nivelle, ne saura guère calmer les troupes, en faisant améliorer la nourriture et augmenter les permissions.

Si les chiffres sont mal connus et controversés, on estime qu'au moins 3 500 condamnations ont été prononcées par les conseils de guerre, dont 1 381 condamnations aux travaux forcés et 554 condamnations à mort (dont 49 effectives).

Les déserteurs

À la mobilisation, contrairement aux prévisions pessimistes, on n'avait recensé que 1,5 % de réfractaires, que l'on ne qualifiait pas, à l'époque, d'« objecteurs de conscience » et qu'aucun statut ne protégeait : le premier collectif revendiquant une reconnaissance ne sera lancé qu'en 1923. Qui refusait de participer à la défense de la patrie se voyait donc condamné aux travaux forcés et se retrouvait au bagne.

Il en alla différemment pour les désertions enregistrées au cours du conflit, et surtout nombreuses dans la foulée des mutineries de 1917, puisque l'on dénombrera cette année-là plus de 21 000 « déserteurs », qui seront le plus souvent fusillés.

Les Fusillés pour l'exemple

L'armée française a fait fusiller environ 600 hommes, pour 750 dans l'armée italienne et 300 dans l'armée anglaise, auxquels on doit ajouter 60 Canadiens et 5 Néo-Zélandais, alors qu'officiellement l'armée allemande n'en aurait eu que 23…

On aurait en fait compté 140 000 jugements, qui auraient prononcé 2 400 condamnations à mort, dont les trois quarts auraient vu leur peine commuée en travaux forcés et un quart donc – nos 600 – auraient été exécutés. Un chiffre qui, bien sûr, ne tient pas compte des exécutions sommaires, pratiquées par des officiers sur les champs de bataille, parfois d'un simple coup de revolver.

Les soldats condamnés le sont pour désertion, mutinerie, souvent pour refus de combattre ou d'obéir, abandon de poste ou lâcheté. Parfois aussi pour mutilation volontaire (d'une main ou d'un pied). Autant de situations dont l'appréciation est évidemment souvent restée arbitraire et a valu des décisions contestables, prises dans le seul but de maintenir les troupes en état d'obéissance et d'éviter panique et contagion.

La presse et les associations, en dénonçant les abus, finiront par obliger le Parlement à réformer cette justice expéditive, aboutissant à la suppression, en 1917, des conseils de guerre spéciaux.

Il était temps : plus des deux tiers des condamnations à mort, qui avaient été prononcées antérieurement à cette date, devaient lourdement peser sur l'image de l'armée, avec des cas flagrant d'injustice.

Ainsi, parmi tant d'autres, François Laurent, un Breton accusé de mutilation volontaire car examiné à la va-vite par un médecin, ou Joseph Gabrielli, un berger corse de vingt et un ans, simple d'esprit, à qui l'on faisait creuser des latrines, condamné à mort en 1915, pour s'être perdu après une attaque et avoir été retrouvé ahuri dans une cave.

Certains de ces condamnés à titre d'exemple sont carrément tirés au sort.

« Ma bien chère Lucie,

Quand cette lettre te parviendra, je serai mort fusillé.

Voici pourquoi : le 27 novembre, vers 5 heures du soir, après un violent bombardement de deux heures, dans une tranchée de première ligne, et alors que nous finissions la soupe, des Allemands se sont amenés dans la tranchée, m'ont fait prisonnier avec deux autres camarades. J'ai profité d'un moment de bousculade pour m'échapper des mains des Allemands. J'ai suivi mes camarades, et ensuite, j'ai été accusé d'abandon de poste en présence de l'ennemi.

Nous sommes passés vingt-quatre hier soir au Conseil de Guerre. Six ont été condamnés à mort dont moi. Je ne suis pas plus coupable que les autres, mais il faut un exemple...

Mon portefeuille te parviendra et ce qu'il y a dedans. Je te fais mes derniers adieux à la hâte, les larmes aux yeux, l'âme en peine. Je te demande à genoux humblement pardon pour toute la peine que je vais te causer et l'embarras dans lequel je vais te mettre...

Ma dernière pensée, à toi, jusqu'au bout. »

Cette lettre est signée par Henry Floch, un de ceux que l'on a nommés « les martyrs de Vingré », victimes du même type de sentence que les « quatre caporaux de Souain ». Quatre caporaux d'une compagnie qui a tout entière refusé, en mars 1915, de bondir hors des tranchées (dans un contexte de mort certaine et inutile) et dont le capitaine recevra l'ordre de remettre les noms de six caporaux et de dix-huit hommes de troupe, choisis parmi les plus jeunes, à raison de deux par escouade. Le verdict choisit quatre des caporaux, condamnés à mort pour l'exemple et qui furent exécutés dès le lendemain, deux heures environ avant que n'arrive le recours en grâce, qui commuait la peine en travaux forcés…

Plus connu et plus révoltant encore sera le cas de Lucien Bersot. Un forgeron de Besançon de trente-quatre ans, auquel on n'avait pu, lors de son incorporation, donner le réglementaire pantalon rouge garance – parce que l'on n'avait plus sa taille en stock – et qui s'était retrouvé avec un pantalon blanc. En février 1915, grelottant de froid dans les tranchées, il avait demandé un pantalon de laine et le sergent-fourrier lui avait passé un pantalon en lambeau et taché de sang, récupéré sur le cadavre d'un soldat. Pour l'avoir refusé, il avait écopé de huit jours de prison. Mais le colonel Auroux, commandant du régiment, jugeant la peine insuffisante, avait demandé sa comparution en conseil de guerre spécial, afin de donner un exemple aux nouvelles recrues qui venaient d'arriver. Marié et père d'une fillette de six ans, il avait été condamné à mort et deux de ses compagnons d'armes, intercédant en sa faveur, s'étaient vus condamnés à dix ans de travaux forcés, en Afrique du Nord…

Les réhabilitations

Les familles des soldats fusillés pour l'exemple étaient d'autant plus touchées que s'ajoutait à leur deuil la honte d'avoir eu un époux, un fils, un père ou un frère condamné pour sa lâcheté. « Nous avons vécu dans une atmosphère affreuse de suspicion illégitime et de honte injustifiée », dira le frère d'Henry Floch. À quoi le fils d'un des autres martyrs de Vingré ajoutera avoir dû être retiré de l'école, se souvenant que sa mère, ayant reçu des insultes et des menaces, sortait dans la rue avec un pistolet pour se protéger. Sans oublier que ces situations privaient les familles des condamnés de toute aide et pension.

Après la guerre, beaucoup se battirent donc pour faire réhabiliter leurs poilus. Des batailles longues – de parfois plus de dix ans – et épuisantes, menées avec le soutien des associations d'anciens combattants et de la Ligue française pour la défense des droits de l'homme et du citoyen. Démarches rarement couronnées de succès. Seulement pour une quarantaine des 600 recensés. En gros une fois sur six...

Si les fusillés de Vingré seront réhabilités par la Cour de cassation, en 1921, et Bersot[2], en 1922, il faudra quinze ans à l'instituteur de Millionnec, le village natal du Breton François Laurent, injustement accusé de mutilation volontaire, pour obtenir sa réhabilitation, l'inscription de son nom sur le monument aux morts et l'allocation d'une somme de 10000 francs à sa famille. Seize ans aux épouses des caporaux de Souain, pour obtenir satisfaction et 1 franc symbolique, en 1934, après des années de campagne de presse, de meetings à travers la France, de pétitions et de lobbying – l'une d'elles, Blanche Maupas, ayant même créé un comité, devenu en 1928 « Comité national pour la réhabilitation des victimes de guerre ». Il faudra près d'un siècle pour que le lieutenant Chapelant, d'Ampuis, dans le Rhône, finisse par être réhabilité, en 2012, suite à une lourde action orchestrée par le conseiller général Bernard Catelon, alors que les parents s'étaient autrefois ruinés pour obtenir la réhabilitation de leur fils unique, au point que le père l'attendait pour « avant de mourir, pouvoir enfin pleurer ».

À tous, des monuments achevèrent souvent de leur rendre hommage, comme à Vingré ou à Sartilly, dans la Manche, où Théophile Maupas a été ré-inhumé en présence de 5000 personnes.

Le nom de Maupas sera également donné à des rues, notamment à Villeurbanne, et des livres et des films se chargeront également du « devoir de mémoire » : le livre d'Alain Scoff, intitulé *Le Pantalon* (Lattès, 1982), suivi d'un téléfilm d'Yves Boisset, en

2. Le colonel Auroux, commandeur de la Légion d'honneur, mis en cause pour avoir agi en toute illégalité, échappera à toute poursuite pour être protégé par Maginot et ce n'est que l'arrivée du Cartel des gauches qui le mettra à la retraite en 1924, sans lui donner le grade de général.

1999 ; le film *Les Sentiers de la gloire*, de Stanley Kubrick, avec Kirk Douglas, inspiré des caporaux de Souain.

En 2008, à l'occasion du 90e anniversaire de l'Armistice, le conseil général de l'Aisne invitera solennellement la République française à reconnaître les soldats condamnés pour l'exemple comme des soldats de la Grande Guerre à part entière, de façon à permettre que leurs noms puissent être légitimement inscrits sur les monuments aux morts des communes de France, à la demande de leurs familles ou des associations et collectivités concernées. C'est ainsi que le 11 novembre 2009, une plaque sera apposée par la municipalité de Besançon à Fontenoy, dans l'Aisne, où avait été fusillé Lucien Bersot.

Des revers en tout genre

Revers et ruines ont été à cette époque monnaie courante, touchant toutes les familles, à commencer bien sûr par les rentiers, nombreux à l'époque.

À Limoges, un porcelainier, Pierre Armand Nivet, devra, à soixante-quinze ans, vendre son château de Nieul et une partie de ses biens[3].

Pendant que les familles des zones occupées ont vu leurs maisons rasées et leurs champs défoncés, celles des autres régions ont donc souvent vu leurs revenus fléchir et leur statut social se dégrader, en suivant la même courbe.

3. Témoignage de Bruno Caillé.

Fille d'un pauvre couvreur en chaume, Jeanne, née dans le Berry en 1821, était ambitieuse. Elle n'avait épousé qu'un modeste ouvrier sabotier, mais n'en avait pas moins déjà fait du chemin. S'il n'y avait alors pas d'école de filles, dans son village des environs de Bourges, la volonté d'aller plus loin, « plus haut », l'avait suffisamment animée pour qu'elle parvienne à savoir lire.

Lentement, aux rares moments du jour où elle pouvait le faire – la lumière d'une chandelle coûtait bien trop cher –, elle avait appris, dans des livres de prières, qu'avait dû lui conseiller son curé. Dans ces textes bien insipides, l'apprentissage avait été très long : aussi ne s'était-elle mariée qu'à trente-deux ans, ce qui était très tard pour une fille de son temps.

Mais la lecture de ces prières avait porté ses fruits, puisque l'acte de mariage de Jeanne la dit « distributrice à la poste » : une situation d'avenir, à cette époque où, avec le développement des chemins de fer, cette institution s'organise et étend son maillage à tout le territoire.

Jeanne, qui le mesure et l'apprécie, va donc totalement s'appuyer et miser sur cette administration d'un genre tout à fait nouveau qui l'emploie, pour assurer la réussite de ses fils. Après l'école communale et le collège, elle les poussera naturellement vers les concours internes. Tous deux y feront ainsi de belles carrières, qu'ils termineront dans la capitale, où l'aîné achèvera la sienne comme « receveur principal de Paris ». La famille a changé de milieu. On possède de belles villas, avec pianos et équipages, les petits-enfants font des études longues et l'on voyage régulièrement : autant de signes incontestables d'aisance et de promotion sociale. La famille va pouvoir quitter la nourricière administration postale, pour continuer sa route. Un petit-fils parcourt le monde comme musicien et compositeur. Un autre dirige une usine de textiles. Chapeau bas à Jeanne, la femme du sabotier, à l'origine de cette réussite !

Mais arrive la guerre. Un petit-fils rentrera très perturbé et asocial. Deux autres ont été tués, dont l'un, marié, est père de trois enfants qui, marqués par ces deuils, entreront tous les trois en religion, mettant ainsi un terme à l'irrésistible ascension des descendants de Jeanne, la petite distributrice du courrier... et des ambitions familiales[4].

Petit hobereau, maire pendant un temps de sa commune, mon arrière-grand-père avait une grande ferme en Corrèze, où travaillaient une dizaine de valets et de servantes. Avec la guerre et les réquisitions, il perdit progressivement pas mal de vaches et surtout de chevaux. De plus, les hommes étant mobilisés, les femmes et les servantes durent les remplacer pour les travaux des champs. Si l'on ajoute à cela qu'à la fin de la guerre d'importants arriérés étaient dus aux domestiques, dont on avait eu bien du mal à payer les gages durant les quatre années, la ferme n'a plus permis à la famille de conserver le train de vie d'avant-guerre.

Ma grand-mère maternelle, née en 1893, cadette de la famille, qui avait épousé mon grand-père, juste avant-guerre, s'est retrouvée veuve à vingt et un ans, en 1914, avec une petite fille. Elle qui avait fait des études dans un pensionnat pour jeunes filles de bonne famille et qui se voyait promise à une vie dorée avait été obligée de travailler, à une époque où bien peu de femmes le faisaient. Veuve d'un fonctionnaire de l'État, et lettrée par ses études, elle a eu un poste réservé dans les PTT[5].

Cultivateur et propriétaire de châtaigneraies, dans les Pyrénées-Orientales, mon grand-père, mort enterré par

4. Témoignage de Geneviève Bozelle.
5. Témoignage de Gérard Salagnac.

un obus, en 1914, à l'âge de vingt-neuf ans, a laissé ma grand-mère avec trois enfants en bas âge et enceinte d'un quatrième. Elle a dû vendre le patrimoine et est morte locataire dans une de ses anciennes maisonnettes qu'elle avait vendue[6]*...*

Même type de souvenir, en Normandie, dans une famille de gros exploitants, où le décès du mari contraindra la famille à vendre la ferme familiale et conduira la veuve à déménager avec son fils, avant de finalement se remarier à un ouvrier agricole[7]. Parallèlement, en Haute-Marne, Jean-Baptiste Dupont, qui vendra de même sa ferme lorsque tombera au front son second et dernier fils, placera mal son argent et perdra la raison, en ressassant sans fin son désespoir d'avoir ruiné ses petits-enfants orphelins[8].

Le contexte général fait échouer nombre de projets...

Émile Gros, bien établi comme négociant à Marseille, avait acheté vers 1905 d'immenses forêts en Autriche et Roumanie dont il escomptait de substantiels revenus, par la vente des bois. Il dut évidemment tirer un trait sur tout cela et continuera sa vie professionnelle au Maroc, où il s'installera à Casablanca, avec ses neuf enfants, et où la vie sera très différente de celle menée dans la cité phocéenne.

... et bien des affaires prospères, telle en Touraine la boulangerie de Félix et Marie-Louise ou, à Annecy, *Le café du Quai* (voir photo page suivante) qu'avait réussi à acheter Joseph, fils de modestes paysans, et qu'avec sa femme, Marguerite, il avait su développer. Le mari tué en 1916, l'épouse – chargée qui plus

6. Témoignage de Marie Reynaud.
7. Témoignage de J. D.
8. Témoignage de M.-B. Jondreville.

est de deux très jeunes enfants – ne pourra le gérer seule. Pour une femme, la situation est inconcevable : elle se voit contrainte à vendre le beau « Café du Quai », devant lequel elle avait été si fière de poser, quelques années plus tôt[9].

Telle encore, à Paris, l'affaire des Petrus.

> *Mon grand-père avait une entreprise florissante, rue de Réaumur, fabriquant ce que l'on nommait alors des colifichets (dentelles mécaniques, tuyautés, etc.). Une affaire qui faisait travailler vingt-cinq ouvriers et assurait à la famille une réelle aisance.*
>
> *Il perdit deux de ses trois fils à la guerre et le troisième – mon père –, rentré gazé, n'a pu, du fait de son état de santé, assurer la pérennité de l'atelier. Néanmoins obligé de travailler, pour faire vivre ses parents et sa sœur, il devint simple employé de bureau : on était très loin du statut précédent*[10].

Mais ce sont bien sûr les petits épargnants qui sont les premiers et les plus durement touchés.

> *En 1914, mes grands-parents tenaient une auberge à Blamont, en Meurthe-et-Moselle, alors à quelques kilomètres de la frontière allemande, où bien avant la décla-*

9. Témoignage de Jacques Chantereau.
10. Témoignage d'Yvette Pétrus-Chrétien.

ration de guerre, on avait pu observer pas mal de signes avant-coureurs, notamment des incursions rapides de uhlans, passant la frontière au grand galop et tournant en reconnaissance autour du village. Dès le début des hostilités, leurs trois fils mobilisés, ils avaient accepté la proposition que leur avaient faite les autorités, de les évacuer du village, directement menacé.

Avant de quitter leur maison, hantés par la peur d'être dévalisés ou mitraillés en cours de route, ils avaient enfoui dans leur cave une cassette en bois, fermée par une petite serrure et contenant toutes leurs économies, en valeurs mobilières et en pièces d'or – 400 francs-or, au dire de ma mère, autrement dit une somme importante. Peu de gens simples, alors, mettaient leur argent en banque.

Ils étaient allés se réfugier à Vézelize, où ils avaient trouvé du travail aux cuisines d'un hôtel-restaurant, mais où mon grand-père, deux ans plus tard, était décédé subitement.

La guerre finie, ma grand-mère était donc rentrée seule au village, pour rouvrir son commerce. La maison, toujours debout, avait subi des dégâts et avait été saccagée et pillée. Elle se hâta bien sûr de descendre à la cave, et vit qu'elle avait été visitée, retournée et fouillée : il n'y avait plus de cassette, et plus d'économies... Courageusement, avec ses faibles moyens, elle se remit au travail, en attendant la démobilisation de son fils. Par un curieux hasard, au cours des jours suivants, elle devait cependant retrouver sa cassette, sur la décharge publique, mais fracturée et vide. Elle la conservera toute sa vie, comme je l'ai fait moi-même après elle, et je viens de la donner à ma fille, qui s'en sert quotidiennement comme boîte à ouvrage[11]*.*

11. Témoignage de Paulette Grandjean.

Évoqués à propos de la ruine des bourgeois toulousains, les dons d'or, effectués par les petits épargnants patriotes, ont également souvent largement contribué à la dégradation de la situation matérielle.

Mon grand-père avait commencé dans la vie comme garçon de café à Dax, ville alors fréquentée par les grands de ce monde, à une époque où, en l'absence de Sécurité sociale, seuls les nantis pouvaient s'offrir les bienfaits des cures thermales.

À force de travail, il avait économisé assez d'argent, en louis d'or, pour acquérir un café, donnant sur la place principale de la ville et dont le patron, prenant sa retraite, lui avait fait une promesse de vente. Mais l'affaire ne s'était pas faite. On était à quelques mois seulement de la déclaration de guerre. En août, mon grand-père, mobilisé, était parti en laissant sa femme avec leurs deux petites filles. Il devait être tué trois mois plus tard.

La veuve éplorée fera néanmoins face, cumulera divers emplois (couturière, lingère…) et pourra assurer le quotidien, sans toucher aux économies de son époux, qui n'avaient donc pas été employées pour l'achat du café.

En 1916, sensible à la campagne pour l'effort de guerre, elle fera don de tout cet or, en échange d'un superbe diplôme. Adieu les rêves de mon grand-père ! Cet argent aurait pu aider, plus tard, à installer ses filles dans la vie. Ma grand-mère ne prononcera jamais un mot de regret. Elle avait fait son devoir. Elle a donné à la France, non seulement son mari, mais aussi son confort et son avenir. Toute sa vie, elle se sacrifiera pour ses enfants et petits-enfants, ne cessant d'économiser sou par sou, pour le cas où ils auraient besoin d'aide. Vêtue de noir depuis son veuvage, elle a toujours pensé que la France et l'Allemagne devaient s'associer au lieu de se battre, tant pour leurs deux peuples que pour le bien de l'Europe. Elle s'est éteinte, en 1971, à l'âge de quatre-vingt-un ans. Elle avait conservé, dans le tiroir de sa table de nuit, le funeste télégramme pieusement conservé (reproduit ci-dessous), quant au diplôme officialisant le « Versement d'or pour la Défense nationale », il avait été perdu, au cours de ses déménagements successifs[12].

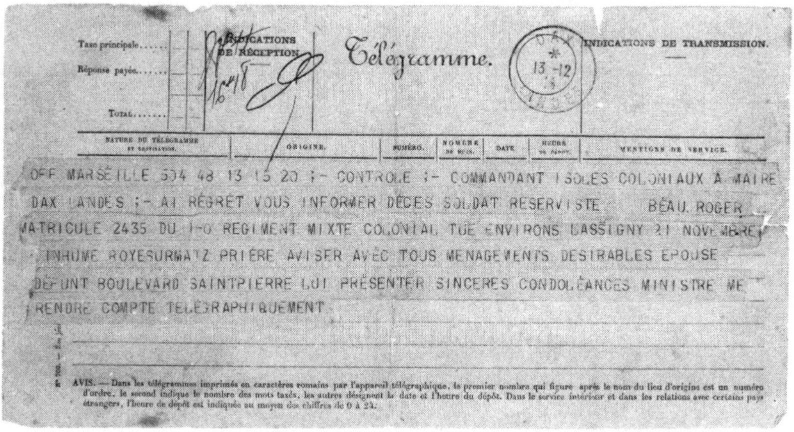
Taxe principale.......
Réponse payée.......
Total.......
INDICATIONS DE RÉCEPTION
Télégramme.
INDICATIONS DE TRANSMISSION.

NATURE DU TÉLÉGRAMME ET DESTINATION.	ORIGINE.	NUMÉRO.	NOMBRE DE MOTS.	DATE	HEURE DE DÉPÔT.	MENTIONS DE SERVICE.

OFF MARSEILLE 504 48 13 15 20 ;- CONTROLE ;- COMMANDANT ISOLES COLONIAUX A MAIRE DAX LANDES ;- AI REGRET VOUS INFORMER DECES SOLDAT RESERVISTE BEAU ROGER MATRICULE 2435 DU I-O REGIMENT MIXTE COLONIAL TUE ENVIRONS BASSIGNY 21 NOVEMBRE INHUME ROYESURMATZ PRIERE AVISER AVEC TOUS MENAGEMENTS DESIRABLES EPOUSE DEFUNT BOULEVARD SAINTPIERRE LUI PRESENTER SINCERES CONDOLEANCES MINISTRE ME RENDRE COMPTE TELEGRAPHIQUEMENT

AVIS. — Dans les télégrammes imprimés en caractères romains par l'appareil télégraphique, le premier nombre qui figure après le nom du lieu d'origine est un numéro d'ordre, le second indique le nombre des mots taxés, les autres désignent la date et l'heure du dépôt. Dans le service intérieur et dans les relations avec certains pays étrangers, l'heure de dépôt est indiquée au moyen des chiffres de 0 à 24.

DOSSIER

De l'or pour du plomb !

Lorsque leurs pays sont entrés en guerre, les gouvernements tant français qu'allemand, convaincus que le conflit serait de courte durée, ne se sont guère attardés à réfléchir à son financement sur le long terme. Très vite donc, dès 1915, la question se posera de façon aiguë, avec d'abord les dépenses de matériels.

En France, les finances publiques sont quasiment épuisées et le pays est en proie à une forte inflation, qui atteint ainsi 20 % en

12. Témoignage de Roger Bailly.

1915. Pour l'État, la solution est d'essayer de récupérer l'épargne populaire, en un temps où la plupart des ménages conservent leurs économies – généralement encore en or.

BANQUE·DE·FRANCE
VERSEMENT·D'OR·POUR·LA·DÉFENSE·NATIONALE
LA·BANQUE·DE·FRANCE·CONSTATE·QUE
A·VERSÉ·CE·JOUR·EN·OR·LA·SOMME·DE
Vingt francs
EN·ECHANGE·DE·BILLETS·DE·BANQUE
LE 1915
VISA
LE SECRÉTAIRE GÉNÉRAL

Les bas de laines remplis d'or

Au plan bancaire, la guerre a sonné le glas de l'or-monnaie.

Les belligérants se voient contraints d'abandonner l'étalon-or et le principe de la convertibilité en or, pour instaurer le cours forcé de la monnaie – dès le 4 août pour l'Allemagne et le 5 pour la France. Les succursales de la Banque de France ont quelques jours plus tôt reçu un pli confidentiel, leur ordonnant de cesser toute remise d'or.

Le franc n'est plus qu'une monnaie de papier. Le métal jaune cesse de circuler. Les réserves d'or deviennent trésor de guerre, comme cela a été le cas tout au long de l'Histoire. Connaissant cette règle, Guillaume II en avait entassé, dans le donjon de la citadelle de Spandau, et la France et la Russie, en vue de la guerre, avaient tenté d'agir de même.

Les réserves d'or françaises sont pour le moins confortables. Depuis l'instauration en 1803 du franc convertible dit « franc germinal », le pays avait frappé 696 millions de pièces d'or, représentant 3 500 tonnes, dont on estime qu'il reste 2 800 tonnes en 1914. Des réserves dont les particuliers possèdent plus de la moitié, soit plus de 1 600 tonnes, qu'ils conservent dans des cassettes et des bas de laine, et que l'État va donc s'employer à diriger vers ses caisses. L'idée n'est pas nouvelle. En 1813, pour lutter contre les armées de Napoléon, la Prusse avait déjà demandé aux Prussiennes de donner leurs bijoux…

L'or combat pour la victoire !

Le 2 juillet 1915, moins d'un an après la déclaration de guerre, le gouvernement français lance donc un appel officiel au patriotisme des Français, pour empêcher toute sortie d'or du territoire et surtout pour les inviter à verser leur or, pour concourir à la Défense nationale.

Des Comités de l'or se mettent en place par tout le pays et les résultats vont dépasser les espérances. Le 29 octobre 1915, le journal *Le Matin* annonçait que deux jours plus tôt, soit en 119 jours, à l'issue de la 17e semaine – qui avait à elle seule rapporté 20 millions –, il était rentré plus d'un milliard en or.

La recette, se révélant efficace, sera utilisée à quatre reprises, entre 1915 et 1918. Le premier emprunt, en novembre 1915, sera suivi d'un deuxième en octobre 1916, d'un troisième en novembre 1917, d'un quatrième enfin, en octobre 1918, quatre emprunts qui rapporteront respectivement quinze, onze, quatorze et vingt-sept milliards de francs ! Voilà pourquoi, en 1920, deux nouveaux seront proposés pour la reconstruction des régions dévastées.

Les campagnes de communication vont se multiplier. Chaque emprunt a ses affiches, placardées sur les façades des édifices publics et les murs des villes et villages, illustrées par les meilleurs dessinateurs et caricaturistes, qui jonglent avec l'arsenal patriotique. Une des plus connues représente un soldat allemand, coiffé du casque à pointe et arme à la main, baïonnette au canon, terrassé par une pièce d'or, de laquelle se détache un superbe coq gaulois lancé à l'attaque, son bec visant les yeux exorbités de terreur du soldat. Le slogan est clair et percutant : « *Pour la France versez votre or, L'or combat pour la victoire.* » Pour en appeler au civisme et au patriotisme on met en parallèle le soldat se battant sur le front et le civil soutenant financièrement l'effort de guerre. Comme le premier verse son sang, le second doit verser son or, s'il ne veut pas se sentir indigne et coupable.

La population répond massivement à ces appels de fonds. Chaque ville y met un point d'honneur. Ainsi à Montbéliard, où un guichet municipal avait été ouvert en octobre 1915, le premier de ces emprunts rapportera la somme de onze millions de francs, soit plus de 1 000 francs par habitant (dans une ville qui en compte alors 10 000) et plus de 5 000 francs par ménage, soit environ quatre fois le gain annuel du « smicard » de l'époque.

Parallèlement à ces campagnes officielles se sont ajoutées des initiatives privées, avec l'organisation de nombreuses « Journées de Solidarité », qui vont elles aussi appeler à la générosité, *via* des quêtes, des tombolas ou des spectacles. Des journées organisées en faveur des orphelins et des veuves mais aussi bien sûr pour les soldats du front. C'est le cas des « Journées du 75 » (dont le nom rend hommage au fameux canon de 75 mm), créées par le Touring-Club de France et destinées à financer l'envoi de colis aux combattants, par la vente de petits drapeaux tricolores, de places de concert, d'insignes, de cartes postales et surtout de « bijoux souvenirs ». Au fil du temps, d'autres seront organisées au profit des Alsaciens-Lorrains, des Serbes et des Belges, dont le pays « préféra l'invasion au déshonneur et nous fit rempart de son corps ».

L'argent afflue de partout !

Suite au premier appel, la Banque de France reçoit 380 tonnes de métal jaune, durant la seule année 1915, et au total plus de 700 jusqu'à la fin du conflit, soit plus de la moitié de la thésaurisation privée (restant malgré tout de 900 tonnes). Un résultat presque inespéré, qui permettra au pays de se fournir en matériel de guerre à l'étranger.

Lorsque l'on sait qu'à la fin de la guerre la Banque de France ne détenait plus qu'à peine 1 100 tonnes d'or, quelques additions et soustractions suffisent pour calculer que la guerre aura coûté à la France plus de 150 milliards de francs-or, payés pour plus de la moitié par sa population. Pas moins de quelque 1 000 tonnes d'or, lesquelles se sont pour une large partie ajoutées aux réserves d'or américaines puisque, neutres jusqu'en 1917, les États-Unis ont jusqu'alors été nos fournisseurs réguliers. Pour avoir ainsi doublé leurs réserves d'or entre 1914 et 1919, les États-Unis ont donc incontestablement été les grands vainqueurs de la guerre !

De l'or contre des billets

Lors de ce que l'on a appelé la première « campagne de l'or », lancée le 2 juillet 1915, les affiches avaient clairement posé le principe : « L'or est indispensable pour acheter des munitions. » Et leurs textes, très directifs, exhortaient la population : « Échangez l'or que vous détenez, et qui ne peut d'ailleurs vous être d'aucune utilité, contre des billets de la Banque de France, dont le crédit fait l'admiration du monde. Un certificat vous sera remis, constatant la somme d'or que vous aurez versée… » La proposition est très claire : on ne demande pas de donner son or, pour seulement proposer de le transformer en billets de banque. En échange du précieux métal, les citoyens recevront sa valeur en billets, ainsi qu'un certificat de la Banque de France, constatant leur patriotisme. Des certificats que l'on a pu régulièrement trouver en vente sur Internet, entre 20 et 40 euros et qui, quelque cent ans après, continuent à témoigner des élans de civisme.

Émouvants, ces papiers, qui se voulaient très officiels, certifient ces « versements d'or pour la défense nationale », précisant bien que les sommes étaient remises en « échange de billets de banque ». Ils portent les nom et prénom des donataires et font état des sommes déposées, de montants évidemment très variables : Rolande Alard, 50 francs, le 9 août 1915 ; la Veuve Étienne, 90 francs, le 25 ; Félix Antoine, à Villers-Saint-Sépulcre, dans l'Oise, 200 francs, le 10 ; Claude Marie Valentin, lui-même mobilisé, 50 francs, le 15 janvier 1917 ; René Joly, employé de banque, à Épinal, 400 francs, le 23 mars 1917 ; Paul Boutros, sans précision d'adresse, 2 400 francs, le 10 septembre 1915… Des sommes impossibles à convertir en euros de 2013, même si les spécialistes vous disent qu'un franc de 1915 valait environ 14,40 francs de 2001 et environ 2,31 de nos euros. Mieux vaut, pour les apprécier, se référer à l'évolution des salaires. On a dit que les plus bas salaires annuels ne dépassaient pas 1 200 francs, le salaire horaire moyen d'un manœuvre oscillant entre 50 et 60 centimes, pour un smic horaire net actuel de 7,36 euros. À ce taux-là, l'employé de banque d'Épinal, en donnant 400 francs, offrait sans doute l'équivalent d'un mois de salaire.

Des documents parfois émouvants, comme celui attestant que « Mlle Marché Marie, élève de l'école de Champagnac, a versé ce jour la somme de 20 francs », soit grosso modo l'équivalent d'une semaine de salaire d'une femme de ménage, et sans doute pour cette écolière toutes ses économies…

Comment une fontaine va tarir…

Dans le parc de son château de La Verrerie, au Creusot, où il a reçu les têtes couronnées des cinq continents, venant négocier l'achat de canons et de sous-marins, Eugène Schneider, administrateur du Crédit lyonnais, du PLM, de la Banque de l'Union parisienne et de la Société métallurgique de Normandie, président de l'Union européenne industrielle et financière et… maître de forges, a fait édifier cette fontaine en 1913, par le sculpteur Antonin Carlès.

Nommée « Fontaine aux enfants », elle représente ses quatre enfants, dans une composition très étudiée. Les trois fils, en haut, dominent la situation et les lieux, l'aîné, Henri-Paul, aidé de son puîné, soutenant la jarre répandant la richesse – en l'occurrence l'eau – alors que le plus jeune regarde au loin le paysage des vastes bâtiments des usines et que leur sœur – future duchesse de Brissac –, tout en bas – société patriarcale oblige –, les encourage et les admire.

Telle est la conception d'Eugène II Schneider, petit-fils d'Eugène Ier, fondateur du Creusot. Sa conception de l'avenir de son empire. Avenir solide et dur comme la pierre de ce monument. Avenir dans la pérennité, que ses trois fils garantissent tout au haut de cet édifice, que le touriste visitant aujourd'hui La Verrerie peut aller découvrir sous les frondaisons de son parc, pour contempler cette œuvre pleine à la fois de symbolisme et de sensibilité. Si quelque ancien Creusotin se trouve à ses côtés, il l'invitera généralement à passer derrière le monument, pour y découvrir une relique originale et touchante : la petite pierre tombale de Skip, chien-loup, resté fidèle dans les tranchées au lieutenant Henri-Paul Schneider – un animal que l'aîné avait recueilli et sauvé, dans les tranchées, et qu'il avait ramené au Creusot. Encore un témoignage de la « Grande Guerre », que les trois fils d'Eugène II Schneider avaient faite tous les trois.

L'année suivant la construction de cette fontaine, la guerre a éclaté et les trois fils du magnat de l'acier se sont bientôt retrouvés au front, où ils vont savoir se distinguer. Les deux premiers, mobilisés dès le début, le troisième, trop jeune pour s'engager dans l'armée française, rejoindra l'armée belge, pour pouvoir lui aussi défendre son pays.

Les aînés sont de brillants lieutenants d'aviation. À vingt-deux ans, Henri-Paul s'envole chaque jour pour de périlleuses missions d'appui de l'infanterie, suivi par son frère, dans un autre appareil. Tous deux vont et viennent dans le ciel d'Alsace, au-dessus des tranchées où se battent les fantassins. C'est ainsi qu'un jour de février ils voient six chasseurs allemands surgir des nuages bas. Henri-Paul en abat un. Les autres se ruent sur lui et l'atteignent. Son *Spad 49* pique alors dans les lignes françaises et s'écrase sur le sol enneigé. Le soir même, il meurt dans un hôpital militaire, dans les bras de son frère.

Outre le drame qu'elle a été pour ses parents, la mort de l'aîné des Schneider sera dramatique pour l'histoire de la dynastie et par répercussion pour l'avenir de l'empire Schneider et du Creusot.

Tout avait été en effet prévu pour que ce soit lui qui, en qualité de fils aîné, recueille le flambeau ou plutôt la jarre alimentant le système avec, comme au sommet de la fontaine, l'assistance de ses frères.

Rentrés seuls, ces derniers s'étaient retrouvés face à leur père, qui comptait leur faire suivre la traditionnelle formation sur le tas. Pour le plus jeune, qui est revenu gazé, il était ainsi prévu un stage dans une mine espagnole, que sa santé l'oblige à refuser, avec le soutien de son frère. Tous les deux demandent finalement à se voir dispensés de cette longue formation, eu égard à celle, tout aussi riche d'enseignement, qu'ils avaient acquise à la guerre. Le père ne veut rien entendre. Les fils tiennent bon. La mésentente s'aggrave, achoppant sur un désaccord quant aux textes des statuts de l'affaire. La grand-tante des fils, qui est de fait leur grand-mère[13], les soutient contre leur père, dont elle est à la fois la tante et la marâtre. En 1925, les fils assigneront leur père en justice et leurs divergences ne s'effaceront jamais. Le cours de la dynastie, rectiligne pendant plus de soixante-dix ans, définitivement rompu par la mort d'Henri-Paul, aboutira à la fin des années 1960 à la vente du groupe au baron belge Empain…

… et comment des réussites se tisseront

Outre ces conséquences imprévues à venir, cette guerre, comme les précédentes, aura eu pour effet de remplir les carnets de commandes des établissements Schneider, valant notamment aux usines du Creusot de tourner à plein régime. Plusieurs milliers de leurs ouvriers continueront à y travailler, certains comme « affectés spéciaux », quitte à provoquer des

13. Le père d'Eugène II Schneider avait épousé successivement deux sœurs, dont la première, mère d'Eugène II, était décédée prématurément.

jalousies, auprès des familles de leurs anciens compagnons, risquant quant à eux leur vie au front. Pour une usine de canons, la guerre est toujours une bonne chose, même si cette usine-là était déjà florissante depuis trois quarts de siècle, puisque les Schneider, dès 1840, avaient rejoint le giron des familles les plus riches de France.

Mais si les Schneider n'ont pas attendu cette guerre pour réussir, d'autres, au contraire, y trouveront l'occasion de décoller. Ainsi Louis Renault, disant en 1914 au général Mangin que « si nous ne fabriquons pas en grande série, nous ne triompherons des Allemands qu'en paroles », qui passera à la dimension américaine. Ainsi André Citroën, dont le frère est tué dès les premiers combats et qui, avant de fabriquer des automobiles, répondra à d'énormes commandes de munitions pour l'armée.

Une des plus belles réussites du moment a été celle de Marcel Boussac, qui s'était déjà imposé dans le négoce du tissu, pour avoir parié que les femmes préféraient porter des couleurs gaies. En 1911, âgé seulement de vingt-deux ans, il avait lancé la « révolution des fanfreluches », qui lui avait permis d'acheter sa première Rolls en 1913 et son premier cheval de course en 1914.

Pendant la guerre, « qu'il aura la bonne fortune de ne point faire », selon l'expression d'Henri Coston[14], il deviendra l'ami de Clemenceau et obtiendra la fabrication du fameux uniforme bleu horizon. Un « tissu garanti Boussac ». Un marché colossal !

Mieux, pour avoir pris, deux ans plus tôt, la direction, avec des parts importantes, de la *Société d'impression des Vosges et de Normandie* – la plus grande manufacture de tissus imprimés du pays –, il va en 1915 fabriquer la toile d'avion en coton dans ses usines vosgiennes de Nomexy, puisque celles de Lille,

14. *Dictionnaire des dynasties bourgeoises et des affaires*, Alain Moreau, 1975.

qui la fabriquaient jusqu'alors, en toile de lin, ne peuvent plus la fournir, pour se trouver en zone occupée. Parallèlement, Boussac se lance dans l'importation du coton, la fabrication de ballons d'observation, de masques à gaz et de toiles de parachute, en même temps que, anticipant les difficultés ferroviaires et pétrolières, il équipe sa société de péniches, créant une société de navigation, pour l'importation des matières premières.

En 1917, avec des politiques et des financiers, il fonde le Comptoir de l'Industrie cotonnière, rachète douze autres usines et une gigantesque filature en Pologne. Avec ses surplus de tissu militaire, il crée une ligne de vêtements réputés inusables, vendus dans ses magasins « À la toile d'avion ». C'est la fortune. L'homme commence à attirer l'attention de la presse : le 30 novembre 1918, le journal *La Voix du peuple* publie un véritable acte d'accusation à son encontre…

À bien d'autres familles, la guerre a été profitable. À commencer dans les campagnes.

Dans le Nord, toute la zone non occupée a accueilli des élevages à grande échelle de bétail, cochons et poulets, comme celui développé par les Anglais dans le Pas-de-Calais, autour du camp d'Étaples.

En Charollais, plusieurs gros emboucheurs ont pu tirer parti de la conjoncture, notamment par la fourniture de viande de boucherie et de chevaux de trait – encore largement utilisés, notamment pour le transport des canons et des matériels militaires. Alphonse, dont le fils aîné est mobilisé, saura ainsi saisir ces occasions et triplera l'étendue de ses terres, au lendemain de la guerre, en achetant trois beaux domaines, vendus par la princesse de Ligne, qui avait quant à elle vu ses revenus décroître. Même chose pour Philibert , boucher de la ville voisine, qui, à force de travail, au sortir de la guerre, passera également souvent chez le notaire, et dont la fille épousera quelques années plus tard le second des fils d'Alphonse.

VI.
Transplantations et changements

Changer de vie

Comme la plupart des guerres, celle de 1914 a provoqué beaucoup de mouvements de population. Jamais le chemin de fer, qui connaît alors son âge d'or, avec le formidable quadrillage des campagnes par les innombrables tacots, n'a été aussi apprécié. Acheminement des courriers, allers et retours des permissionnaires, visites aux blessés, dans les hôpitaux militaires, mais aussi voyages en tout genre et déménagements, migrations volontaires ou forcées, à commencer par ceux directement liés à la guerre. Un Berrichon, qui a combattu quatre ans dans la Marne, choisira d'y rester et d'ouvrir un garage de réparation de voitures, avec un copain de tranchées. Le Breton Ange Garaud, qui, pour avoir effectué son service militaire au Maroc, fera la campagne du Maroc, lors de la déclaration de guerre, décidera finalement de s'y fixer, en 1918, puisque son frère et seul parent avait été tué à la guerre et que rien ni personne ne l'attirait plus au pays[1].

Les convois d'évacués et de déplacés (➔), que l'on a eu l'occasion d'évoquer, ont également souvent produit des effets définitifs. Ainsi, pour les Gougelet, de Reims, évacués dans un premier temps vers Gien, dans le Loiret, qui descendront finalement jusqu'à Nice, d'où ils ne retourneront pas dans leur ville aux trois quarts détruite[2].

On ne saurait compter les familles que la guerre a arrachées à leur univers séculaire et a déracinées – souvent violemment –

1. Témoignages de Fanny Brun et d'Yves Garaud.
2. Témoignage de Laurence Pinchon.

pour les envoyer à l'autre bout du pays, dans une région où elles vont se sentir étrangères et se voir considérées comme telles. À cette époque, les trois quarts des Français parlent encore au quotidien des dialectes et des patois. Un Lorrain débarquant en Bretagne, au Pays basque ou même en Bourgogne, aura souvent bien du mal à communiquer avec ses nouveaux voisins, qui sont pourtant ses compatriotes. Les effets de l'école de Jules Ferry, où l'on ne parlait « que le français », ne profitent qu'aux plus jeunes. L'immense majorité des « seniors » de plus de cinquante ans n'entend que bien mal la langue de Victor Hugo...

Il convient dès lors d'apprécier ces transplantations, en ayant conscience des traumatismes qu'elles ont pu engendrer, pour des familles qui n'y étaient nullement préparées et qui cultivaient au contraire une grande peur des déplacements et se méfiaient des milieux qui ne leur étaient pas familiers. Familles qui n'avaient pas répondu à l'appel de la société industrielle, pour préférer se lover dans leur univers ancestral, seul capable de leur offrir les repères vitaux dont elles avaient besoin.

Mais, la guerre venue, il faudra souvent sauver sa peau.

Armand, un Bourguignon, dit un jour à son compagnon de tranchées, un gars du Nord, dont le village est occupé : « Si tu as besoin, va chez mes parents. » Amputé d'une jambe et démobilisé, le gars n'hésitera pas et prendra le train pour l'Yonne, où il sera reçu par les parents à bras ouverts et où il fera finalement sa vie[3].

D'autres, blessés et convalescents, voyageront pour raisons de santé. Ainsi Francisque, le Lyonnais, que l'on a vu passer par la Normandie, où l'amour le fera s'établir.

D'autres encore, après la guerre, devront se transplanter pour subsister.

---

3. Témoignage de Madeleine Beaubois.

Mon grand-père, rentré en Bretagne avec une jambe en moins, partira dans les Deux-Sèvres où on lui proposera un poste de concierge au lycée de Niort, en tant que « mutilé de guerre ». Voilà pourquoi je n'ai pour ainsi dire jamais entendu parler de certains de mes cousins de Bretagne, dont je viens seulement de faire la connaissance[4]*...*

Parallèlement à ces déplacements géographiques, énormément de familles ont également connu des changements au plan socio-économique.

Changement de profession, souvent obligatoire pour les blessés et mutilés, ne pouvant plus reprendre leur métier : notre menuisier devient concierge de collège, un charpentier gardien de château... Changement fréquemment accompagné d'un déplacement géographique et d'une évolution sociale, avec le passage du travail manuel à celui de bureau. Rentré invalide, Éloi Gasseng, journalier agricole dans la campagne biterroise, sera admis à l'École de rééducation des Mutilés, de Montpellier, où il apprendra le métier d'aide-comptable, qu'il exercera dans un centre d'appareillage de mutilés[5].

Le cas sera encore plus net pour la famille Delors, dont les descendants – Jacques et sa fille Martine – seraient sans doute de modestes agriculteurs corréziens si la guerre n'avait infléchi le destin familial.

Mobilisé dès le début des hostilités, Louis Delors, le grand-père de Martine Aubry, s'était en effet retrouvé un jour très grièvement blessé, sur un champ de bataille. Un soldat allemand avait été chargé de l'achever mais, dans sa précipitation – ou sous le coup de l'émotion – il lui avait tiré une balle dans le bras. Louis Delors avait donc regagné sa Corrèze natale vi-

4. Témoignage de Yannick D.
5. Témoignage de Jeanne Gasseng.

vant, mais invalide. Pris en charge par le ministère des Anciens Combattants, il s'était vu proposer un emploi de bureau à Paris, très loin de l'exploitation familiale. Courageux et incapable de rester inactif, il l'avait accepté et était entré comme garçon de recettes à la Banque de France, où il allait faire carrière et faire entrer deux de ses frères et plus tard son fils, le futur ministre des Finances.

À beaucoup, la guerre a apporté l'occasion de changer de vie.

Fils de petits agriculteurs du Marais vendéen, mon père, Auguste Soret, avait, durant toute son enfance, rêvé d'instruction et de vie à la ville. Pour avoir fréquenté l'école de son village, il avait décroché sans peine son certificat d'études, mais ses parents, sourds aux arguments de l'instituteur, voulant les convaincre de lui faire poursuivre ses études, avaient exigé qu'il reste travailler avec eux à la ferme.

Comprenant la chance que l'armée pouvait représenter pour lui, remarqué pour sa bravoure, blessé trois fois et décoré sur le champ de bataille, il prendra du galon et sera désigné en 1918 pour suivre les cours de l'École spéciale militaire de Saint-Cyr, d'où il sortira avec le grade d'aspirant et sera nommé sous-lieutenant. En garnison au Havre, à la fin de la guerre, il y épousera une institutrice, fille d'un cadre du port, qui le recommandera

à la Compagnie générale transatlantique, où il entrera directement comme sous-chef de service et où il fera une belle carrière, tenant cependant à ce que sa femme et ses enfants aillent régulièrement séjourner chez ses parents, en Vendée[6].

Le changement et la promotion seront parfois permis par la pension que touchera le mutilé, la veuve ou l'orphelin.

Ma grand-mère, placée à Paris comme bonne à tout faire, y avait connu et épousé, en 1908, un receveur au tramway, aussi impécunieux qu'elle, qui avait été tué, en 1914, en lui laissant un petit garçon. Reconnu comme Pupille de la Nation, cette situation lui permettra de faire quelques études et de devenir postier – un honneur, à l'époque[7] *!*

L'histoire est la même pour Henri Souchaud, né en 1912 dans une famille paysanne du Poitou, et lui aussi adopté par la Nation, dont la pension a permis à sa mère de faire de lui un instituteur[8].

Mais la pension devient parfois l'enjeu de tensions :

Mon père avait perdu le sien à la guerre, à l'âge de quatre ans. Il était Pupille de la Nation et touchait donc une pension. Des Américains qui parrainaient des enfants ayant perdu leur père à la guerre ont proposé de l'emmener chez eux, aux États-Unis, et sa mère a refusé, pensant obtenir plus d'avantages à le garder et l'a sans doute privé d'une chance de vie plus intéressante[9].

6. Témoignage d'André Soret.
7. Témoignage de C. Guipon-Béchaud.
8. Témoignage de Louis Souchaud.
9. Témoignage de Françoise Gatin.

DOSSIER

Le sort des orphelins : les Pupilles de la Nation

Si les règles de la mobilisation ne prévoient aucune dispense pour les hommes mariés, les pères de familles nombreuses bénéficient en revanche de « privilèges ».

Les hommes de vingt-quatre à trente-cinq ans, pères de quatre enfants vivants, sont affectés à l'arrière et rejoignent dans l'armée territoriale ceux de trente-cinq à quarante et un ans. Ceux, pères de six enfants vivants, intègrent la réserve de cette même armée.

Dès la mobilisation, le problème s'est donc posé pour les familles de moins de quatre enfants, où le départ du père conduit souvent la femme et les enfants à travailler.

Les femmes ont généralement trouvé assez facilement des emplois, notamment dans les usines de guerre et les enfants ont souvent dû travailler très jeunes, parfois dès dix ans, beaucoup de ceux qui auraient pu continuer des études au-delà de l'âge légal de la scolarité, qui était alors de treize ans, devant les abandonner.

Mais les effets seront plus dramatiques encore pour les enfants dont le père ne reviendra pas, voire ceux auxquels la guerre enlèvera les deux parents, le cas le plus fréquent étant celui du père tué au front et de la mère victime de la grippe espagnole.

Au total, la guerre aurait laissé 600 000 orphelins. Une situation que la vieille loi de 1831, encore en usage, n'avait pas prévue, pour compter sur les solidarités traditionnelles. D'abord la famille, puis les voisins, très présents dans une France à dominante encore très rurale, comme pouvaient l'être également, en ville, les corporations de métier. À cela s'ajoutait souvent l'aide de sociétés de bienfaisance, confessionnelles ou laïques, organisant des dons de fournitures ou d'argent, remettant des bourses d'apprentissage et se chargeant de trouver des employeurs, tant aux mères qu'à leurs enfants…

Face à cette situation avait été créée, dès novembre 1914, l'Association nationale pour la protection des veuves et des orphelins de la guerre, dite des « Bons-Enfants », qui va secourir des enfants dont le nombre ne va cesser de croître, passant de 370 en 1915 à 22000, en 1918. La Croix-Rouge, de son côté, en recueillant des dons, avait pu soutenir 9000 enfants, tout en en faisant parrainer 6000 par des Américains.

Cette carence législative imposa au gouvernement de prendre des mesures.

En juillet 1917 une loi définit donc la qualité de *Pupille de la Nation*, expression apparue dès 1915, prévoyant que le représentant légal de l'enfant doit demander son adoption auprès du Tribunal. Peuvent y prétendre les « enfants des parents les plus méritants », c'est-à-dire tous les orphelins mineurs « *du fait de la guerre* » et non pas seulement « *de faits de guerre* ». Une nuance capitale, en ce qu'elle inclut les enfants des victimes civiles, ainsi que ceux dont le père, la mère ou le soutien de famille est dans l'incapacité de travailler, à cause de blessures ou de maladies contractées au cours de la guerre.

Contrairement aux *Pupilles de l'État*, confiés sur décision de justice au service de l'Aide sociale à l'enfance (l'Assistance publique) et qui sont donc presque toujours des enfants abandonnés, à leur naissance ou ultérieurement, les *Pupilles de la Nation* restent sous l'autorité de leur famille et de leur tuteur, tout en profitant d'un arsenal de mesures, destinées à leur assurer aide et protection.

Un Office national des Pupilles de la Nation est chargé d'arbitrer les cas présentés, en liaison avec des correspondants dans le canton et la commune, souvent le maire ou l'instituteur. Rattaché au ministère de l'Instruction publique, il rejoindra en 1926 l'Office national des Mutilés, dépendant jusqu'alors de celui du Travail, pour former l'Office national des Anciens Combattants, dépendant du ministère des Pensions, nouvellement créé.

Dans chaque département, un service est donc investi de missions d'écoute, de surveillance et de conseil, faisant par exemple assister les tuteurs par des conseillers de tutelle, encourageant notamment le travail manuel, les vertus d'économie, d'épargne et de travail. Il est également investi de missions d'aides financières, allant de la prise en charge des frais des conseils de famille à la garantie de la gratuité des soins médicaux et des dépenses d'instruction jusqu'à la majorité, soucieux de faire instruire ces enfants aux frais de l'État, grâce à des bourses d'études et d'apprentissage, et de les accompagner jusqu'à leur entrée dans la vie active, avec des places réservées dans la fonction publique. La réforme du Code des pensions complétera en 1919 ce dispositif (➔).

Comme la mention « *Mort au champ d'honneur* » sacralisait leurs pères, cette qualité de *Pupille de la Nation* conférait aux orphelins un prestige particulier. On entend les considérer comme une sorte de « *nouvelle noblesse* » républicaine et eux, qui en sont conscients, vont souvent, à l'image des Anciens Combattants, s'organiser en associations.

Au 11 novembre 1919, on dénombrait 305 000 pupilles, dont 5 000 orphelins, placés dans des établissements d'État, mais leur nombre va continuer d'augmenter – avec des pères décédant des suites de la guerre – et ce serait au total 750 000 enfants qui auraient finalement obtenu ce statut.

DOSSIER

L'inflation des pensions

On n'avait jamais, jusqu'alors, vécu la mobilisation aussi longue de tels effectifs, ni une telle violence des affrontements. Cette situation, nouvelle et inconcevable, avait fatalement rendu le vieux Code des pensions de 1831 totalement inadapté.

La classe politique s'en était très vite émue et une réforme avait été décidée, ressentie plus comme un « devoir social » que comme la défense du droit à réparation.

Par ailleurs, à la fin de la guerre, le gouvernement redoute que l'exemple des révolutions agitant les populations des empires centraux moribonds ne provoque une montée du mécontentement, dû à la cherté de la vie. Face à la détresse de nombreuses familles et aux difficultés de réinsertion rencontrées par de nombreux combattants, il installe un arsenal législatif qu'il souhaite voir agir comme un sédatif. Un sédatif efficace, au risque d'être coûteux...

C'est dans cet esprit qu'a été préparée la loi du 31 mars 1919, plus connue sous le nom de « Charte du Combattant », à l'origine de l'Officie national des Anciens Combattants et Victimes de Guerre et des pensions d'invalidité, affirmant dans son article 1er :

> « *La République, reconnaissante envers ceux qui ont assuré le salut de la patrie, proclame et détermine le droit à la réparation due : 1°/ aux militaires des armées de terre et de mer affectés d'infirmités résultant de la guerre ; 2°/ aux veuves, aux orphelins et aux ascendants de ceux qui sont morts pour la France.* »

Désireuse de justice sociale, cette charte reconnaît également les droits des victimes civiles.

Sur aucun plan, on ne lésine avec les moyens.

Ce sera d'abord, au niveau gouvernemental, la création d'un ministère des Pensions, créé en 1920 et confié à Maginot – celui de la fameuse Ligne[10], et plus tard celle de l'Office national des Anciens Combattants, qui résultera de la fusion de l'Office national des Mutilés et de l'Office national des Pupilles de la Nation, en 1926.

Seront également créés un Tribunal départemental[11] et une Cour régionale des pensions, qui jugeront les contestations : des instances qui ne chômeront pas, tant les enjeux financiers seront d'importance.

Dans l'esprit de beaucoup, la pension, qui est un droit, doit être suffisamment substantielle pour permettre de vivre sans travailler. Les contestations sont extrêmement fréquentes et un dossier refusé par le ministère est dans la plupart des cas représenté devant le tribunal pour, en cas de rejet, aller à la cour régionale. Ces contestations sont d'autant plus nombreuses que leur instruction est gratuite et que des indemnités de déplacement sont prévues pour les plaideurs anciens combattants. Ajoutons que les

10. Ce ministère deviendra en 1940 celui des Anciens Combattants, et aura pour ministre François Mitterrand (en 1947-1948).

11. Ce tribunal fait partie du tribunal civil du chef-lieu de département, présidé par un magistrat et composé de deux magistrats, d'un membre du conseil de préfecture, d'un médecin et d'un pensionné tiré au sort.

élus, eux-mêmes presque tous anciens combattants, ne plaignent pas leurs interventions, qui leur permettent de développer un clientélisme, dont ils escomptent beaucoup. Le nombre de pensions, au départ limité, ne va donc pas cesser d'augmenter, avec une foule de pensions attribuées « par bienveillance ».

Car les abus sont inévitables et parfois caricaturaux. C'est une veuve dont le mari, blessé à la guerre, avait récupéré soixante jours de prison, pour avoir entretenu sa plaie au mollet afin de rester à l'arrière, et à laquelle son député obtient une pension, le jour où le bonhomme meurt d'un mal à la gorge. C'est un blessé de guerre, travaillant comme gardien de nuit, qui tombe à l'eau et se noie : la faute à la guerre, reconnaîtra le tribunal, puisque sa blessure l'a empêché de nager. C'est un alcoolique, qui s'est suicidé un jour où il avait trop bu, alors qu'avant la guerre, il ne buvait pas… Mieux : voilà un homme qui s'est défenestré du troisième étage, la veille de la mobilisation, par peur du service armé, dont la mort est déclarée « imputable à la guerre » et la veuve pensionnée.

L'exagération est souvent pire encore du côté des mutilés, avec des malhonnêtes envoyant un compère à la convocation du médecin-expert, dont on sait qu'il ne peut vérifier les identités. En multipliant les reconnaissances de petites infirmités, beaucoup aussi parviennent à faire augmenter leur taux d'invalidité (cf. ci-après). Mieux : quelques hommes n'ayant jamais combattu arriveront à se forger un passé de poilu et à toucher ainsi une rente à vie… Ces abus sont d'autant plus nombreux qu'aux termes mêmes de l'instruction accompagnant la loi « il y a toujours lieu d'attribuer le taux d'invalidité le plus avantageux » et que « l'expert sera bienveillant… Il ne perdra pas de vue que la preuve de la non-imputabilité au service armé est à la charge de l'État ». Ajoutons à cela que le gouvernement a bien fait savoir que tous les égards sont dus aux titulaires de la Carte de Combattant (➔).

La guerre, pour certains, sera inévitablement source de fortune. On voit ici citer le cas d'un chiffonnier, titulaire d'une pension à 100 %, lui rapportant 22 000 francs par an, une somme que l'exercice de son métier ne lui aurait évidemment jamais permis de gagner !

Les divers types de pensions

La loi a prévu des pensions en faveur de divers bénéficiaires :

Les combattants eux-mêmes, invalides et mutilés de guerre, représentant près de la moitié des pensionnés, avec tout un système d'évaluation de l'invalidité, englobant aussi les « internés ». Les invalidités mineures sont prises en compte à des taux de 10, 15 et 20 % (par exemple pour raideurs articulaires, hernies, pertes de dents, cicatrices, hémorroïdes...). Les plus lourdes, comme la perte d'un membre ou d'un œil, valent 65 %, voire 100 % pour la tuberculose.

Ces taux sont cumulables (en cas de plusieurs infirmités) et révisables. À la hausse – l'article 10 de la loi prévoit que la pension des invalides, qui ne peuvent accomplir les actes essentiels à la vie, est majorée du quart de sa valeur – ou à la baisse (à 85 ou 95 % du taux plein, pour les invalidités lourdes, lorsque l'homme est appareillable).

Les veuves de combattants et les orphelins, représentant 20 % des pensionnés (cf. ci-dessus) : pensions à titre viager pour les veuves (mais perdues en cas de remariage) et pour les enfants jusqu'à leur majorité (➜).

Les ascendants, représentant 30 % des pensionnés (parents de soldats tués).

Les montants

L'échelle est très grande et les niveaux ont été régulièrement revalorisés.

L'exemple cité de la pension à 100 % (et sans doute majorée) versée au chiffonnier, à hauteur de 22 000 francs par an, peut être rapporté au revenu du mineur, que l'on peut considérer comme le smicard de l'époque, et qui ne gagnait de son côté guère plus de 5 000 francs par an. Il est nettement supérieur à celui de la pension moyenne de veuve au taux normal (2 880 francs) et plus encore à celle de veuve au taux de réversion (1 920 francs).

À ces pensions s'ajoutaient d'autres avantages, comme les voyages à prix réduit dans les chemins de fer (quart ou demi-place) et enfin une pluie de médailles en tout genre : Croix du combattant, Médaille militaire, Médaille de Verdun et bien sûr la Légion d'honneur, décernées automatiquement à partir d'un certain seuil d'invalidité et d'exigences, qui ne cesseront de diminuer au fil des ans.

Quelques chiffres

Pour plus de 8 millions de mobilisés, 1,4 million de morts (tués et disparus) et 4,2 millions de blessés (cf. page 309), la France va se retrouver avec un nombre de pensions astronomique et qui va donc longtemps augmenter, au fil des arbitrages des tribunaux spécialisés, puisqu'on pense qu'il fera plus que doubler en dix ans, entre 1920 et 1930.

Le nombre des pensionnés va dépasser 8 % de la population du pays. Les hommes pensionnés représentent 4 % de la population masculine, sachant que 19 % d'entre eux sont invalides à un taux inférieur ou égal à 20 % et que la même proportion l'est à 100 %, dont de très nombreux tuberculeux. Sachant enfin que l'on a estimé à 400 000 le nombre de combattants indûment pensionnés, souffrant d'un mal étranger à la guerre…

En 1934, on comptera ainsi 2 985 881 pensions, dont :

- 1 130 000 (38 %) pensions de combattants (invalides et mutilés), dont 48 829 « grands invalides » (1,6 %),
- 680 383 (22 %) pensions de veuves,
- 785 208 (26 %) pensions d'ascendants,
- 390 000 (13 %) pensions d'orphelins.

Ces pensions coûtent évidemment une fortune au pays, puisqu'elles vont passer de 0,4 % à 5,3 % du budget national, entre 1920 et 1934. Et si l'on avait à l'origine eu la main généreuse en partant du principe que « le Boche paiera », les choses n'en avaient pas été tout à fait ainsi, et l'État avait dû les payer… avec les impôts, qui avaient de ce fait augmenté…

Quand le malheur donne un coup de pouce

D'autres fois, enfin, en faisant dégringoler une famille, la guerre va finalement se transformer en atout.

> *Ma famille paternelle a non pas subi mais en quelque sorte tiré bénéfice de la guerre.*
>
> *Mobilisé dès 1914, mon grand-père, Eugène Conry, dijonnais, s'est rapidement retrouvé très loin de chez lui, aux Dardanelles. Le navire sur lequel il était a sombré et, après plusieurs heures dans l'eau, il a été récupéré et rapatrié. Gravement malade des poumons, il est mort en 1920 à Lyon, sans doute à l'hôpital militaire, laissant à ma grand-mère trois enfants qu'il n'aura jamais revus.*
>
> *Avant son départ, le couple tenait une épicerie, succursale des Docks de Bourgogne, que ma grand-mère avait réussi à gérer seule durant son absence.*
>
> *Mais, à la fin de la guerre, estimant anormal qu'une femme tienne seule une boutique, les Docks lui demandèrent de la quitter, ainsi que le logement qui lui était attaché.*

Elle vécut pendant quelque temps de l'aide de sa famille. En 1920, ses enfants furent adoptés par la Nation et elle reçut une pension de veuve de guerre, malgré tout très modeste.

Elle nous a raconté qu'un jour, au marché, elle avait rencontré la femme du proviseur du lycée Carnot. Elle lui avait raconté son histoire, et l'autre, émue, lui avait obtenu une place de lingère, travail auquel s'ajoutaient un logement, la cantine gratuite et surtout la possibilité pour ses enfants d'y être élèves. À ce travail du jour, elle ajouta, la nuit, des travaux de couture.

Dure et autoritaire, elle poussera ses enfants, qui feront de brillantes études, les fils devenant l'un médecin militaire et décoré de la Légion d'honneur, l'autre ingénieur aéronautique. Il y a fort à parier que si leur père n'avait pas eu cette fin tragique, ils n'auraient pas eu accès à cette éducation et à ces carrières et seraient sans doute, comme lui, devenus commis ou auraient au mieux tenu une boutique[12]*...*

Le Breton et l'Occitan

Retour dans les vignes de l'Hérault, avec ces photographies prises au Pouget, près de Clermont-l'Hérault, montrant deux hommes, l'un manifestement plus âgé et également mieux vêtu que l'autre, signe de supériorité sociale.

Logique : celui de droite est « M. Nougarède », un propriétaire, dont la famille est de vieille souche languedocienne. Celui de gauche est son régisseur, Pierre Marie Plouzennec, un Breton, qui a toutes ses racines dans le Finistère... Deux hommes

12. Témoignage de Catherine Ville.

réunis ici, alors que rien ne les y prédestinait, si ce n'est une simple et touchante histoire.

Et bien sûr, une histoire de guerre…

Fils d'un journalier, Pierre Marie Plouzennec, ouvrier agricole, célibataire, a finalement été mobilisé, à vingt-deux ans, après avoir été deux fois réformé. Mais on est en 1915, et il faut bien remplacer ceux qui sont tombés… Il monte donc au front, où il est fait prisonnier trois mois plus tard et se retrouve au camp de Giessen, en Hesse, où il partage sa condition avec un officier, qui n'est autre que Joseph Nougarède.

Les hommes parlent. Ils sympathisent. La franchise, la spontanéité, l'humanité du Breton plaisent au Languedocien, dont l'autre apprécie la culture, la simplicité et le respect qu'il lui témoigne. Au fil du temps, les échanges s'approfondissent. Le plus jeune est curieux et regrette de n'avoir pas d'instruction – il n'a guère eu le temps d'aller à l'école – et l'autre, qui a un goût pour la pédagogie, décide de l'aider. Durant des mois, le Breton va prendre des cours particuliers à l'école du Languedocien et les liens vont se resserrer davantage, chacun s'ouvrant à l'autre de ses soucis. Ainsi un soir, Joseph Nougarède vient d'apprendre par une lettre que son régisseur, lui aussi mobilisé, a été tué à Verdun.

Voilà pourquoi, tout naturellement, à l'heure de la libération et de la séparation, le propriétaire languedocien proposera au petit Breton de prendre le train avec lui pour l'Hérault, où il est prêt à l'engager comme régisseur. Et celui-ci, bien sûr, d'accepter et d'entamer une nouvelle vie, à plus de mille kilomètres de chez lui, où il fondera une famille, sans pour autant oublier ses origines bretonnes. Une reconversion réussie, grâce à l'amitié et à la solidarité de la guerre[13].

« Ils sont devenus français »

Autre conséquence indirecte de la guerre : l'occasion, pour des familles étrangères, d'accéder enfin à la nationalité française, et cela bien souvent au terme d'une longue épreuve.

En un jour, d'étrangers, la déclaration de guerre avait fait d'eux des ennemis !

Dès août 1914, le gouvernement avait redoublé de méfiance à leur égard. Ceux qui venaient des pays ennemis avaient été envoyés en camps d'internement, sans autre forme de procès.

La population, voyant alors des espions partout, avait saccagé des entreprises qu'elle croyait allemandes, alors qu'en fait suisses ou alsaciennes.

Les habitants de Forges-les-Barbizon, en Seine-et-Marne, avaient ainsi lancé des pierres à Fela Sauser, persuadés par son accent étranger – elle est polonaise – et au vu du nom de son mari – suisse – qu'elle était un agent ennemi. L'épicier avait refusé de la servir et la blanchisseuse de laver les langes de son bébé. Les lettres de son mari avaient été jetées au fossé, les gendarmes venant même l'arrêter, pour l'envoyer en camp d'internement. Cet enfer n'avait cessé que lorsque son caporal de

13. Témoignage de Maryannick.

mari, Frédéric Sauser, était revenu en permission en uniforme français, pour s'être engagé dans la Légion étrangère. Frédéric Sauser, qui n'est autre que le grand écrivain Blaise Cendrars.

Pour augmenter les effectifs de l'armée, une loi du 5 août 1914 a en effet autorisé le gouvernement à naturaliser, sans conditions de résidence, les étrangers qui contractent un engagement volontaire pour la durée de la guerre (article 3).

Ils ont été des milliers à se manifester.

Ainsi dès le 5 août, un certain Guillaume Kostrowtzky, un Polonais, écrit :

> « *J'habite en France depuis mon enfance et [...] ai acquis une certaine réputation dans le monde des lettres [...]. Je m'efforcerai toujours de justifier l'honneur que me ferait la grande et noble nation française en m'accueillant comme un de ses enfants.* »

Après avoir été ajourné par un premier conseil de révision, il a été finalement déclaré apte et versé comme canonnier au 38e régiment d'artillerie. Il y a rapidement gagné des galons de sous-lieutenant et sa demande a été acceptée, en mars 1916, quelques jours avant d'être blessé par un éclat d'obus dans une tranchée, alors qu'il lit le *Mercure de France*. Guillaume Kostrowtzky n'est autre que le poète Guillaume Apollinaire. Fils né hors mariage, d'une aventurière polonaise, fichée comme femme galante, et peut-être d'un officier italien, celui qui se sentait français et avait soif de reconnaissance mourra en uniforme, après avoir été trépané, mais de la grippe espagnole, le 9 novembre 1918, deux jours avant l'armistice...

Mais l'application n'est pas toujours évidente. L'avancée des dossiers, extrêmement nombreux, est généralement très lente et une blessure est souvent la meilleure façon de les faire accélérer. Celle d'Apollinaire aura été décisive, comme en 1915 celle de Cendrars, qui a reçu la médaille militaire pour « belle conduite au feu », avec la perte d'un bras, alors qu'il avait écrit

– lettre prémonitoire – en juillet 1914 : « … des étrangers, amis de la France, qui ont appris à l'aimer et à la chérir comme une seconde patrie sentent le besoin impérieux de lui offrir leurs bras… »

Pour ne pas avoir eu « la chance » d'être blessé, d'autres n'ont jamais pu profiter des effets de la loi. C'est le cas de Joseph Kessel, pourtant engagé à dix-huit ans, en 1916, qui devra attendre 1922 pour être naturalisé, suite à une nouvelle demande et pour bénéficier de solides appuis.

Même chose pour Chmoul (Samuel) Kouchner, le grand-père de Bernard, un petit ferblantier juif réfugié à Paris lors des pogroms russes, engagé dès le 26 août au 1er régiment étranger mais qui, après avoir été réformé pour maladie, verra sa demande ajournée et devra attendre 1924. Même chose pour Benedict Mallah, grand-père maternel de Nicolas Sarkozy, Juif de Constantinople, venu en France lors l'annexion de Salonique par les Grecs. Il y avait fait ses études et s'était retrouvé à Lyon, où il s'était engagé comme médecin militaire en 1914, avant d'épouser une infirmière lyonnaise, veuve d'un infirmier militaire, mort « pour la France ». Autant de circonstances sans effet, nonobstant la loi, le couple devra attendre 1925 pour que le mari soit enfin naturalisé et sa femme réintégrée dans sa nationalité, qu'elle avait perdue en épousant un étranger.

Des situations particulières, pourtant plus enviables que celles d'autres qui ont eux aussi combattu sous l'uniforme français. La faute à l'Histoire… et à la colonisation. On peut évoquer ici ceux que Léopold Senghor a surnommés les « Dogues noirs de l'Empire ».

DOSSIER

Les « Dogues noirs de l'Empire »

Notre Empire colonial a fourni pas moins de 475 000 « Indigènes », soit 6 % des effectifs mobilisés, avec 260 000 recrutés en Afrique du Nord (136 000 en Algérie, 50 000 en Tunisie et 34 000 au Maroc) et 215 000 recrutés dans les colonies (dont 42 000 Indo-Chinois, 34 000 Malgaches et 136 000 Sénégalais, nom générique désignant ce que l'on avait nommé la « Force noire », issue de toute l'Afrique, notamment de l'ancienne A.O.F. (Afrique occidentale française). Comme de son côté l'armée anglaise avait mobilisé plus d'un million d'Indiens.

En 1857, Faidherbe avait créé un corps constitué d'Indigènes, pour assurer la colonisation, dans lequel on avait, jusqu'en 1905, intégré les esclaves rachetés à leurs maîtres, puis les prisonniers de guerre. Ce corps avait été nommé « Tirailleurs sénégalais », du fait que son premier régiment avait été créé au Sénégal.

© Gusman/Leemage

Ces unités, qui servaient sur place dans le cadre de la pacification, furent pour partie envoyées en métropole, dès septembre 1914, avec des unités de marche mixtes, associant un bataillon africain à deux bataillons européens.

Les troupes levées en Afrique noire ont généralement transité par le Maroc, pour s'acclimater et s'aguerrir, avant de rejoindre les champs de bataille d'Asie Mineure – où elles se sont battues aux Dardanelles – ou de France, où les pauvres soldats allaient découvrir les rigueurs hivernales. On comprend pourquoi on avait pris soin de réglementer leurs correspondances (➜).

Toujours restés d'une exceptionnelle fidélité à l'Empire colonial français, ces soldats paieront cependant un très lourd tribut, avec 30000 morts, soit 15 % d'entre eux, et de très nombreux blessés. L'hécatombe a été particulièrement terrible au Chemin des Dames, où, au matin du 16 avril 1917, plus de 15000 sont partis à l'assaut, paralysés par le froid. 1400 ont été fauchés par les mitrailleuses allemandes, pour la conquête du Mont des Singes ou la prise des fermes de Moisy et d'Hurtebise.

En 1924, des monuments seront élevés « Aux héros de l'Armée noire », l'un à Reims, l'autre à Bamako, au Mali. Lors de la commémoration du 90e anniversaire de la bataille de Verdun, en 2006, le président Chirac évoquera la mémoire de 72000 combattants de l'ex-Empire français, morts entre 1914 et 1918, fantassins marocains, tirailleurs d'Indochine ou de Cochinchine.

VII.
Une épreuve de plus : la grippe espagnole

Monique, béquille de ses parents

Devant un drap tendu sur la façade d'un hôpital de campagne, où sa convalescence les a réunis, un soldat, sa mère, sa femme et sa fille.

Quatre paires d'yeux qui regardent l'avenir, à travers l'objectif d'un photographe, dans un matin gris de l'automne 1916.

Regard dur de l'homme, à droite, équipé de béquilles suite à une blessure au pied. Pied blessé qui le fait manifestement souffrir, mais qui n'en est pas moins pudiquement dissimulé – car là n'est pas sa gloire – par les éléments du décor fleuri… Sculpteur sur bois, ancien élève de l'école Boule, il sait que d'ici quelques jours, il retrouvera l'horreur des tranchées, avec ses frères d'infortune – lui, l'artiste, le créateur, qui aime tant la solitude de son atelier. Ce sera à nouveau la vie dans cet enfer, qui le hante tant et qui hante ici son regard, empli tout à la fois de tristesse et de terreur. La vie ou peut-être la mort. Car comment ne pas y songer, ce matin-là, aux côtés des siens, venus en chemin de fer le voir depuis Paris ? Comme si ces instants de bonheur n'étaient pas réels ou pas autorisés…

Regard de la grand-mère, caché derrière ses lunettes et qui semble esquisser un sourire. Un sourire doux, discret, retenu, hésitant. Car peut-elle sourire ? Elle a deux gendres au front, pères de quatre enfants, et elle sait que son fils, momentanément hors de danger ici à ses côtés, doit y retourner.

Regard de l'épouse, matérialiste et concrète, qui sait au contraire savourer le bonheur présent. Femme de tête, de chiffres et de décisions, qui aime les rues de Paris et leur animation. Qui aime sortir, recevoir et se dépenser. Qui a aidé son père, veuf, à élever ses frères plus jeunes et qui continue à les épauler dans la comptabilité de l'imprimerie familiale. Femme active, qui a souvent du mal à comprendre ce mari solitaire, qu'elle aime tant à retrouver au-dessus du berceau de leur fille, si longtemps attendue et désirée, née après plusieurs années de mariage et ici dans ses bras, à elle, et tout près de son père.

Regard décidé de Monique, la fillette, seule tache blanche au milieu des couleurs sombres des adultes. Fillette de deux ans, vive et espiègle, qui attend impatiemment la fin du temps de pose, pour se précipiter vers un chat ou une poule traînant par là, pour courir sur la pelouse et croquer la vie à pleines dents.

Derrière d'autres draps, tendus autour de son lit pour éviter la contagion, Monique mourra deux ans plus tard, à l'âge de trois ans et demi, le 9 octobre 1918, victime de la grippe espagnole, au domicile de ses parents qui, de ce jour, ne partageront plus rien. Berthe additionnera et soustraira sans cesse les colonnes des livres de comptes de ses frères, pendant qu'Edmond s'appliquera à sculpter des visages dans le bois[1]…

1. Témoignage de Dominique Prunier.

DOSSIER

La grippe espagnole

La « grippe » ou la peste ?

En engendrant inévitablement des crises nutritionnelles et des famines, les guerres ont toujours favorisé la diffusion de maladies et d'épidémies. Le cas le plus marquant a été celui de la « peste noire », originaire d'Asie. Amenée à Gênes et à Marseille, en 1347, par des bateaux venus d'Orient, cette épidémie de peste bubonique, qui a déferlé sur la France à l'époque de la guerre de Cent Ans, avait réduit sa population de plus de 40 %. Une des pandémies les plus terribles, avec un bilan estimé à vingt-cinq millions de morts, en Europe occidentale.

La « Grande Guerre » n'a pas échappé à la règle. Dès 1916, le pays avait essuyé une épidémie de grippe, que l'on avait surnommée « *grippe vertigineuse* », avant de voir arriver une de ces grippes virulentes, de celles que l'on nommait autrefois « grippe follette ». *Grippe*, pour ce qu'elle *agrippait* brutalement les populations par millions, pour s'en aller aussi soudainement ; *follette*, pour ce qu'elle prenait les gens à contre-pied, arrivant quand on ne l'attendait pas et s'en allant de façon tout aussi soudaine et imprévisible. Mais il s'agit cette fois-ci d'une épidémie particulièrement ravageuse, que l'on va nommer « espagnole », qui sévira durant l'hiver 1918-1919 et provoquera une terrible saignée démographique, supérieure à celle de la grande peste du XIVe siècle.

Des origines mal connues

L'histoire de la « grippe espagnole » est complexe, avec en fait plusieurs extensions, au fil de l'année 1918, dont une première, non mortelle, d'avril à juin, avant que la seconde n'apparaisse à l'automne.

Le virus serait venu de Chine, où il a été observé au printemps 1918, dans la région de Canton. Il a été amené aux États-Unis par un bataillon regagnant sa garnison de Boston, où l'on a recensé les tout premiers morts à la mi-septembre. Dès lors, la grande et rapide contagiosité, qui est l'un des traits les plus marquants de cette maladie, va faire que les voyageurs de l'époque, tant civils que militaires, se déplaçant en chemin de fer ou en bateau, vont la diffuser de façon fulgurante. En quinze jours, dès le début d'octobre 1918, c'est l'ensemble du territoire de l'Amérique du Nord qui est touché, avec 30 à 40 % de la population atteinte et un taux de mortalité de près de 5 % chez les malades et de 2 % de la population totale.

Les États-Unis sont submergés. De nombreuses villes sont paralysées, la crainte de la contagion empêchant une partie de la population active d'aller travailler.

Et l'Europe, évidemment, va leur emboîter le pas.

Une mondialisation fulgurante

Sur le Vieux Continent, les mouvements des troupes alliées vont en favoriser la propagation, aidée par la promiscuité et les conditions de vie dans les tranchées (eau souillée, saleté, vermine, rats, puces, mouches...), sans oublier les cadavres sommairement enterrés, ou déterrés par les bombardements.

De septembre à novembre 1918, 230 000 soldats sont contaminés. 22 000 soldats français succombent, alors que, affaiblies par la pénurie alimentaire résultant du blocus franco-britannique, les lignes allemandes ne sont pas épargnées. Début octobre 1918, une dépêche venant de Zurich fait état de « 420 000 cas de grippe dans l'armée du Reich ».

Des populations militaires, la contagion gagnera immédiatement les villes, faisant dénombrer 100 à 300 morts en France chaque jour. 1 263 Parisiens durant la seule semaine du 10 au 17 octobre, plus quelque 600 autres, mourant par surinfection, dans une population affaiblie par quatre années de privations alimentaires, la ration quotidienne de pain des habitants de la capitale n'étant alors que de quelque 300 grammes.

À guerre mondiale, ampleur mondiale : l'épidémie devient pandémie. Partie du nord-est de la France, elle se répand de ville en ville et traverse les frontières, pour rapidement gagner l'Angleterre, l'Allemagne, l'Italie... Les bateaux partant des métropoles vers les colonies la diffusent sur tous les continents. Seule l'Australie réussira à la juguler, par une quarantaine draconienne. Tous les pays sont touchés. Toutes les couches sociales. La déferlante ne réduira qu'en 1919.

Mort rapide et médecine impuissante

Favorisée par les moyens de transport, cette fulgurance sans précédent a pris de court la terre entière et cela d'autant plus que les malades transportant le virus ne présentent pas le moindre symptôme durant le temps d'incubation, qui est en moyenne de deux jours. Certes, la majorité des cas se limitait à une grippe classique, avec courbatures, très forte fièvre – le mercure dépassant souvent 40° – et affaiblissement des défenses immunitaires, qui se terminait avec une amélioration rapide, au bout de trois à cinq jours.

Mais chez 15 à 30 % des grippés, passé ce laps de temps, l'état empirait rapidement, avec une surinfection bronchique bactérienne et souvent une pneumonie, provoquant une sensation d'oppression avec des douleurs dans la poitrine et donnant un teint violacé. Une mousse sanguinolente s'échappait des lèvres et 10 % des grippés mouraient en quelques heures, de pneumonies, ou de broncho-pneumonies, d'œdèmes, de congestions, parfois même d'infarctus, quand ne s'étaient pas aussi associés d'autres microbes, comme staphylocoques, streptocoques ou pneumocoques.

Le corps médical est totalement débordé et démuni. S'ils sont connus, les antibiotiques, qui pourraient freiner la maladie, ne sont pas entrés en usage. On se hâte d'inventer des vaccins et des sérums, mais aucun n'apporte le résultat escompté.

On tâtonne désespérément, préconisant tantôt l'alitement, l'alimentation liquide et légère, les enveloppements froids de la poitrine, tantôt la pose de ventouses, les saignées, les injections sous-cutanées d'oxygène, de toniques cardiaques (caféine, digitale, huile camphrée, adrénaline, essence de térébenthine) ou encore des antithermiques, comme la quinine. Sans oublier le rhum, grand classique de la pharmacopée antigrippale, qui se voit désormais délivré sur ordonnance. Sans oublier non plus les remèdes de bonne femme :

> *« Couchant à côté de ma sœur, contagieuse, ma mère me faisait manger une tête d'ail par jour, pour être épargnée, et ça a marché. »* (Madeleine Moy)

Le 4 octobre, le sous-secrétaire d'État à l'Intérieur envoie des instructions aux préfets pour endiguer l'épidémie : désinfection des lieux publics, fermeture éventuelle de ceux-ci, limitation des activités et des déplacements.

Le 10 octobre, la municipalité de Caen décide la fermeture des salles de spectacles et interdit les réunions. Un peu partout, des écoles et des lycées sont fermés et l'on réduit également, dans ce monde très croyant, les cérémonies religieuses, au cours desquelles on supplie Dieu de calmer sa colère.

Le nombre des hôpitaux est insuffisant. Y compris les hôpitaux militaires, que l'armée ouvre dans d'anciennes casernes désaffectées.

La jeunesse des victimes

Le grand mot d'ordre est l'isolement. Dans les hôpitaux, on isole les malades par des draps, tendus entre des lits. Le personnel soignant porte des masques ou des tampons de gaze, imprégnés de désinfectant, des blouses et des gants de caoutchouc. On utilise de l'huile phéniquée en pulvérisation nasale ou buccale, tout en se lavant mains et bouche après les soins. Pourtant, aux États-Unis, une infirmière sur quatre meurt. Toute négligence à isoler une personne atteinte peut décimer une famille, un village, parfois toute une population. En cinq jours, une ville de 1 000 habitants se retrouve avec 200 grippés, cloués au lit, dont 20 à 40 décèdent, avec un pic de mortalité entre le 15e et le 30e jour, suivi d'une lente régression, s'étalant sur une période de deux mois.

Des villes entières sont paralysées, surtout dans les régions industrialisées, à fortes concentrations de population, et cela autant par la maladie que par sa crainte. La panique s'installe. Comment pourrait-il en être autrement, lorsque les poinçonneurs des autobus refusent de laisser monter les passagers ne portant pas de masque ?

On compte les morts par milliers. Des témoins écrivent : « À l'hôpital de Joigny, un homme par heure quitte ce monde. À Lyon, le manque de corbillards et de cercueils oblige – je l'ai vu, de mes propres yeux – de transporter les cadavres dans des linceuls improvisés, à même les charrettes, et d'enterrer la nuit. »

En un mois, la grippe espagnole a causé, dans la capitale, plus de mal que les avions et les canons en quatre ans de guerre.

> « *En novembre 1918, mon grand-père, qui est allé chaque jour à l'hôpital militaire de Nantes, rentrait en disant : on en a encore enterré trente-deux aujourd'hui. Mais comme les cercueils manquent, on en retire les corps, au cimetière, pour y mettre ceux qui mourront le soir.* »

Mais ce qui frappe le plus l'opinion c'est que la majorité des victimes sont des jeunes, âgés de 20 à 40 ans, habituellement les moins touchés par les grippes, mais sans doute ici plus exposés, parce que se déplaçant davantage et fréquentant des milieux plus mélangés, notamment par leur travail.

Partout, la population est hantée par cette épidémie. Un rapport des Renseignements généraux, daté d'octobre 1918, signale qu'« on parle beaucoup plus de la grippe, et des ravages qu'elle exerce, que de la guerre et de la paix ».

Dès lors, les bruits les plus fous courent dans tous les sens.

Pourquoi « espagnole » ?

Cette panique générale et la violence de l'épidémie poussent beaucoup à penser qu'elle ne peut être le fruit du hasard. Ce ne serait pas la première fois qu'une épidémie serait utilisée au plan militaire. Déjà en 1347, les Mongols, assiégés par les Génois dans la ville de Caffa et victimes de la peste, avaient catapulté des cadavres par-dessus les murailles, pour répandre la maladie dans l'armée ennemie. Dès le printemps 1918, la presse française a parlé d'une maladie « venant d'Allemagne » et il semble logique qu'après les gaz de combat, on ait ici affaire à la dernière et à la plus terrible des inventions ennemies.

Pour certains, cette grippe n'est autre que la peste, dont les bactériologistes allemands auraient répandu des bacilles, et dont les pouvoirs publics taisent le véritable nom, en préférant la nommer « grippe espagnole ».

Pourquoi « espagnole » ? Parce que l'Espagne avait été massivement la cible d'une première vague, non mortelle, de juin 1918, qui avait, en trois jours, touché plus des deux tiers de la population madrilène, le roi Alphonse XIII lui-même ayant été gravement malade. On dira d'ailleurs que la maladie sera amenée aux États-Unis par la famille royale espagnole, lors d'un voyage diplomatique effectué peu après dans la région de Washington...

Quoi qu'il en soit, les journaux d'Espagne, pays non belligérant, en parleront toujours librement, alors que la censure limitera la presse française à évoquer les ravages opérés par la maladie de l'autre côté des Pyrénées, avant de pouvoir évoquer les cas nationaux – d'abord enregistrés dans les tranchées et volontairement tenus secrets, pour ne pas donner connaissance à l'ennemi de l'affaiblissement de l'armée.

Pourtant, si un consensus la veut « espagnole », les Allemands n'en sont pas moins incriminés, comme en témoigne ce texte : « D'après les médecins militaires, l'épidémie de grippe dite "espagnole" aurait pour origine la consommation de conserves alimentaires de provenance espagnole et dans lesquelles auraient été introduits des bacilles. On a dit aussi que de nombreuses fabriques de conserves sont entre les mains des Allemands. On prétend que les oranges ont aussi subi des injections de même nature. »

Un bilan longtemps sous-estimé

Alors qu'en 1915, 1916 et 1917 les vagues de grippe classique ont causé en moyenne 5000 morts chaque année en France, on en comptera 91000 pour la seule année 1918. L'ampleur des ravages sera rapidement dénoncée : « Jamais rien, ni maladie, ni guerre, ni famine, n'a tué autant en si peu de temps. »

La grippe espagnole fera en France plus de 22000 morts dans l'armée et environ 408000 au total (civils et militaires). Près de 550000 aux États-Unis et 220000 au Royaume-Uni, alors que l'on ne dispose d'aucun comptage pour l'Allemagne et l'Autriche, alors en plein chaos. Pour l'Europe occidentale, on avance le chiffre de 2 ou 3 millions de morts, face à plus de 6 millions en Asie.

Mais le bilan, longtemps censuré, sera plusieurs fois corrigé à la hausse par les historiens au cours des dernières décennies. On considère que la moitié de la population mondiale, atteignant à l'époque près de deux milliards d'habitants, a été contaminée, et les estimations du nombre des morts oscillent entre 21 millions, pour l'Institut Pasteur, 50 millions, pour l'OMS, voire 100, pour certaines études très récentes : le bilan le plus dramatique de l'histoire, celui de la Grande Peste du XIVe étant estimé à 34 millions au niveau planétaire, celui de la Grande Guerre étant quant à lui d'un peu moins de 10 millions de militaires et de près de 9 millions de civils.

Connaissance de la pandémie

On s'accorde aujourd'hui à reconnaître qu'il s'agissait bien d'une grippe, dont le virus, qui serait d'origine aviaire et aurait pu transiter par la viande de porc, a pu être reconstitué et identifié en 2004, à partir d'un prélèvement de poumon, pratiqué sur le cadavre d'une femme victime de la pandémie en Alaska et enterrée dans le sol gelé.

Le cycle de réapparition des épidémies de grippe mortelle s'espaçant, au maximum de quarante ans, et la dernière datant de 1968, l'OMS s'attend à la probable prochaine survenance d'une telle pandémie. Face à la grippe aviaire (H5N1), les études consacrées à la grippe espagnole se sont multipliées, afin de tenter notamment d'en récupérer des souches intactes et de mettre au point des défenses efficaces.

Victimes célèbres

– L'écrivain français Edmond Rostand, mort le 2 décembre, à cinquante ans, pour avoir été contaminé par le virus en assistant à une répétition de sa célèbre pièce *L'Aiglon*.

– Le peintre autrichien Egon Schiele, qui en meurt trois jours après sa femme, le 31 octobre, à l'âge de vingt-huit ans, après avoir peint un tableau appelé *La Famille*, représentant sa femme morte, avec l'enfant dont elle était enceinte.

– Le poète Guillaume Apollinaire, trépané à l'armée en 1916 et qui en mourra le 9 novembre, deux jours avant l'armistice, à trente-huit ans.

VIII.
La fin du cauchemar

11 novembre 1918 : les rires et les pleurs

La guerre a toujours fait partie de nos vies, même de la mienne qui suis née bien longtemps après le décès de mon grand-père, porté disparu en mai 1918. Aujourd'hui encore, chaque 11 novembre, je pense au 11 novembre 1918 et à ma grand-mère. Il faisait beau ce jour-là à Rocheville, ses sœurs dansaient et elle pleurait[1].

Marie Corbet, vers 1920. Elle est digne et volontaire. Mais elle ne peut sourire. Le pourra-t-elle jamais ?

Fille de petits paysans du Cotentin, elle avait été placée, dès l'âge de onze ans, et avait enchaîné les emplois de bonne à tout faire, à Valognes, à Bricquebec puis à Cherbourg.

1. Témoignage de Victoria Moreno-Rey.

Là, elle va tomber sous le charme d'Ernest Flambard, un ouvrier boulanger, et, au bout de quelques mois, ils décident de se marier. Un dimanche matin, les deux promis prennent donc le train pour Rocheville, village à une vingtaine de kilomètres au sud de la ville, où se trouve la ferme familiale, pour présenter le futur aux beaux-parents.

Accueil bienveillant. Le courant passe. On parle de la pluie et du beau temps. Puis, au repas, le fiancé, se sentant en confiance, se raconte. Son père, patron boulanger, est mort lorsqu'il avait dix ans et il a alors travaillé chez d'anciens confrères de son père, pour aider sa mère à élever ses frères et sœurs. Mais il est courageux, et veut à son tour avoir sa boulangerie.

Le gars plaît aux beaux-parents. Sérieux et volontaire, il saura mener son projet et rendre leur fille heureuse. Aussi, le père n'hésite pas. Il a quelques économies et veut le bonheur de sa fille. « Allez ! Quand vous vous marierez, je vous paierai la première livraison de farine, pour vous aider à vous mettre à votre compte ! » Le rêve… En juillet 1914, ce sont les fiançailles.

Mais voilà que, dans les semaines qui suivent, Ernest est mobilisé.

Marie l'accompagne au train. Elle ne le revoit plus pendant des mois, mais bien sûr, ils s'écrivent régulièrement, elle lui envoie des colis et ils attendent les permissions. Son « chef » dit un jour à Ernest : « Tu devrais épouser ta fiancée, ce serait plus facile pour elle de t'envoyer des colis et s'il t'arrivait quelque chose, elle aurait une pension. » Après trois ans de fiançailles, le couple se marie donc, en avril 1917. Ernest porte fièrement son uniforme du 410e RI. Elle est en noir – le deuil de son frère, tué au front voilà quelques mois – et se limite donc à porter un petit voile blanc, avec en broche un petit trèfle à quatre feuilles en or qu'Ernest lui a offert. Il reviendra deux ou trois fois en permission, mais un an après, le 29 mai 1918, sera porté disparu. Marie apprend sa mort quelques semaines plus tard. Elle est enceinte et se retrouve seule.

Le décès d'Ernest a eu évidemment de graves conséquences sur la vie de Marie, mais aussi des conséquences psychologiques encore plus graves pour sa fille, ma mère, qui va toute sa vie attendre le retour de ce père, qu'elle n'avait jamais connu.

Elle le parait de toutes les qualités, disant à tout moment: « Si Papa était là... si Papa revenait..., peut-être qu'il a été fait prisonnier en Allemagne et qu'il a décidé d'y rester... il a peut-être perdu la mémoire... » Je crois qu'au fond d'elle-même ma mère n'a jamais voulu admettre qu'il était mort. Le fait qu'il n'y ait pas de tombe à son nom dans les cimetières militaires la confortait dans cette idée.

Elle ne disait pas « mon père » mais Papa.

Ce matin du 11 novembre 1918, Marie pleurait pendant que ses sœurs dansaient, que les rues étaient en liesse et que d'autres, au contraire, rencontraient le bonheur, ainsi ce souvenir, apporté par une famille heureuse, pour laquelle le 11 novembre va devenir un anniversaire joyeux.

Chaque année, ce jour-là, je pense au bonheur de mes arrière-grands-parents.

Au début de novembre 1918, mon arrière-grand-père, gazé à l'ypérite et blessé dans les tranchées – éclat d'obus dans la cuisse à la seconde bataille de la Marne –, se trouve en convalescence dans un hôpital parisien. Le 11 novembre au matin, on lui donne des béquilles: il peut enfin sortir et va, dans la rue, croiser le regard d'une charmante jeune fille. C'est le coup de foudre, dans la liesse générale de l'Armistice. Voilà comment Georges, âgé de vingt et un ans, chaudronnier de son métier et natif de l'Eure, épousera Armandine, d'un an plus jeune que lui et native de Bretagne, qui était venue, comme beaucoup de ses compatriotes, travailler à Paris, elle aussi comme bonne à tout faire. La guerre a ce jour-là uni un couple que rien ne destinait à se rencontrer et scellé du même coup le destin de ma famille[2].

DOSSIER

L'armistice

Ni le premier ni le seul

Hormis diverses initiatives pour négocier la paix, un armistice avait été proposé par Guillaume II en décembre 1916, que les Alliés avaient refusé, pour ce qu'il n'envisageait pas d'évacuer les territoires occupés.

L'armistice définitif, du 11 novembre 1918, aura quant à lui été précédé de trois autres, précédemment signés : un premier, le 29 septembre, à Thessalonique, entre les Alliés et la Bulgarie, un deuxième le 30 octobre, à Moudros, entre les Alliés et l'Empire ottoman et un troisième le 3 novembre, à Padoue, entre l'Italie et l'Autriche-Hongrie.

Signé dans un wagon, à l'histoire compliquée…

Construit en 1913 pour la Compagnie des Wagons-Lits, ce wagon-restaurant à caisse de bois sur châssis d'acier avait été réquisitionné, en septembre 1918, pour être aménagé en voiture salon-bureau et être incorporé au train dit du Grand Quartier général, mis le 29 octobre à la disposition du maréchal Foch.

En vue des négociations de l'armistice, il sera acheminé le 7 novembre dans une futaie de la forêt de Compiègne, site à la fois proche du front et du Quartier général allié et jouissant d'un bon équipement ferroviaire, avec une voie à deux épis.

2. Témoignage de David Colléaux.

Après plusieurs séances de négociations, une ultime, commencée à 2 heures du matin, se terminera par la signature attendue, entre 5 h 12 et 5 h 20 – on retient en général 5 h 15.

Momentanément réaffecté à la Compagnie des Wagons-Lits, qui l'utilisera sur la ligne d'Évreux, le wagon sera rendu au gouvernement en octobre 1919, pour un voyage officiel à Verdun du président Millerand et sera ensuite exposé au musée de l'Armée, aux Invalides, de 1921 à 1927. À la demande du maire de Compiègne et d'un mécène américain (Fleming), il sera restauré et convoyé jusqu'à la clairière de Rethondes, où l'on a construit un hangar pour l'abriter, qui sera inauguré en grande pompe.

En 1940, il sera symboliquement utilisé par Hitler, pour la signature de l'armistice demandé par la France, le 22 juin, en ayant été replacé à l'endroit précis où il s'était trouvé en 1918.

Deux jours après, il est convoyé par la route à Berlin, pour y être exposé une semaine devant la porte de Brandenbourg puis au Lustgarten, pendant que l'on rase le site de Rethondes, pour le labourer et le rendre à la culture. Sur l'ordre d'Hitler, il sera finalement brûlé et détruit, en avril 1945, lors de l'avancée des troupes alliées (hormis quelques vestiges, récupérés par des Berlinois, qui seront rendus en 1992, après la chute du Mur, au Mémorial de Péronne).

Au lendemain de la Seconde Guerre, une voiture similaire, issue de la même série de 1913, et aménagée de façon identique, sera replacée dans la clairière historique et inaugurée le 11 novembre 1950.

… mais pas à Rethondes

La Clairière de l'Armistice se trouve en réalité sur le territoire de la commune de Compiègne et non sur celle limitrophe de Rethondes, dont elle est séparée par l'Aisne. Elle est pourtant appelée ainsi, du fait que la voie à deux épis partait d'une petite gare, située sur la commune de Compiègne mais volontairement dite « gare de Rethondes », pour la différencier de la gare principale de la ville.

Pourquoi cette date ?

Le 11e jour du 11e mois à la 11e heure. Une date et un horaire choisis par hasard ?

On a dit que Foch, catholique fervent, avait choisi cette date pour être la fête de saint Martin, évangélisateur des Gaules et patron de la France, protecteur des soldats, qui en était un lui-même et de surcroît fils d'un général, lequel l'avait voulu, en lui donnant ce nom, le vouer à Mars, le dieu romain de la guerre…

On a du mal à admettre que cette proposition ait pu être suivie par le libre penseur qu'était Clemenceau, lequel donna le matin même lecture du texte aux députés, réunis à la chambre, sous les acclamations que l'on imagine, notamment pour l'un des premiers articles, prévoyant la cessation des hostilités, sur terre et dans les airs, six heures après la signature de l'armistice.

Si l'on s'en tient à la lettre, il était donc prévu pour 11 h 15 précises, mais eut cependant lieu avec un quart d'heure d'avance, à 11 heures. C'est à ce moment précis que l'on entendit, dans l'ensemble du pays, les cloches des églises sonner à toute volée et des sonneries de clairon.

Pas définitif

L'armistice n'ayant en fait été signé que pour une durée de trente-six jours, avec faculté de prolongation, il sera renouvelé par deux fois, le 13 décembre 1918 et le 16 janvier 1919, puis reconduit le 16 février, pour attendre la signature du traité de Versailles, qui n'aura lieu que le 28 juin.

La commémoration « nouvelle formule »

La loi du 28 février 2012 prévoit que le 11 Novembre, jour anniversaire de l'armistice de 1918 et de commémoration de la victoire et de la paix, sera à l'avenir « journée d'hommage à l'ensemble de ceux qui sont morts pour la France, qu'ils soient civils ou militaires et qu'ils aient péri dans des conflits contemporains ou anciens ».

Souvenirs

Je me souviens très bien de l'armistice. En arrivant à l'école, j'ai été surprise de voir toutes mes compagnes, grandes et petites, courir avec des drapeaux à la main. On m'explique que la guerre est finie, qu'il faut pavoiser. L'entrain me gagne. Je retourne chez moi pour avertir Maman et mettre des drapeaux aux fenêtres. Je trouve ma mère en larmes, qui me répond non. Elle m'explique qu'il faut se réjouir de l'arrêt des combats, que les soldats vont rentrer, mais pas mon papa. C'est ce jour-là que j'ai compris que je ne le reverrais jamais. (Madeleine Rouvier)

Le jour de l'armistice, j'étais au lycée (à Brest) et l'on attendait la nouvelle d'un moment à l'autre. Soudain, les sirènes des bateaux en rade se sont mises à hurler. Les cloches à sonner et en quelques minutes les classes se sont vidées et nous nous sommes retrouvés dans la rue, chantant et hurlant notre joie avec toute la population. La musique américaine a joué les hymnes nationaux alliés et l'inoubliable « Stars and stripes for ever ». (Mme Crahes)

Ma mère avait un magasin de nouveautés, à Choisy-le-Roi. Elle a habillé un mannequin en Alsacienne et l'a mise en vitrine avec plein de cocardes, et moi, sur le pas de la porte, je distribuais des petits drapeaux à la foule des passants en délire. (Mme Leroyer)

Le soir du 11 Novembre, nous sommes allés avec une famille amie dîner à une brasserie du boulevard de Strasbourg. La place devant la gare de l'Est était une mer humaine et j'étais perché sur les épaules de mon père tant la foule était dense.

Au restaurant, le vin coulait à flots, sur toutes les tables. À côté de nous se trouvait un colonel avec sa femme. Un colonel qui arrivait du front. J'étais plein d'admiration et de fierté.

Tard dans la nuit débarquèrent des soldats descendus des lignes, comme on disait alors. Parmi eux, un bon paysan, qui avait bien bu, et qui, apercevant le colonel, lui dit :

« Mon colonel, permettez-vous que je mette le casque d'un colonel ?

– Bien sûr, répondit l'officier.

– À côté de vous, la dame, c'est qui ?

– C'est ma femme.

– Elle est belle ! Permettez-vous que j'embrasse la femme d'un colonel ? »

La dame se leva et vint embrasser le poilu, sous les applaudissements de toutes les tables voisines. (M. N.)

Le 11 novembre 1918, un peu avant midi, toutes les cloches de la ville (Nantes) se sont mises à carillonner en même temps. Je vois encore Maman ouvrir les fenêtres, tomber à genoux et nous dire « la guerre est finie ». Aussitôt après le déjeuner, elle nous a habillées et elle, tout en noir, son long voile de veuve tombant jusqu'aux pieds, nous emmena chez Mme D., une amie à elle, dont le mari avait été tué le même jour que notre père et qui habitait à quelques rues de chez nous. Pour y aller, nous avons traversé une partie du centre-ville, dans une foule en délire qui chantait, dansait. Place Royale, les jets d'eau marchaient au maximum et un grand bal y était organisé. Une bande de gens, ivres de joie, de folie, et sans doute aussi de vin, nous entoura et nous immobilisa au centre d'une ronde infernale. Et nous voilà bombardées de confettis et de serpentins, qui s'enroulaient dans le voile noir de Maman, dont les larmes coulaient sur son si joli visage. Arrivées, les deux femmes sont tombées dans les bras l'une de l'autre en pleurant, et moi, le nez collé à la fenêtre, je ne pouvais pas m'empêcher de regarder le spectacle de la rue en liesse. (Madeleine Moy)

Ma mère avait trois ans lorsque son père est mort aux environs de Neuville-Saint-Vaast, en septembre 1915. Il avait à peine connu sa petite fille, née en juin 1912, et regrettait souvent dans ses lettres de ne pas la voir grandir. Ma mère, de son côté, en petite fille devenue raisonnable trop vite, priait régulièrement pour son papa à qui elle préparait une soupe à sa façon et… cousait des chemises. Le jour de l'armistice, alors que tout le village était en fête, ma grand-mère était restée chez elle tandis que la petite Yvonne courait rejoindre ses camarades et se réjouir avec l'ensemble des Courzerois – habitants de Courzieu. Mais elle se rappela soudain que sa mère était dans le deuil et la tristesse et, abandonnant les petites filles, s'élança chez elle en criant : « Je vais rejoindre ma maman. Elle pleure. » (Nicole Perilhon)

Il y avait dans ma classe un petit garçon qui, lorsqu'il apprit que la guerre allait s'arrêter, était fou de joie à l'idée de revoir son papa. Hélas, quand il revint à l'école, le lendemain, il était en larmes : son père avait été tué le 10 novembre. (M. N.)

Tué le 10 novembre !

Jusqu'à la dernière minute, la guerre a continué à faire des victimes. Du 2 août 1914, à 10 h 07, au 11 novembre 1918, à 10 h 50.

DOSSIER

Le premier et les derniers : des régimes différents !

Entre le 2 août 1914 à 10 h 07 et le 11 novembre 1918 à 10 h 50 se sont écoulés 1 562 jours, 37 463 heures, 2 247 883 minutes. Ce qui, pour 1 357 800 Français et 2 037 700 Allemands tués, au total 3 395 500 dans les deux armées, donne un Allemand par minute, un Français toutes les minutes et demie et trois hommes toutes les deux minutes !

Si le premier tombé a été très « médiatisé », le dernier, survenu il est vrai après 1 400 000 autres, est passé presque inaperçu…

Le premier : Jules André Peugeot

Né à Étupes, dans le Doubs, le 11 juin 1893, il avait à peine plus de vingt et un ans, le 1er août 1914, jour où la France a appelé à la mobilisation pour le lendemain.

Très lointain cousin des industriels, il est issu d'une branche modeste dont les membres étaient ouvriers horlogers, mais avait intégré l'école normale de Besançon, pour devenir instituteur. Nommé à l'école du Pissou, hameau de Villers-le-Lac, il a interrompu son métier pour effectuer son service militaire. Passé caporal, il prépare le concours des officiers de réserve. Son régiment, le 44e d'infanterie, basé à Lons-le-Saulnier, fait partie de ce que l'on appelle les « troupes de couverture », qui ont la charge de surveiller la frontière franco-allemande et envoient régulièrement des escouades, en missions de reconnaissance.

Le 2 août, à Joncherey, dans le Territoire de Belfort, l'une d'elles, commandées par Peugeot, rencontre un détachement homologue allemand, appartenant à un régiment établi dans la ville voisine – mais alors allemande – de Mulhouse. Commandé par le sous-lieutenant Mayer, il a mordu sur la frontière et se trouve en territoire français. La guerre étant ouverte, la rencontre ne pardonne pas. Mayer, de son cheval, sabre le soldat en tête de l'escouade – qui n'est pas tué – avant de tirer à trois reprises en direction de Peugeot, blessé, qui riposte en le visant à son tour. Les deux hommes tombent : l'Allemand d'abord, qui est la première victime d'une guerre qui ne commencera officiellement que le lendemain, le Français ensuite, première victime de son camp, qui s'affaisse à 10 h 07 devant la ferme de la famille Docourt.

Le dernier : Augustin Trébuchon

Né au Malzieu-Forain, en Lozère, au hameau de Montchabrier, le 30 mai 1878, ce berger de quarante ans, mobilisé en 1914, est soldat de 1re classe au 145e RI. Il tombera à Vrigne-Meuse, dans les Ardennes, tué d'une balle à la tête, alors qu'il porte un message à son capitaine, le 11 novembre 1918, à 10 h 50 (sachant qu'un soldat américain, nommé Henry Gunther, sera tué à Chaumont-devant-Damvillers, dans la Meuse, à exactement 10 h 59…).

Pour avoir été le premier, le caporal Peugeot recevra des hommages impressionnants. À Joncherey, une plaque est apposée sur la maison devant laquelle il est tombé et, en 1922, l'ancien président de la République Raymond Poincaré y inaugurera un monument commémoratif, devant 5 000 personnes, expliquant dans son discours que le caporal Peugeot a été « assassiné », puisqu'il a été tué un jour avant la déclaration de guerre officielle. En juillet 1940, le monument sera détruit par l'armée d'occupation, pour être reconstruit en 1959, sous la forme d'un mur souvenir.

À Paris, une rue du 17e arrondissement et son square adjacent lui seront dédiés, en juillet 1930, première d'une longue série de rues à son nom, à Besançon, Montbéliard, Saint-Maur-des-Fossés…

Pour avoir été le dernier, Auguste Trébuchon devra quant à lui attendre quatre-vingt-dix ans pour qu'on lui rende hommage. En 2008, lorsque la mort du dernier poilu, Lazare Ponticelli (➔ ci-après), survenue le 12 mars, laisse un vide définitif pour les journaux du 11 Novembre et en fait cette année-là le héros du jour.

On évoque alors la bataille de Vrigne-Meuse, que certains qualifient d'absurde et inutile et qui restera confidentielle pendant plus de vingt ans. Lancée alors que l'armistice était en cours de discussion, elle fera une centaine de morts et près de deux cents blessés, sacrifiés par l'état-major, afin d'aborder la signature de l'armistice en position la plus forte possible. Non seulement Augustin Trébuchon ne recevra aucun hommage, mais comme il n'était pas possible de mourir « pour la France » le jour de la victoire, sa fiche sera, comme celles des autres Français tombés ce jour-là, antidatée de la veille.

Le « der des der » : Lazare Ponticelli

Né à Bettola, en Italie, le 7 décembre 1897, dans une famille pauvre, et venu tenter sa chance à Paris – pour partie à pied – en 1906, il s'est dès le début de la guerre, en trichant sur son âge, engagé dans le 1er régiment étranger, surnommé le « régiment Garibaldien » pour être majoritairement constitué d'Italiens. En mai 1915, avec l'entrée en guerre de son pays aux côtés des Alliés, alors qu'il se bat depuis moins d'un an dans l'armée française, il y est reconduit dans son pays, pour être enrôlé dans un régiment de chasseurs alpins. Sanctionné pour fraternisation avec les Autrichiens, il rentrera en France à sa démobilisation, où il fondera une entreprise de fumisterie et de maintenance industrielle, qu'il saura faire grandir, obtiendra la nationalité française en 1939 et voudra la même année s'engager à nouveau dans l'armée française, ce qui lui sera refusé du fait de son âge, et lui fera rejoindre la Résistance.

Devenu le dernier poilu français en vie, au décès de Louis de Cazenave, le 20 janvier 2008, il finit cependant par accepter ces obsèques nationales, à condition qu'elles soient simples et dédiées à tous les morts de la Première Guerre, tout en exigeant d'être enterré auprès de sa famille.

C'est le premier semestre de l'année 2008 qui balaiera les derniers témoins.

Le 1er janvier 2008, Erich Kästner, dernier vétéran allemand, meurt à Cologne, à l'âge de cent huit ans, et est inhumé sans cérémonie.

Le 12 mars 2008, cent dix ans après le dernier grognard des guerres de l'Empire[3], Lazare Ponticelli décède au Kremlin-Bicêtre, dans sa cent onzième année. L'annonce en est faite par l'Élysée et ses obsèques sont célébrées le 17, à 11 heures, aux Invalides, en présence du président de la République, Nicolas Sarkozy, avec éloge funèbre par Max Gallo, minute de silence dans les Administrations, drapeaux en berne dans tout le pays et l'après-midi cérémonie nationale à la mémoire de l'ensemble des anciens combattants de la Première Guerre.

Le 27 mai s'éteindra, à l'âge de cent huit ans, l'Autrichien Franz Künstler, le « der des der ».

3. Victor Baillot, mort le 3 février 1898, à près de cent cinq ans, dans un village de l'Yonne, après s'être déplacé deux ans plus tôt jusqu'à la gare de Laroche-Migennes, pour y être décoré de la Légion d'honneur par le président de la République Félix Faure en personne.

IX.
Des lendemains qui ne chantent pas toujours

DOSSIER

L'après-guerre : atterrissage difficile… ou « La guerre enkystée dans la vie »

11 novembre 1918. La fin de la guerre. La paix. Les retrouvailles. Mais pas pour autant la fin du cauchemar. Si l'avenir est espéré rose, le présent est loin de l'être… Les retours, en effet, ont été souvent très durs.

Dur, pour les Descarsin, de Bichancourt. Le fils aîné a été tué en septembre 1914, à l'âge de vingt-quatre ans. Le père, débarquant en gare de Chauny, en 1919, meurt en voyant son pays en ruine et la plus jeune fille mourra à vingt et un ans, trois ans plus tard, de la tuberculose.

Dur, pour les Brancourt, dont la femme récupère et soignera son mari, gazé à l'ypérite par deux fois, qui mettra treize ans à mourir, après d'horribles souffrances, finissant sa vie sur une chaise roulante, et sa mère, soixante ans, délirante, apparemment victime d'un infarctus cérébral en apprenant, coup sur coup, la mort de ses deux fils au cours des deux derniers mois de la guerre…

Dur, pour les Martin, de Bony, dont les terres ne sont plus cultivables et qui, pendant le temps nécessaire aux opérations de nettoyage et de déminage, habiteront – les parents et leurs huit enfants – dans des baraques de prisonniers, avec un poêle récupéré dans les tranchées, cultivant leur jardin, les plus jeunes enfants faisant paître deux vaches, dans les quelques pâtures qu'ils ont nettoyées eux-mêmes.

> *Après la guerre, mes parents sont rentrés à Liverdun (aux environs de Nancy). La forge, réquisitionnée pendant les hostilités, était délabrée. Le matériel volé ou détérioré. Nous n'avons eu droit à aucun dommage de guerre et mon père a dû aller travailler comme ouvrier forgeron à quatre kilomètres, à l'aciérie de Pompey.* (Fernand Bourgeois)

La démobilisation

Les trois millions et demi partis en août 1914, la fleur au fusil, avaient plus que doublé durant la guerre. Fin 1918, quatre ans et trois mois plus tard, cinq millions rentrent chez eux, dont seulement 2 500 000 (71 %) des 3 500 000 de 1914.

L'organisation de cette démobilisation se révèle d'emblée une opération lourde et complexe. Avec d'abord l'encombrement des voies ferrées, dont une grande partie été détruite, pose problème pour le rapatriement des combattants vers leur foyer. Avec ensuite l'occupation de la Rhénanie, qui va exiger des effectifs, et le fait qu'il n'est pas question de démobiliser toute l'armée, afin de conserver un moyen de pression sur l'Allemagne, jusqu'à la signature définitive de la paix, qui n'interviendra qu'en juin 1919.

Gérée par un secrétariat d'État spécifique, la démobilisation aura donc lieu progressivement, par tranches d'âge et en deux grandes phases : de novembre 1918 à avril 1919, puis de juillet à septembre 1919, notamment pour les soldats versés à l'armée d'Orient. Les plus jeunes, appartenant aux classes 1918/1919, ne devant être libérés qu'en 1920 et 1921.

Près de la moitié de ces soldats démobilisés ont été blessés. Un sur cinq l'a été deux fois et plus de 100 000 trois ou quatre fois. On compte 750 000 invalides, 125 000 mutilés, des centaines de milliers de malades, physiquement ou psychiquement, avec des fous, marqués plus encore que les autres par ce qu'ils venaient de vivre. On estime à 500 000 le nombre des combattants français qui mourront des suites de leurs blessures au cours des quinze ans qui suivront et l'on sait qu'en 1934 l'État versait 1 130 000 pensions de combattants (invalides et mutilés), dont 48 829 à des « grands invalides » (➔).

Civils et familles sont tout aussi éprouvés : dans l'ex-zone occupée, en novembre 1918, deux millions de personnes sont au bord de la famine, avec pour conséquence les retards de croissance pour les jeunes. Dans certains secteurs, jusqu'à 60 % des jeunes de dix à vingt ans présentent des lésions pulmonaires. La tuberculose explose.

La vieille Europe est saignée à blanc

La France est exsangue, en ruine, et les Français aussi.

Les régions du front, l'Aisne, la Marne… n'offrent que des tableaux d'apocalypse, avec des villes entières détruites (Saint-Quentin, Péronne, Noyon, Soissons, Chauny, dont la découverte en 1919 a été fatale à Jules Descarsin). 812 000 immeubles ont été détruits. Les terres agricoles, autrefois productives, sont défoncées, minées et jonchées de cadavres. Les usines et lieux de travail et de vie sont détruits.

L'État et l'économie nationale sont par terre : 5 000 entreprises ruinées, toutes les mines du Nord noyées, 6 000 km de voies ferrées et 60 000 km de routes à reconstruire. La fortune nationale est passée de 302 à 227 milliards de francs-or : une perte de 25 % ! Et la dette est très lourde, avec les 156 milliards et demi de francs de dépenses de guerre.

La population active a perdu le dixième de ses effectifs. Le déficit démographique est énorme : les 1,5 million de tués auraient dû faire trois millions d'enfants. Il faudra attendre les années 1950 pour que ce déficit soit résorbé. Sur dix Français ayant entre vingt et quarante-cinq ans en 1914, deux ont été tués, un est invalide et reste à la charge de la communauté, trois sont temporairement « amoindris ».

Redémarrage difficile

Au plan matériel, on attend beaucoup des pensions, que l'on devra souvent se battre pour obtenir : les combattants, pour faire reconnaître leur taux d'invalidité, les veuves pour les droits de leurs enfants et quelquefois pour la réhabilitation d'un mari arbitrairement fusillé « pour l'exemple », sans oublier les épouses d'internés qui, une fois les soins hospitaliers acquittés, ne peuvent vivre de leur pension.

Le démobilisé doit trouver ou retrouver du travail et se réinsérer dans la vie active, même si les pouvoirs publics maintiennent pour partie les indemnités de chômage, allocations et majorations pendant une période de six mois à compter de la démobilisation[1]. Le moratoire sur les loyers mis en place durant la guerre étant supprimé, les petits locataires ont droit à des réductions de loyer et sont exonérés de ceux dus pendant la guerre et les six mois suivant l'armistice.

1. Un démobilisé, chef de ménage, peut recevoir 2,25 francs pour lui ; 4 francs pour sa femme et ses enfants ; 0,75 franc pour un père ou une mère à sa charge (sans pouvoir toutefois dépasser le total de 6 francs sachant qu'un mineur gagne alors 13,50 francs par jour).

Mutation et incompréhension

Mais le changement le plus important est la mutation de la société. Une mutation générale et profonde, d'abord au plan des conditions de vie, et plus encore à celui des mentalités. Une mutation qui n'avait pas attendu le retour et l'accord des combattants pour se produire.

La guerre a en effet accéléré la mobilité sociale et l'émancipation de la femme, qui a souvent pris la place des combattants et veut désormais « vivre sa vie »...

Tout cela va souvent donner au démobilisé, qui ne retrouve plus ses repères d'avant-guerre, l'impression d'arriver dans un monde étranger et hostile. Pire, dans un monde ingrat.

Même si Clemenceau a clamé haut et fort que les Combattants « ont des droits sur nous ! », phrase que l'on gravera sur plusieurs Monuments aux morts, la réalité le contredit souvent. Dès lors, rentré couvert de décorations et souvent mutilé dans sa chair ou son esprit, le combattant, qui s'attend à la reconnaissance nationale, ne comprend pas et n'accepte pas toujours. Alors que l'on sacralise le soldat « mort au champ d'honneur » et le blessé de guerre, pourquoi se voit-il, lui, obligé d'effectuer un véritable parcours d'embûches, pour faire valoir ses droits ? Pis : lorsqu'il cherche du travail, il se voit parfois repoussé par ceux-là mêmes pour lesquels il estime s'être battu.

Replongés dans un monde que les tranchées leur ont rendu étranger, les démobilisés le ressentent volontiers comme injuste et peuplé de « profiteurs », en qui ils voient d'anciens « embusqués », qui se sont enrichis durant leur absence et à leur détriment. Peuplé aussi de « veuves joyeuses », qui ont vite oublié le « camarade » mort à la guerre. Beaucoup ont du mal à lire le monde autrement qu' « au travers du prisme de la souffrance et des deuils qu'ils ont endurés dans les tranchées ».

Pour Carine Trévisan et Corinne Roynette, la guerre, « enkystée dans la vie retrouvée », et son souvenir, « entêtant », empêchent le poilu de retrouver des relations conjugales, familiales et professionnelles normales. « De la froideur autiste d'hommes enfermés dans le mutisme à l'anxiété excessive, aux cauchemars nocturnes, les éprouvés de guerre noient parfois leur mal-être dans l'alcoolisme ou l'expriment dans la violence conjugale. » Au démobilisé, qui a du mal à se retrouver lui-même, les associations d'anciens combattants offriront de partager « ses souvenirs indicibles dans une sociabilité unique, excluant les civils et recréant ainsi symboliquement la camaraderie du front ». Et cette « nostalgie du front » et de son passé de combattant va chez certains se muer en crise identitaire durable.

Alcool, folie, suicides. Pères aux nuits agitées de cauchemars, au point parfois de terroriser leurs enfants. Maris brutaux. Familles sans hommes. Démobilisés se rengageant, pour ne plus pouvoir vivre « sans la guerre »... La misère qui est partout, au lendemain de la guerre, pousse également de nombreux poilus à se battre, pour que l'on ne connaisse « plus jamais ça »...

Ne pas pouvoir oublier...

La démobilisation va ramener chez eux des millions d'hommes qui, pour avoir généralement fait quatre ans de guerre, ne sont souvent plus du tout les mêmes qu'à leur départ. Peu de poilus sont rentrés totalement indemnes. On se souvient du dramatique bilan, observé dans une famille paysanne de Milly-la-Forêt : sur cinq fils mobilisés, trois seulement sont revenus, dont un amputé d'une jambe et un gazé.

Mais tous ceux qui reviennent ont la tête pleine des épouvantables images de la guerre et de l'enfer où ils ont vécu. Images et souvenirs que beaucoup, peut-être plus fragiles ou plus sensibles, ne parviendront jamais à évacuer ni à assumer.

Pour beaucoup donc, la paix signée, la guerre va finalement continuer...

Beaucoup de poilus sont revenus détruits.

On a évoqué le cas de Joseph Picart, ne trouvant pas de travail, sombrant dans la boisson et brutalisant sa femme, qui mourra misérablement à l'hospice. C'est là un sort classique, qui a été celui de beaucoup d'anciens combattants, détruits psychiquement par la guerre.

C'est le cas d'Ernest : un gros garçon de banlieue un peu balourd, mais brave et sans problème, mobilisé à vingt et un ans, déjà marié et père d'un enfant, et qui sera lui aussi complètement « démoli » par la guerre.

> *Il racontait qu'on lui avait fait faire des choses horribles, comme nettoyer les tranchées – et qu'avant de monter à l'assaut, on leur faisait boire de grandes rasades d'alcool…*
>
> *La guerre finie, il était revenu. Mais la situation avait changé. Son père, qui avait une petite entreprise de maçonnerie, où il travaillait avant son départ au front, est mort dans l'intervalle. L'entreprise n'existe plus. Il faut trouver du travail… Mais voilà surtout que l'homme paisible était devenu un diable. Il a continué à boire et à re-boire.*
>
> *La vie de famille est devenue un enfer, faisant soupirer à sa femme : « Dire qu'on l'aurait pleuré, s'il était mort ! » Trois autres enfants sont néanmoins arrivés, et tous ont assisté, des années durant, aux violences que leur père faisait subir à leur mère, qui finit par confier le plus jeune, qu'elle sentait en danger, à une parente. Un beau matin, épuisée, elle a pris ses autres enfants, s'est dirigée vers un centre d'accueil, à Paris, et s'est rapidement organisé une autre vie, en travaillant dur.*
>
> *Resté seul, Ernest n'a pas supporté la solitude. Il s'est suicidé et, lorsqu'ils l'ont appris, les enfants ont été contents… Plus tard, lorsque nous nous sommes mariés, j'ai été surprise du regard pessimiste que mon mari – son fils – portait sur la vie. Je crois avoir eu le bonheur, avec nos enfants, de l'aider à se reconstruire, mais aujourd'hui*

encore, lors des réunions de famille, des bribes de conversations montrent que rien n'est oublié[2]*...*

L'alcoolisme pour les uns, le désespoir et la folie pour les autres.

Des deux frères de ma grand-mère, l'un est rentré gazé et très diminué et a sombré dans l'alcool. L'autre, gazé lui aussi, fera chaque nuit d'horribles cauchemars, en refaisant « sa guerre » et mourra de la tuberculose, mais aussi de désespoir[3]*.*

La folie revient fréquemment, au fil des témoignages reçus. Folie d'une mère de famille de Béthune, après que deux de ses fils ont été victimes de l'explosion d'une grenade, tuant l'un et blessant grièvement l'autre. Folie aussi de ce grand-père de la Haute-Marne qui, pour avoir vendu sa ferme à la mort au front de son dernier fils, avait fait un mauvais placement et avait perdu la raison.

Il en alla de même pour Célestin, en Rouergue, même si l'on n'a ici qu'une conséquence indirecte de la guerre. Il avait hérité d'une belle et grande exploitation, depuis longtemps dans sa famille, où avait été découvert un gisement de tungstène, minerai utilisé dans la fabrication d'aciers spéciaux, et notamment dans les fabriques d'armes.

Au nom des besoins pour l'industrie de guerre, il avait été exproprié et bien mal indemnisé, alors qu'un de ses frères, plus jeune et mobilisé, allait se voir amputer d'une jambe...

Célestin mourra en 1933. Selon la mémoire familiale, il avait été emporté par une congestion pulmonaire, après avoir pris froid un jour d'hiver. Mais, recherches faites, il était en réalité

---

2. Témoignage de F. Faure.
3. Témoignage de C. Guipon-Béchaud.

mort à l'hôpital, où il avait été interné pour raisons psychiatriques. Il était devenu fou et sa femme, n'assumant pas cette situation – la folie était à l'époque considérée comme honteuse –, avait même refusé qu'on le laisse sortir, allant régulièrement le voir en cachette et n'en parlant jamais.

Voilà pourquoi, aujourd'hui, ses descendants n'ont pu retrouver le moindre souvenir de lui : pas la moindre photographie, que sa femme aura toutes délibérément brûlées. La guerre, indirectement, avait détruit cette famille, porteuse de ce secret qui, comme tous les secrets, devait longtemps peser sur son avenir[4].

DOSSIER

Des blessures particulières

Les hommes blessés au plan physique : amputés, gazés, mutilés… mais aussi au plan psychique.

Comment oublier les tranchées, la boue, les tirs d'obus, les cadavres et toutes les horreurs vues et vécues ? Ces « anti-héros », ces « soldats fous », qui se comptent en Europe par centaines de milliers ont longtemps été oubliés, tout en ayant d'abord été refusés. Dès la fin de l'année 1914, les médecins militaires ont été confrontés – à charge pour eux de démasquer les simulateurs – à des soldats se plaignant de symptômes neurologiques avec notamment des cas d'hystérie masculine, mettant à mal l'idéal de virilité lié à l'image du poilu français.

Il est impossible, bien sûr, d'en évaluer précisément le nombre : on estime que 4 000 sont passés par le Val-de-Grâce et que plus d'une centaine sont traités à l'asile de Charenton, près de Paris, en 1920. D'autres « mutilés du cerveau » finissent

4. Témoignage de Mme U.

leur vie dans des établissements psychiatriques, comme à Saint-Alban-sur-Limagnole, en Lozère (dont le cimetière a été célébré par Paul Éluard[5], en 1943), à Cadillac-sur-Garonne, en Gironde (où l'on peut visiter le « Cimetière des fous », appelé aussi « Cimetière des oubliés », regroupant les émouvantes sépultures de mutilés de la face et du cerveau, de la Première Guerre, classé au titre des Monuments historiques, en 2010), à Montpon-Ménestrol en Dordogne, à Lesvelec dans le Morbihan… Pourtant, la loi de 1919 va les reconnaître et leur accorder une pension[6].

On pourrait, pour terminer, évoquer le souvenir d'Adrien Duflos. Fantassin au 152e de Ligne, il était rentré dans son bourg natal de l'Aubrac couvert de médailles, mais blessé dans son corps et dans sa tête, et ne s'était jamais marié. À la mort de ses parents, il s'était installé dans leur ancienne épicerie, dont il avait fermé les volets et personne, jamais, n'était entré chez lui,

---

5. Ce cimetière enfanté par la lune
Entre deux vagues de ciel noir
Ce cimetière archipel de mémoire
Vit de vents fous et d'esprit en ruine…

6. Ces troubles de la personnalité et comportementaux varient entre insomnie, cauchemars, paranoïa, culpabilité, hallucinations… Beaucoup sont associés à des troubles psychomoteurs et conduisent parfois au suicide, à l'alcoolisme et aux violences conjugales. Ils semblent être autant dus à l'épuisement physique, notamment à l'exposition à certaines toxines, qu'à l'épuisement moral (avec le risque de mourir et le côtoiement de la mort, l'obligation d'obéir à des ordres éventuellement incompréhensibles ou paraissant contraires à l'éthique du soldat).
Ils entraînent souvent une désociabilisation, avec l'impossibilité au retour à la vie normale, civile et familiale, due à l'impossibilité de dire ou partager la violence vécue et ressentie, tout cela passant souvent par une curieuse dissociation de la personnalité, que ceux qui les ont étudiés relient « à la distance que doit prendre l'esprit du combattant avec la réalité » et qui, sans devenir insensible mais pour sauvegarder sa santé mentale, oblige son esprit à se dissocier des actes qu'il commet.
Ces troubles pourraient également avoir des causes organiques, dues à l'exposition à des chocs physiques importants, tels que l'« effet de souffle » et aussi à des toxiques. Le mercure, présent dans les amorces des munitions des balles et obus, a pu provoquer une réduction du champ visuel. Ou encore les gaz de combat, reconnus comme pouvant provoquer des hallucinations et des défauts de coordination des mouvements et qui ont donc pu expliquer également ces « amnésies sélectives de guerre ».

avant que son notaire ne vienne, après sa mort – sans famille ni héritiers connus –, dresser l'inventaire de ses biens, avec un généalogiste. Ce dernier, Jean-Claude Roehrig. se souvient quelle fut leur stupéfaction, ce jour-là, de découvrir le décor qu'il s'était composé : « C'était Verdun ! Verdun et ses tranchées. Verdun et ses faisceaux de fusils. Verdun et ses monceaux de munitions. Chaque pièce de l'épicerie-buvette était traversée... par des tranchées ! D'innombrables piles de journaux enliassés constituaient des boyaux qui serpentaient à travers la maison. Il y avait un P.C. de commandement, figuré par une toile gris-de-fer couverte de branchages ; des jumelles militaires, des gamelles de soldat, des cartes d'état-major, de boîtes de cartouches y étaient entreposées, comme prêtes à l'usage. Un petit fortin fait de rondins de bois mal équarris contenait plusieurs dizaines de baïonnette huilées et des grenades quadrillées. L'un des murs était constitué d'obus, soigneusement empilés et dans des cantines de fer, des képis, des capotes, des bérets, des casques[7]... »

Les billets de la « chance »

Mon cher ami, Vous devez savoir que vous aurez la croix de la Légion d'Honneur en même temps que vos camarades. Je suis très heureux de vous savoir tous les trois en bonne voie de guérison. La 12e division se remplume lentement dans le calme, écrit son général, en octobre 1915, au sous-lieutenant René Terrier, blessé au front un mois plus tôt et auquel la croix sera officiellement remise, un mois plus tard, à Bordeaux. Et le général de terminer sa lettre, en adressant à son officier son « cordial

7. *En quête d'héritiers*, Jean-Claude Roehrig, Tallandier, 1998.

souvenir », pour parler littéralement « avec son cœur[8] ». Mais ce général a-t-il bien pris, dans son cœur, toute la mesure des souffrances qu'allait à l'avenir endurer le nouveau venu dans l'ordre prestigieux ? Imagine-t-il le martyre qui attend cet homme, dont le visage sera – le jour J – pudiquement caché sous d'épaisses bandelettes de gaze blanche ?

8. *Cordial* vient du latin médiéval *cordialis*, dérivé de *cor, cordis*, « cœur ».

Natif d'Annecy, mon grand-père, Henri Terrier, était venu tenter sa chance à Paris, au début de la Troisième République. Il y avait été engagé comme valet de chambre, dans une famille de diplomates ou d'hommes d'affaires allemands, arrivée avec sa femme de chambre, Clara, née dans une petite ville portuaire de la lointaine Poméranie, sur les bords de la mer Baltique.

L'amour étant une langue internationale, les deux employés s'étaient plu et, au début de l'hiver 1882, le Figaro savoyard avait épousé sa Suzanne prussienne, à la mairie du 8e arrondissement. Ils allaient avoir cinq enfants, qu'ils sauront pousser à réussir. En 1914, cependant, les trois garçons seront mobilisés et l'aîné, gazé, ne reviendra pas.

Des deux qui sont revenus, l'un – le plus jeune – mon père, est rentré affreusement mutilé au visage, comme tant de « Gueules cassées » (➔).

Avant la guerre, il avait été le secrétaire particulier de la princesse de Brancovan, pianiste grecque qui avait été l'une des muses de Paderewski. Par elle, il avait connu et épousé ma mère, elle aussi pianiste.

Après la guerre, lui ne pouvant plus travailler, c'est notre mère qui s'est débrouillée pour financer nos études avec nos pensions de « Pupilles de la Nation », qu'elle a complétées en ayant la « chance », de par la situation de son mari, de pouvoir vendre des billets de loterie, au profit des Gueules cassées.

Clara, ma grand-mère paternelle allemande, souffrit énormément de tout cela, mais en silence, surtout lorsque mon grand-père maternel, à la fin de chaque repas, lançait son tonitruant « encore un que les Allemands n'auront pas ! »[9].

9. Témoignage de Janine van Buren.

DOSSIER

Gueules cassées, œils de verre et jambes de bois

Plus de six millions de soldats démobilisés (tous pays confondus) ont été reconnus « invalides », parmi lesquels près de 300 000 étaient mutilés à 100 % : aveugles, gazés, amputés, mutilés du visage – auxquels on pourrait ajouter les aliénés et « internés » souffrant de traumatismes mentaux profonds.

Des hommes en pleine force de l'âge, qui auront particulièrement du mal à se réinsérer dans la vie sociale et professionnelle.

Dès décembre 1914, le maire de Lyon, Édouard Herriot, avait instauré dans sa ville une École professionnelle des mutilés, et, au fil de l'année 1916, des associations locales de mutilés avaient été fondées, à Saint-Étienne, Aix-en-Provence, Nancy (par René Cassin)… En mai, la création du *Journal des mutilés* leur avait donné une tribune, dont l'audience et l'influence n'avaient cessé de grandir. Ces associations se réuniront en un premier congrès, en novembre 1917, à Paris, pour peser sur la réforme de la loi sur les pensions, suivi d'un second, en février 1918, dont devait sortir une Union fédérale.

Mais ces centaines de milliers d'anciens combattants mutilés se sentaient non seulement exclus de la vie professionnelle, mais aussi souvent de la vie sociale, du fait des limites que connaissait alors la chirurgie du visage.

On recourait essentiellement, et uniquement dans certains centres spécialisés, à des méthodes de camouflage, avec des greffes de divers types – comme celles du Dr Dufourmentel, consistant à greffer des fragments de cuir chevelu au niveau du menton – à des prothèses (*œil de verre* et *faux nez*, maintenu par des lunettes), comme encore à de curieux et souvent horribles appareils, tels que *l'ouvre-bouche*, proposant une rééducation des mâchoires, le *casque de Darcissac*, destiné à consolider les fractures de la bouche ou encore le *procédé des sacs*, mis au point par le Dr Pitsch, consistant à placer dans la bouche des plaquettes de bois de 20 cm de longueur, auxquelles étaient suspendus des sacs plus ou moins lourds, allant jusqu'à 3 kg et destinés à replacer la bouche en position normale.

Ces résultats étaient par ailleurs fréquemment ressentis comme humiliants, empêchant rarement le regard des autres de refléter de la pitié, si ce n'est du dégoût, y compris de la part des membres de la famille. Broyés par la guerre, ces combattants, bien que rentrés vivants, vont vivre un véritable enfer, avec en premier lieu la honte de se montrer.

De plus, très lourdes au plan financier, les interventions qui leur sont proposées ne sont bien sûr pas accessibles à tous, du fait que la blessure au visage, n'étant pas considérée comme une infirmité, n'ouvre pas droit à une pension d'invalidité.

Si lors du traité de Versailles, en juin 1919, on avait fait venir cinq représentants des grands mutilés de l'hôpital militaire du Val-de-Grâce (alors appelé le « Service des baveux »), on n'était pas allé plus loin et le contraste était trop vif, entre le discours officiel, valorisant l'héroïsme des combattants et plus encore celui des mutilés, et les souffrances vécues au quotidien.

Le 21 juin 1921, deux de ces « grands mutilés », refusant cette situation, décident de créer une organisation, qui aura pour slogan « Sourire quand même » et dont le nom sera l'*Union des Gueules cassées*, en hommage à son futur président, le colonel Picot, un officier breton, grièvement blessé par un éclat d'obus au visage, qui lui avait arraché un œil, en janvier 1917. Député de la Gironde et futur sous-secrétaire d'État à la Guerre en 1926, sous Aristide Briand, il avait lancé cette expression un jour où, la tête encore emmaillotée, on lui avait refusé l'entrée d'une fête patriotique. Voyant un député passer, en présentant sa carte et en annonçant « député », il y était allé au culot et avait de même sorti la sienne, en annonçant « Gueule cassée ». Mais la Préfecture de Police refusant d'enregistrer cette appellation, elle sera l'*Union des Blessés de la Face et de la Tête* et réunira donc les survivants de la Première Guerre, affectés de séquelles physiques graves. De séquelles au visage, mais aussi de séquelles psychologiques, avec ceux souffrant de ce que l'on a nommé le *syndrome de stress post-traumatique*, qui se manifestait, selon les cas, par des tremblements incessants, pouvant aller jusqu'à l'impossibilité de se tenir debout, des crises de terreur à l'évocation de la vie au front, des hallucinations et des crises de folie.

Longtemps, ces associations travailleront surtout à se procurer les fonds nécessaires à leur mission, sollicitant des subventions de la part des municipalités, généralement bien disposées à leur égard, organisant des ventes de charité et des représentations théâtrales, avec la participation d'artistes bénévoles. Mais il faudra attendre le dépassement des difficultés financières des années 1920, pour voir les choses avancer.

L'Office national des mutilés, créé dès 1916 et doté en 1919 de comités départementaux, ayant pour mission d'organiser rééducation et placement, d'abord rattaché au ministère du Travail, rejoindra en 1926 l'Office national des Pupilles de la Nation (➔) au sein de l'Office national des anciens combattants, dépendant du ministère des Pensions.

Parallèlement, une loi de 1924 assurera l'emploi obligatoire des mutilés de guerre, avec obligation aux entreprises de plus de dix salariés d'employer des pensionnés et des veuves de guerre – avec un quota de 10 % – et instaurera un pourcentage obligatoire d'emplois réservés (cf. ci-dessous).

En 1927 sera décidée la construction d'une Maison des Défigurés de la face, qui sera inaugurée par le président de la République, au château de Moussy-le-Vieux, en Seine-et-Marne.

En 1930 seront créés des pensions pour les mutilés et victimes de guerre, ainsi que des centres de rééducation.

Mais la grande aventure de l'association sera à un autre plan. Dès le début des années 1930, l'État va lancer des tombolas au profit des Gueules cassées et d'autres associations de victimes de guerre (*Ailes brisées, Amputés de guerre, Aveugles de guerre, Blessés du poumon, Mutilés des yeux*[10], *Plus Grands Invalides...*), dont le premier billet est solennellement remis au président de la République, lors de sa visite à Moussy-le-Vieux. Avec des lots allant de la bicyclette à l'avion de tourisme, le succès sera si énorme que l'on fondera en 1933 la *Loterie nationale* au profit des anciens combattants et des calamités agricoles.

Un seul problème : le prix de ces billets, qui est de 100 francs, est un peu trop cher pour être à la portée de tous. C'est alors que les

10. Association fondée en 1923, devenue « Association nationale des mutilés des yeux de France et des colonies », comptant en 1930 plus de 100 000 membres, qui avait également ouvert une maison à Paris, dès 1931.

« Gueules cassées » ont l'idée d'en acheter en série, pour les fractionner en « dixièmes » et les revendre à un prix abordable, ce que l'État officialisera en 1935. La vente en sera réservée aux membres de l'association, dont les billets seront réputés « porter chance ».

Emplois réservés et avantages

Les premiers, instaurés en 1924, étaient destinés à assurer le reclassement professionnel dans la fonction publique des invalides de guerre et des veuves de guerre non remariées.

Pour mieux les aider, on a également utilisé d'autres leviers, avec d'abord l'attribution de bureaux de tabac, offerts notamment à de nombreuses veuves de guerre qui pouvaient, à leur choix, les exploiter directement ou les mettre en gérance. Un autre de ces leviers consistera, pour les filles d'officier, à les accueillir gratuitement à l'école de la Légion d'honneur, à Saint-Denis. Un autre enfin, à l'initiative de certaines municipalités, sera l'attribution de jardins ouvriers, parallèlement à l'instauration de places réservées dans les autobus, les tramways et le métro.

L'organisation du deuil

> *J'ai bien connu ma grand-mère, dont un fils avait été porté disparu, en 1915. Contrairement à d'autres, elle n'a jamais « pris le deuil ». Toute sa vie, envers et contre tout, elle a, sans vouloir l'avouer, attendu son retour. Je la revois encore, à plus de quatre-vingts ans, tressauter de son fauteuil, lorsque l'on sonnait à la porte, et se précipiter pour aller ouvrir...* (Gilbert Teyssier)

Au lendemain de la guerre, pourtant, le deuil s'est organisé...

Chez soi, d'abord. Chaque famille, derrière ses volets, qui restent parfois clos à jamais, assume le sien, selon sa culture et sa foi.

Beaucoup aménagent de petits autels-reposoirs, où le portrait du ou des défunts, en grande tenue militaire, avec cadre et marie-louise sophistiqués, est associé aux décorations et parfois entouré de bougies ou de cierges.

L'ampleur des pertes et la souffrance des familles contraignent l'État à intervenir. On aide à organiser les rapatriements de corps, lorsqu'ils sont possibles – c'est-à-dire lorsqu'il y a un corps – et l'on instaure les pèlerinages gratuits annuels, vers les cimetières militaires.

> *Après la guerre, j'avais dix ans, j'ai fait le voyage en Argonne, avec mes parents, pour retrouver le corps de mon frère.* (MICHELINE GALLERY)

Parallèlement à la décision relative au Soldat inconnu, on encourage l'érection des Monuments aux morts, dont la France entière va bientôt se couvrir. Non parfois sans heurts, avec là encore des douleurs ravivées, et de cruelles absences : celles des non-morts pour la France.

Les disputes vont bon train au sein des conseils municipaux, quitte à être parfois l'occasion de règlements de comptes. Ainsi, au Moutaret, dans l'Isère, où l'on a vu l'instituteur-secrétaire de mairie, Adolphe Rattaire, le jour où est tombé son troisième fils, reprocher à son maire socialiste et pacifiste d'avoir fait échapper son propre beau-fils à la mobilisation. Non content de le limoger, le maire, rancunier, fera en sorte que les noms des trois fils de son ennemi ne figurent pas sur le monument communal, en le réservant aux soldats nés sur le territoire de la commune, ce qui n'était pas leur cas. Et il faudra attendre… 2008 et la restauration dudit monument, pour voir cet « oubli » réparé.

DOSSIER

Les Monuments aux morts

Le concept n'est pas très ancien. Il remonterait à Lucien Bonaparte qui, brièvement ministre de l'Intérieur de son frère, avait proposé en 1800 la construction de « Colonnes départementales », élevées « à la mémoire des braves du département, morts pour la défense de la patrie et de la liberté ».

Quelques très rares monuments avaient ensuite été érigés pour commémorer les soldats morts pendant la guerre de 1870, ainsi à Vic-en-Bigorre (1889), Montauban (1895), Aurillac (1906)...

Au lendemain de la Grande Guerre, l'ampleur des pertes et la souffrance des familles feront voir en eux la solution idéale.

Pendant que des plaques commémoratives sont scellées dans de multiples lieux (écoles, églises, mairies, gares...), municipalités et associations d'anciens combattants vont se mobiliser et, en quelques années, le pays tout entier va les voir s'élever. En principe un par commune, avec 30000, construits entre 1918 et 1925, soit en moyenne quinze inaugurations par jour ! Un mouvement qui s'étalera sur plusieurs années, voire davantage, puisque la commune de Fontaine-le-Comte, près de Poitiers, ne se dotera d'un monument que dans les années 1990, laissant ce jour-là la petite commune de Palazingues, près de Brive, en Corrèze, comptant un peu moins de 200 habitants en 1914, comme la seule commune de France à ne pas en posséder, tout simplement pour avoir eu la chance de ne compter aucun mort parmi ses mobilisés.

Le coût est évidemment souvent élevé, surtout pour une petite commune, même en se contentant d'une stèle sobre et simple, d'une colonne ou d'un obélisque – formule rencontrant un grand succès. Certes, la loi de Finances de 1920 accorde une subvention aux municipalités, mais seulement à hauteur de 4 à 15 % du prix du monument, que le moindre ajout vient facilement doubler.

Les municipalités des petites communes passent parfois par une souscription publique et sont aidées des associations d'anciens combattants. Certains monuments, comme à Devise, dans la Somme, sont carrément financés par le maire. Ici, Jacques Roger Tattegrain, qui en profite pour faire représenter la France sous les traits de Mlle Agasse, l'institutrice du village, dont il était amoureux et qui avait obtenu, en 1921, la médaille de la reconnaissance française, pour son courage et son dévouement. À La Forêt-du-Temple, dans la Creuse, il est financé par un habitant de la commune, Alexandre Bujardet, dont les trois fils ont été tués, et qui fit graver au dos le nom de son épouse, avec l'épitaphe « morte de chagrin ».

Tout un marché s'organise, avec des catalogues spécialisés, proposant toutes les formules concevables, que certains sculpteurs construisent véritablement en série, en sachant récupérer le monopole du marché d'une région. Certains font preuve de beaucoup de talent, comme l'artiste sculptant sur celui de Capoulet-et-Junac, dans l'Ariège, trois têtes représentant la peur, la souffrance et la mort, qui lui vaudra d'être classé « monument historique » en 2007.

« Monuments d'un État laïc à ses citoyens-soldats », ils entendent participer à la mise en scène des valeurs républicaines. Presque tous dépourvus de signes religieux, ils sont dans leur majorité élevés sur la place publique, devant la mairie ou une école, au cœur des vivants.

Mais si toute commune a le sien, les différences économiques, les divergences de sensibilité, les engagements politiques et idéologiques ont fait que cet élan général a souvent abouti à des réalisations on ne peut plus hétérogènes.

Si la loi du 25 octobre 1919 a prévu que ces monuments devaient participer à la « commémoration et la glorification des morts pour la France au cours de la Grande Guerre », deux grands courants ont présidé à leur construction : un courant patriotique et un courant pacifiste, le premier, prolongeant la culture de la guerre, glorifiant ceux qui se sont sacrifiés pour la victoire, le second honorant ceux qui se sont battus pour la paix, pour que cette guerre soit la « der des der » et manifestant respect et sympathie aux familles en deuil. D'un côté la guerre magnifiée, de l'autre la guerre honnie, comme inutile et inhumaine.

Si tous les monuments listent, généralement en lettres d'or, le nom des enfants de la commune « Morts pour la France » (et donc uniquement ceux reconnus comme tels ➔), quelques-uns ajoutent ceux morts après leur retour, de leurs blessures de guerre, les nommant tous indifféremment « Enfants chéris de la Patrie » ou les disant « tombés au Champ d'honneur », les formules se révélant ici très diverses.

Déjà la colonne, toute simple, divise, entre ceux la voulant entière et ceux la préférant brisée, pour évoquer symboliquement le destin injustement interrompu.

Au plan de la statuaire, si le classique poilu reste neutre et d'un prix abordable – surtout lorsqu'il est réduit à un buste –, il n'en reste pas moins qu'on peut le préférer debout, le fusil à la main, voire partant à l'assaut et couvert de lauriers, ou encore piétinant un aigle, incarnant évidemment l'empire allemand[11]. On le représente parfois blessé, mourant ou mort, allant même jusqu'à lui préférer un squelette, brandissant un drapeau (ainsi au Mort-Homme, près de Verdun). Sinon, beaucoup de modestes villages optent pour un simple coq, au prix avantageux, et qui a le mérite d'être à la fois patriotique, républicain et même un soupçon calotin, pour faire écho à celui du clocher de l'église.

Au plan des ornements, la panoplie est on ne peut plus large. Qu'il s'agisse des « gadgets » optionnels, aux prix raisonnables, comme feuilles de chêne et couronnes de lauriers, symboles respectifs des vertus civiques et militaires, casques, palmes, croix de guerre, urnes funéraires..., ou que l'on veuille, au contraire, se lancer dans des ornements lourds – et donc coûteux – avec l'adjonction d'autres personnages: des civils, comme souvent une femme, la mère ou la veuve, ici tenant un bouquet et là pleurant. Des personnages que l'on veut réalistes, au point de prendre pour modèles des habitants de la commune. C'est Marie-Jeanne Nézet, à Fouesnant, dans le Finistère, qui a perdu ses trois fils sur le champ de bataille. C'est Sébastien Le Gouill, à Plozévet, dans le Finistère, vieillard digne mais anéanti, qui a perdu ses trois fils et ses deux gendres.

Mais c'est au plan des inscriptions, slogans et devises, que les sensibilités vont le plus diverger et s'exprimer le plus violemment.

Un petit inventaire des inscriptions pacifistes, contestataires et iconoclastes rencontrées à travers l'Hexagone, ne manque pas de pittoresque. Slogans calmes, comme à Lezoux, dans le Puy-

11. Une telle représentation, retenue à La Ferté-Macé, dans l'Orne, sera retirée par les Allemands sous l'Occupation.

de-Dôme, où hommage est rendu « aux victimes de la guerre, à ceux qui ont combattu pour l'abolir », ou plus intellectuels, comme celui de La Grand'Combe, dans le Gard, appelant « À la victoire du droit ! ».

Mais pour vouloir parfois dénoncer les abus du système et mettre en garde les générations futures, on ira des formules les plus simples aux plus sophistiquées. « Maudite soit la guerre », crient d'une même voix les monuments de Balnot-sur-Laignes, dans l'Aube, d'Equeurdreville, dans la Manche et de Gentioux, en Creuse, avec ici un enfant levant le poing. « Guerre à la guerre », répondent en écho des monuments de l'Yonne et de l'Aube, à Sainte-Savine, Les Noës-près-Troyes, Gy-l'Évêque et Chevillon, ces deux derniers ajoutant « Paix et fraternité entre tous les peuples ! ». « Apprenons à supprimer la guerre », lit-on à Rocles, dans l'Allier, alors que le message de celui de Clans, près de Nice, se veut nettement plus contestataire : « Maudits soient les responsables de la guerre et honneur à ceux qui ont travaillé pour la paix. » Ailleurs, on n'hésite pas à recourir aux citations. Paul Valéry, à Saint-Apollinaire, avec la célèbre phrase : « La guerre est le massacre de gens qui ne se connaissent pas au profit de gens qui, eux, se connaissent mais ne se massacrent pas. » Anatole France, à Mazaugues, dans le Var : « L'union des travailleurs fera la paix du monde. » Émile Auguste Chartier, à Costaros (Haute-Loire), avec un slogan philosophique « Le courage nourrit les guerres, mais c'est la peur qui les fait naître. » À moins de ne préférer, comme à Château-Arnoux (Alpes-de-Haute-Provence) le pathétisme des vers lamartiniens écrits par l'instituteur du village[12].

---

12. *Vers de* Victor Maurel, maire et instituteur :
Passant incline-toi devant ce monument !...
Vois cette femme en deuil montrant les hécatombes
Ses yeux taris de pleurs, scrutent au loin les tombes
Où dorment tant de preux, victimes du moment !...
Ils firent ces héros le solennel serment
De fermer à jamais les noires catacombes
Arrière, disent-ils, les obus et les bombes
Et sois bénie, ô paix, sœur du désarmement !...
Passant, incline-toi ! Regarde cette mère !...
Elle clame à son fils : « la gloire est bien amère
La gloire, ô mon enfant, est là, chez nos grands morts
Mais, sache désormais, que la guerre est un crime
Qu'elle laisse après elle, à de cuisants remords,
Ceux qui firent sombrer les peuples dans l'abîme.

Le monument plus bavard est sans aucun doute celui de Saint-Martin-d'Estréaux, dans la Loire, élevé par un maire communiste, Pierre Monot, qui ne lésinait pas sur les lignes, au point de couvrir trois panneaux monumentaux[13] du plus long et violent réquisitoire jamais lu. Le contraste est fort, avec ceux d'Avion et de Peille, dans le Pas-de-Calais et les Alpes-Maritimes, qui se limitent au sobre commandement biblique « Tu ne tueras point » ! Avec celui de Lavercantière, dans le Lot, sans doute le plus émouvant de tous, avec son « Pauvres drôles ! », autrement dit « pauvres garçons ! », en patois occitan.

Citons aussi le très particulier monument de Strasbourg, inauguré en 1937 par le président de la République Albert Lebrun. Une sculpture représentant une mère et symbolisant la ville tient sur ses genoux ses deux enfants, l'un allemand et l'autre français, mourants et nus, sans l'uniforme qui aurait permis de les distinguer. L'inscription « À nos morts » se garde de mentionner la patrie pour laquelle ils se sont battus, avant que la mort ne les rapproche.

Sans oublier de nombreux monuments commémoratifs, érigés sur les lieux des batailles ou plus particuliers encore comme l'Ossuaire de Douaumont et son cloître (cf. page 301).

---

13. Les textes complets sont:
Si vis pacem para bellum !... ou « Si tu veux la paix prépare la guerre !... » est une devise dangereuse. *Si vis pacem para pacem !...* ou « Si tu veux la paix prépare la paix !... » doit être la formule de l'avenir.
C'est-à-dire qu'il faut améliorer l'esprit des Nations en améliorant celui des individus par une éducation assainie et largement répandue. « Il faut que le Peuple sache lire » et surtout comprendre la valeur de ce qu'il lit.
Bilan de la guerre : Plus de douze millions de morts ! « Autant d'individus qui ne sont pas nés ! » Plus encore de mutilés, blessés, veuves et orphelins. Pour d'innombrables milliards de destructions diverses. Des fortunes scandaleuses édifiées sur les misères humaines. Des innocents au poteau d'exécution. Des coupables aux honneurs. La vie atroce pour les déshérités. La formidable note à payer. La guerre aura-t-elle enfin assez provoqué de souffrances et de misères... ? « Assez tué d'hommes... ? » Pour qu'à leur tour les hommes aient l'intelligence et la volonté de tuer la guerre... ?
Si tout l'effort produit... « Et si tout l'argent dépensé... pour la guerre l'avaient été pour la paix... ? » Pour le progrès social, industriel et économique ? « Le sort de l'Humanité serait bien différent... » La misère serait en grande partie bannie de l'univers et les charges financières qui pèseront sur les générations futures, au lieu d'être odieuses et accablantes, seraient au contraire des chances bienfaisantes de félicités universelles.
Maudits soient la guerre et ses auteurs !

Ailleurs: En Italie, des centaines de monuments aux morts seront élevés et les corps des soldats enterrés dans les cimetières de fortune seront ramenés par Mussolini dans les grands sacrari (sanctuaires) glorifiant la patrie.

En Allemagne, le pays, ruiné, ne disposant pas des fonds nécessaires pour en faire ériger, beaucoup de villages se contenteront de « livres du souvenir » et les églises ont souvent pris le relais, en faisant graver des listes de noms sur des plaques de marbre avant que le régime hitlérien, en 1933, ne fasse édifier des monuments exaltant l'esprit de sacrifice à la nation.

À noter, également, des **monuments aux victimes civiles**, comme à Nancy ou Hénin-Baumont (Pas-de-Calais), alors que dans plusieurs communes de la région de Valenciennes (Marly, Curgies, Sebourg, Saint-Saulve, Saultain, Saint-Amand, Rumegies, Odomez, Grussignies, Quièvrechain), une plaque aux noms des victimes civiles a été ajoutée à celles des victimes militaires, sur le monument aux morts communal. Parfois au dos de celui-ci, comme à Vicq, dans le Nord, celui de Barthélemy Desormeaux, un enfant de quinze ans, suivi de la mention « tué par une balle allemande », sans autre précision.

Ailleurs, on les trouvera en mairie, comme celle apposée dans le hall de la mairie de Chauny et donnant les noms de 111 morts civils.

Enfin, des monuments d'un autre type seront encore élevés, comme celui de Paul Landowski, sur la butte de Chalmont, près d'Oulchy-le-Château, en hommage aux poilus sacrifiés: sept soldats semblant pétrifiés, le corps légèrement penché en avant, incarnant les morts qui se relèvent, dans la douleur et la souffrance. Poilus sacrifiés, redressés dans la mort et rendus à la mémoire des hommes...

DOSSIER

Morts et « non-morts » pour la France

Recherche d'une appellation sédative, d'une molécule sémantique ?

L'armée, le gouvernement, les familles : au lendemain de la guerre, tous ont besoin d'euphémismes, de formules apaisantes et en même temps valorisantes.

La première du genre a été celle de « mort au Champ d'honneur », inspirée par un poème anglais, intitulé *In Flanders Fields*, et écrit en Belgique en mai 1915, en pleine bataille des Flandres, par un médecin militaire canadien, le colonel Mac Crae, à Boezinge. Un poème qui est rapidement devenu extrêmement populaire au Canada, où il a été appris dans les écoles anglophones et a vu certains de ses vers imprimés sur les billets de dix dollars canadiens. Il a été traduit en français par un historien canadien (L.J. Pariseau) qui a remplacé les « champs des Flandres » par un « Champ d'honneur » bien dans l'air du temps.

Au Champ d'honneur, les coquelicots
Entre les croix de lot en lot
Qui marquent leur place ; et dans le ciel
Les alouettes chantent encore courageusement, volant
Leur rare chant mêlé au sifflement des fusils.
Nous sommes les morts,
Nous qui songions la veille encore
À nos parents, à nos amis,
C'est nous qui reposons ici,
Au Champ d'honneur,
À vous jeunes désabusés,
À vous de porter l'oriflamme
Et de garder au fond de l'âme
Le goût de vivre en liberté.
Acceptez le défi, sinon
Les coquelicots se faneront
Au Champ d'honneur

Lorsque l'on cherchera une appellation officielle à donner aux tués de la Grande Guerre, on optera plus simplement pour « mort pour la France », affirmant clairement la gratitude de la Nation envers ses enfants, qu'elle reconnaît comme des héros. La formule devient une récompense morale, visant à honorer le sacrifice des combattants morts en service commandé comme aussi celui des victimes civiles, à condition pour ces derniers d'être de nationalité française.

Créée en avril en juillet 1915 (avec effet rétroactif), son attribution sera soumise à des règles d'autant plus strictes que le Code des pensions veut qu'elle soit reportée par les officiers d'état civil, en marge des actes de naissance des intéressés.

Cette mention a été décernée sur demande expresse, généralement faite par l'armée ou par la famille, qui doit prouver que la cause du décès est la conséquence directe d'un fait de guerre. Elle a été également accordée à quelques civils[14].

Cette « étiquette » est d'autant plus capitale qu'elle permet d'obtenir :
- que le nom de la victime soit inscrit sur le monument aux morts de la commune ;
- la remise à la famille d'un Diplôme d'honneur, intitulé « Aux morts de la Grande Guerre, la patrie reconnaissante » ;
- pour les enfants, d'être reconnus Pupilles de la Nation (➔) ;
- pour la veuve, la possibilité d'adhérer à une caisse mutualiste de retraite et de profiter de mesures fiscales ;
- le transfert et la restitution du corps de la victime et l'inhumation dans un cimetière de son choix, le tout aux frais de l'État, ou à défaut un voyage gratuit annuel, pour se rendre sur la sépulture en cimetière militaire.

---

14. Le statut de « mort pour la France », d'abord accordé aux militaires des armées tués à l'ennemi, morts de blessures de guerre, décédés de maladie (imputable au service) ou lors d'un accident survenu en service, sera accordé par une loi de 1922 :
- aux marins du commerce victimes d'événements de guerre ;
- à tout personnel soignant, hospitalier ou religieux, ayant succombé à des maladies contractées au contact des blessés et malades ;
- à toute personne décédée des suites de violences constituant une conséquence directe de faits de guerre ;
- à tout membre des forces du maintien de l'ordre tombé en service commandé (policiers, sapeurs-pompiers).

Plus de 1,3 million de militaires décédés (1 357 800) au cours de la Grande Guerre l'ont obtenue, qui figurent dans la base mise en ligne par le ministère de la Défense, sur son site *Mémoire des Hommes* (➜), à la différence des « non-morts pour la France ».

« Non-morts pour la France »

Près de 100 000 décédés n'ont pas bénéficié de la mention « mort pour la France » : soldats sans famille, orphelins ou combattants indigènes (Afrique, Algérie, Indochine), pour lesquels personne ne cherchera à apporter la preuve que la cause du décès était bien la conséquence directe d'un fait de guerre. Une base informatisée, rassemblant les fiches de 97 446 individus, est interrogeable en ligne, sur le site Genealogie.com (➜).

Un peu partout aussi, les municipalités vont travailler au devoir de mémoire, notamment au travers des choix de noms de rues, qui ont toujours été le reflet de l'histoire.

À Paris, la rue de Berlin avait durant le conflit été baptisée rue de Liège et l'avenue Jean-Jaurès avait remplacé la rue d'Allemagne, comme la rue Richard-Wagner avait pris le nom d'Albéric-Magnard, un musicien français, que les Allemands avaient assassiné en 1914, dans sa propriété de l'Oise.

Au lendemain de la guerre, les rues de France vont recevoir les noms de nouveaux héros, ceux du maréchal Gallieni, de l'aviateur Guynemer ou de l'infirmière britannique Edith Cavell, ou encore ceux des souverains et chefs d'État alliés, comme le roi des Belges Albert Ier ou le président américain Wilson. D'autres honoreront également des héros plus humbles et discrets, avec notamment les cas de fratries décimées. Voilà, à Paris encore, celle des Quatre-Frères-Peignot, quatre typographes de l'Imprimerie nationale. À Saint-Malo, la rue des Six-Frères-Ruellan. À Evette-Salbert, dans le Territoire de Belfort, celle des Cinq-Frères-Jardot. À Vannes, celle des Quatre-Frères-

Crapel et des Quatre-Frères-Créac'h ; à Rambervillers, dans les Vosges, celle des Quatre-Frères-Bonlaron ; à Carantec, dans le Finistère, celle des Trois-Frères-Tanguy ; à Saint-Jean-d'Angély, celle des Trois-Frères-Gautreau…

La redistribution des cartes

Comme après toutes les guerres, les cartes, à la fin de celle-ci, seront redistribuées. Les uns ont changé de région ; les autres de métier. Des familles ont été ruinées ; quelques-unes se sont enrichies. Des fils d'ouvriers se sont retrouvés patrons ; des fils de patrons ouvriers… À cause de la guerre, ou grâce à elle. Le charron berrichon Désiré Godinat s'est retrouvé à la caisse d'un bureau de tabac, à Biscarosse ; les fils de Me Henriot, notaire, se sont retrouvés commis aux écritures ; la femme d'un gros propriétaire foncier creusois s'est retrouvée locataire d'une des maisons qu'elle avait dû vendre…

Conséquence inattendue de cette guerre, la loi du 2 juillet 1923, votée pour permettre de perpétuer les noms des citoyens « morts à l'ennemi sans postérité » et derniers de leur nom, permettra à leurs plus proches parents de relever ce nom en l'ajoutant au leur. D'abord au plus proche de ses successibles, puis, si celui-ci ne l'exerce pas, aux suivants dans l'ordre légal, jusques et y compris le sixième degré.

Voilà comment, alors, des familles bourgeoises ont récupéré la magique particule dont elles souffraient parfois jusqu'alors de manquer. Armand Marquiset fut ainsi autorisé à se nommer de Marsquiset-Benoist de Laumont, pour relever le nom de la famille de sa mère, dont le frère, dernier du nom, était tombé en 1915. Une famille Pallienne devient Pallienne du Plaix, des Garrigou Garrigou-Lagrange David de Lastours, des Lafabrègue La Fabrègue de Pallarès, comme plus tard des Le

Hir se mueront en Le Hir de Fallois et comme bien d'autres encore, qui le plus souvent, au quotidien, simplifieront les choses, pour n'être connus que sous le dernier nom (ainsi « Marquiset de Lomont », si ce n'est « de Lomont »)...

Comme toutes les guerres, enfin, celle-ci aura aussi redistribué les donnes politiques. Comme les Résistants après la Libération, avec pour « aristocratie » le solidaire et puissant réseau des Compagnons, les anciens combattants de la Grande Guerre vont, dès leur démobilisation, s'organiser. Sociétés d'assistance et de secours et associations d'entraide se multiplient, lobby d'autant plus fort qu'il réunit des générations actives et concentre l'essentiel des forces vives du pays. Il n'est pas de réussite politique possible sans leur appui. On a vu que le prestige de son quadruple deuil de père a ouvert en 1931 à Paul Doumer les portes de l'Élysée et à la même époque, au fond du Morvan, sa qualité d'ancien combattant permettra à mon arrière-grand-père – ce sera là ma contribution personnelle – d'asseoir sa notoriété et de réaliser ses ambitions politiques locales.

Né en 1875, fils d'un mineur creusotin, Marcel Beaucarnot, aidé de la protection des Schneider suite à la mort accidentelle de son père, avait bien réussi dans les affaires, à Paris, et terminé ses quatre années de guerre avec des galons de lieutenant. En 1921, il avait acheté une propriété dans un village des environs de sa ville natale et caressait le projet de ceindre un jour l'écharpe tricolore de maire.

Dès son arrivée, il avait sympathisé avec le receveur des postes, qui faisait également des tournées de facteur. Le fonctionnaire appréciant sa personnalité et ses ouvertures avait été rapidement convaincu qu'il ferait un excellent maire. Il lui avait offert son aide, sa position stratégique faisant de lui un agent électoral idéal, et lui avait soumis son plan. Puisque la commune n'avait pas encore d'association d'anciens combat-

tants, le Parisien – au demeurant radical, le parti ayant le vent en poupe – allait la proposer et la former, s'en ferait confier la présidence et pourrait ainsi prouver sa valeur, connaître les électeurs et gagner leur confiance. Le curé, ajoutait-il, leur était par ailleurs acquis. Ce qui fut proposé fut fait et, dans les années 1930, le tandem enleva haut la main la mairie, que mon arrière-grand-père conservera jusqu'à sa mort, comme son fils plus tard, jusqu'en 1987, quelque cinquante ans après la photo ci-dessous, montrant Marcel, au centre, entouré de ses soutiens, dans les années 1930.

DOSSIER

Les tout-puissants anciens combattants

Dès le lendemain de la guerre, et comme dans la plupart des pays belligérants, des associations d'anciens combattants vont naître et se multiplier. Emboîtant le pas à celles que l'on avait déjà commencé à créer pour les mutilés, elles seront pour le gouvernement un enjeu capital.

Si la Révolution russe a frappé les esprits, des grèves vont éclater un peu partout, dès juin 1919, pour réagir notamment contre la cherté de la vie et les prix qui s'envolent, face aux salaires qui restent bloqués. Des grèves parfois violentes, comme celle des métallos parisiens, avec 20 000 grévistes dans le métro.

Craignant que les anciens combattants mécontents ne se joignent aux contestataires, on se hâte de prendre des mesures concrètes. On institue ainsi une prime de démobilisation de 250 francs, majorée de 20 francs par mois de séjour au front, et l'on exonère les démobilisés et les veuves ayant de faibles revenus des impôts dus pendant les années de guerre. Parallèlement, on crée la Carte de combattant (➔) et toute une panoplie de médailles (➔), en même temps que l'on travaille à une loi « de réparation », avec l'octroi de pensions (➔).

Mais l'on va surtout s'efforcer d'organiser très rapidement le monde des anciens combattants, avant que l'opposition de gauche ne s'en charge.

Ainsi va naître l'U.N.C. (*Union nationale des combattants*), créée le 11 novembre 1918, le jour même de l'armistice, sur l'idée d'un aumônier militaire, le père Brottier, qui s'appuiera sur des hommes d'œuvres et des catholiques sociaux, pour couper l'herbe sous le pied à l'Association républicaine des anciens combattants et à l'Union fédérale, pourtant sur les rails dès 1917, alors que la guerre faisait encore rage.

Ainsi appuyée par l'Église, l'armée, les milieux d'affaires et le gouvernement, l'U.N.C. va dès sa première assemblée générale, en février 1919, toucher soixante-douze départements et compter près de 100 000 membres, alors qu'elle va toucher 100 000 francs de subvention octroyés par Clemenceau, doublés bientôt d'une somme équivalente, offerte par le P.L.M. – un geste de remerciement pour l'avoir aidé à surmonter la grève des cheminots de 1920, en dissuadant les anciens combattants d'y participer. Trois ans plus tard, en 1921, l'U.N.C. réunira 317 000 cotisants, pour 255 000 à l'U.F., alors que d'autres associations voient le jour, parfois très politisées, comme l'*Association républicaine des anciens combattants*, d'Henri Barbusse ou la *Fédération ouvrière et paysanne*. Mais ces clivages politiques s'estomperont cependant assez vite, pour laisser au monde combattant toute sa force de travail et de lobbying.

Avec des vocations multiples, allant de l'entraide et de la défense des combattants à la promotion des espérances de paix, tout en passant par le culte du souvenir et la promotion des valeurs patriotiques, ce monde associatif servira également bien souvent des intérêts personnels.

Regroupant plusieurs milliers d'associations et de sections locales et communales – chaque commune a la sienne –, intégrant veuves et orphelins de guerre, ainsi que toute personne touchée par le conflit, il dépassera les trois millions d'adhérents dans les années 1930.

Par voie de conséquence, il se trouvera investi d'une puissance d'autant plus forte que les militaires démobilisés, âgés de vingt à cinquante ans, constituent la génération qui se retrouve aux commandes du pays, tant au plan économique que politique. Constamment entretenue par défilés et banquets commémoratifs, leur influence, au cours des vingt années à venir, sera donc totale, et la Carte du combattant un sésame efficace, notamment lors des démarches auprès de l'Office national des anciens combattants.

Durant tout l'entre-deux-guerres, le lobby des anciens combattants aura un poids politique considérable, tant au plan local que national, quitte à ce que l'on observe parfois des abus ou des dérapages, ainsi dans ce village de la Haute-Marne, où les familles des poilus devaient, à leur décès, verser une obole à l'association locale, pour que le cercueil du défunt soit recouvert du drapeau tricolore…

X.
Plaies et fantômes…

Des héritages étranges

Je ne possède que cette photographie de mon grand-père, ancien combattant de 1914 et ancien prisonnier de guerre.

Natif de Toulouse, il avait eu une vie dure, mais avait réussi, avant de partir pour la guerre, à construire lui-même une maison, avec l'aide de ses parents et de sa femme, lavandière. Il rentrera malade, restera un an alité, et sera tout le reste de sa vie obsédé de se voir reconnaître comme soldat qui n'a pas failli et prisonnier de guerre, avec les souffrances endurées dans les camps.

Il mourra finalement de la tuberculose – maladie soigneusement tue dans sa famille. Il est vrai que celle-ci avait été d'autant plus éprouvée qu'un de ses frères avait « fait des bêtises », en donnant dans une tranchée un coup de poing à un de ses supérieurs, ce qui s'était su et avait évidemment fait jaser…

Tout cela a contribué à faire planer sur les générations suivantes l'ombre de ce grand-père, marquant plusieurs d'entre nous. Par contre, si j'ai moi-même réussi à me reconstruire, notamment en consacrant une étude à sa vie de combattant et de prisonnier, j'ai été victime d'une erreur chirurgicale à un pied, dont les douleurs sont qualifiées de « douleurs du membre fantôme » et je viens de découvrir, par mes travaux – on n'en avait jamais parlé – que ce grand-père était lui-même revenu du front, porteur des mêmes souffrances, suite à une blessure sur le front de Champagne[1].

Et, comme en écho de ce témoignage, un autre évoque la curieuse situation d'une famille normande.

Mon arrière-grand-père était à la fois cultivateur et hongreur; sa femme, couturière. Quatre de leurs cinq fils vont partir à la guerre et les deuils se succéder, avec la mort de trois des fils, le décès d'une petite-fille – fille de l'un d'eux – puis de la mère et enfin d'un quatrième fils – mon grand-père – tombé en 1918…

On imagine la douleur de cet aïeul et ce qu'il dut ressentir lorsque, conseiller municipal, il votera le budget d'érection du monument aux morts… Ma grand-mère, épouse de l'un des fils tués, établie à Paris, aura beaucoup de mal à s'en sortir.

Mais le plus curieux est ailleurs. Ce grand-père poilu avait été « blessé par éclat d'obus, étant en corvée d'eau » – il mourra de ses blessures, pendant son transport vers l'ambulance – et son livret militaire précise « plaie au séton de l'épaule, avec lésion du poumon, et plaie à la joue gauche ». Lorsque, vingt ans plus tard, mon père sera à son tour blessé, à la deuxième guerre, la feuille d'observation de l'hôpital où il sera soigné,

1. Témoignage de Jean-Claude Auriol, auteur des *Barbelés des bannis*, éditions Tirésias.

indiquera « plaie face latérale droite du visage ; plaie face antérieure hémithorax droit ». Une coïncidence ? Cette similitude en miroir ne pouvait que profondément le troubler[2]*…*

Avec toujours le silence des combattants revenus ou les non-dits des familles pleurant leurs disparus, voici cependant d'autres témoignages, qui vont faire changer de registre…

Fille de bourgeois et gros propriétaires de la Mayenne, ma grand-mère avait connu mon grand-père, un officier issu d'un milieu très simple, lorsqu'il était en garnison à Vitré, et l'avait épousé en 1910.

Selon le scénario classique, il tombera en mai 1915, la laissant veuve avec trois enfants et enceinte d'un quatrième, et elle verra, ce jour-là, son destin basculer.

L'avenir sera difficile, mais elle fera face, en travaillant çà et là. Pourtant, si elle saura toute sa vie se montrer digne, elle sera incapable de parler de son mari. Murée dans son chagrin, elle croira bon de ne pas y associer ses enfants.

Elle ne leur parlera jamais de leur père et tous ressentiront douloureusement ce non-dit et en souffriront. Plus particulièrement ses trois filles.

L'aînée, plutôt introvertie, la dernière, l'enfant posthume, radicalement égocentrique, la deuxième, ma mère qui enchaînera les dépressions manifestement dues à l'absence de père, et qui aura elle-même plusieurs de ses enfants perturbés par ce souvenir fantôme, qui pèsera donc jusqu'à aujourd'hui sur les descendants de celui tombé voilà près d'un siècle[3]*…*

2. Témoignage d'Hélène F.
3. Témoignage de Marie-Françoise Durand.

Ma famille habitait Maubeuge, dans le Nord.

Pendant que mon grand-père, mobilisé, se battait au front, ma grand-mère et leur fille – ma mère, âgée d'une dizaine d'années – ont été envoyées en Allemagne pour travailler dans une ferme – où elles ont heureusement été très bien traitées. Rapatriées un peu avant la fin de la guerre par la Croix-Rouge suisse, ma grand-mère a été victime de la grippe espagnole et est morte en 1919.

Ne pouvant élever seul sa fille, mon grand-père, démobilisé, a mis ma mère dans une bonne pension, en Belgique, où elle pourra décrocher son brevet et faire carrière dans les Postes. Pourtant, traumatisée par ce qu'elle avait vécu, elle somatisera durant toute son adolescence, sera près d'un an aveugle, et aura une fille et un petit-fils hystrioniques – on disait alors hystériques. La guerre, décidément, amène plus de problèmes aux hommes qu'elle n'en résout[4]*...*

Il m'a fallu effectuer un long travail de recherches, d'analyses et de psychogénéalogie, pour comprendre que la pathologie dont je souffre aujourd'hui s'est révélée voilà dix ans, au moment de mon vingt-neuvième anniversaire, un 28 avril. J'ai pu enfin avancer dans ma reconstruction, lorsque j'ai su que ce jour correspondait à l'anniversaire de la mort de mon arrière-grand-père, tombé exactement au même âge, au Chemin des Dames, en 1917, événement qui avait valu à sa femme – mon arrière-grand-mère –, devenant veuve et n'ayant pas la moindre ressource, de se voir retirer ses enfants, qui s'étaient retrouvés à l'Assistance publique[5]*...*

4. Témoignage de Jacqueline Rousselot.
5. Témoignage d'Anne Boisseau.

On se souvient également d'une remarque lue à la fin d'un témoignage relatif à une famille où les malheurs s'étaient enchaînés, avec une grand-mère, dont le fiancé a été tué, qui s'était remarié « par dépit », et dont la petite-fille écrit « né d'un mariage sans amour, mon père, élevé sans tendresse, ne saura jamais en donner ».

Mais le mot a été lancé : nous touchons ici à la psychogénéalogie.

Au carrefour de la généalogie et de la psychologie, cette nouvelle discipline, de plus en plus en vogue, consiste à « explorer les transmissions conscientes et inconscientes que nous avons reçues de nos ascendants et qui influencent nos comportements et nos choix de vie ». L'héritage sera tantôt considéré comme positif, apportant des valeurs ou de la force, tantôt comme négatif, pouvant alors nous brimer, lorsque des expériences malheureuses vécues par des ancêtres n'ayant pas trouvé à se dire suintent dans l'inconscient familial, telles des blessures, et passent de génération en génération. En établissant et analysant ce qu'ils nomment des *génosociogrammes*, les psychogénélogistes démontrent que tel choix que l'on croit personnel répond en fait à des attentes de la famille et revient à solder des comptes, à trouver sa place, à réparer une faute, à reproduire un modèle ou au contraire à le rejeter.

Un travail que certains s'attachent donc à faire, afin de pouvoir « poser » les lourdes valises qu'ils portent à la place de leurs ancêtres.

Lucien, ce héros

Cette photographie, qui semble respirer l'harmonie, montre un mutilé de guerre, manifestement entouré de sa femme, de sa fille et de son petit-fils. La fille sourit, exprimant bonheur et gratitude. Le père, discret et décidé, évoque ces hommes de devoir et ces héros de l'ombre. Il n'y a guère que le petit-fils, que l'on sent agité et impatient, comme justement dérangé par cette si grande harmonie…

Un mutilé de guerre, avec sa femme, sa fille et son petit-fils ? Oui ! Une fille heureuse et reconnaissante ? Oui ! Un gamin que cette harmonie dérange ? Peut-être…

Lorsque j'ai entrepris l'arbre généalogique de mon mari, sa mère et sa grand-mère, Jeanne, m'ont dit ne pas pouvoir me renseigner, pour avoir perdu les livrets de famille.

Je me suis débrouillée autrement, et ai ainsi mis les pieds dans un « secret de famille ». Le grand-père de mon mari n'était pas son grand-père biologique. Sa grand-mère l'avait épousé après la guerre et il avait reconnu sa fille, qui était elle-même née quatre ans plus tôt, en 1916.

Forte de cette découverte, j'ai alors prudemment questionné la famille, qui m'a finalement raconté ce qui s'était passé : pendant la guerre de 14, on habitait un petit village de la Marne, tout proche du front, à une quarantaine de kilomètres de Verdun. Les trois plus jeunes filles, âgées de treize à dix-sept ans et toutes célibataires, s'étaient toutes les trois retrouvées enceintes, pour avoir été amoureuses de soldats français, que leurs parents avaient dû loger. Et ces soldats, pères biologiques des enfants, n'étaient malheureusement pas revenus de la guerre...

Trois ans plus tard, la paix revenue, on avait marié Jeanne avec celui que l'on allait plus tard nommer « Pépère Lucien » : un soldat rentré invalide, blessé par un éclat d'obus, dont le bras gauche était paralysé. Ce ne fut pas un mariage d'amour, mais la grand-mère n'était plus « fille mère » : la honte était effacée...

Plusieurs observations, pourtant, me font douter de l'exactitude de ce récit :

– pourquoi ce secret, alors que la situation n'avait rien de vraiment honteux, puisque s'il n'avait pas été tué, le soldat serait revenu ? ;

– « Pépère Lucien » s'est toute sa vie plaint de la froideur de sa femme, au lit ;

– à quoi s'ajoutent des apparences physiques, elles aussi troublantes.

Les sœurs, dès lors, n'auraient-elles pas été violées ?

Je ne suis pas sûre de pouvoir, un jour, retrouver la vérité, mais veux arriver à « démolir » ce secret, qui a pourri les vies des membres de la famille sur plusieurs générations, au point qu'il a failli pousser une fillette au suicide...

Les personnes impliquées sont toutes aujourd'hui décédées, avec en dernier « Pépère Lucien », un héros de la guerre, mais aussi un héros de la famille puisqu'en épousant Jeanne il lui avait rendu sa dignité et avait apporté à sa fille l'amour et la tendresse que celle-ci n'avait jamais reçus[6].

6. Témoignage de Colette Legrand.

Pas facile de tordre le cou aux secrets de famille, savamment organisés et défendus, par ceux qui ont eu besoin de les mettre en place, pour se protéger eux-mêmes ou protéger un être cher.

Pas facile, non plus, d'identifier toutes les traces de cette guerre, de traquer ses fantômes et de panser ses plaies encore vives, tout cela étant aujourd'hui, sinon estompé du moins enchevêtré dans un fouillis de souvenirs au cours incertain, allant souvent se déformant, en passant d'une génération à l'autre.

On pourrait ici lister des centaines de cas et de situations. Dénoncer les prénoms des valeureux soldats morts « au Champ d'honneur », redonnés à des petits-fils ou à des neveux, qui auront dû porter ces deuils et s'en libérer, tout en s'affranchissant aussi du modèle qu'il leur imposait. Prénom de la grande sœur, emportée par la grippe espagnole, redonné à la petite, née quelques années plus tard. Citer aussi tous ceux qui avaient reçu des prénoms « de guerre », choisis par leurs parrains patriotes, les Lorraine et les Joffrette, les Raymond (comme Poincaré), Georges (comme Clemenceau) ou Albert (comme le roi des Belges, surnommé le « roi-soldat »).

On pourrait citer Marguerite, fille d'une mère peu maternelle, mais qui pour avoir vu mourir dans ses bras son petit frère, André – lui aussi victime de la grippe espagnole, en octobre 1918 – ne cessera de couver et de gâter son fils et ses petits-fils, alors que son frère, né après le deuil, se fera médecin...

On pourrait citer Paul, devenu officier pour suivre les traces de son père, officier lui-même, tombé en octobre 1914, alors que sa sœur devenait religieuse et que son frère entrait chez les bénédictins.

On pourrait citer Jean-François et Odile, partis à cinquante ans, à la rencontre de leur grand-père, qui s'était couvert de gloire à la première bataille de la Marne, avant d'être abattu, en portant secours à un compagnon, et d'où ils tireront un livre de 500 pages.

Sans oublier les familles endeuillées, privées de tout lieu de recueillement, du fait que le corps de leur poilu n'avait pu être retrouvé, et qui s'accrocheront comme à une bouée au culte du Soldat inconnu, avec le secret espoir qu'il s'agit peut-être du leur...

Et l'on citera ici un témoignage bien simple.

> *Peu de jours avant l'armistice, mon père fut grièvement blessé par un éclat d'obus, lui sectionnant l'avant-bras droit et le touchant profondément à la fesse. Gardant son sang-froid, il dénoua sa ceinture et se fit un garrot de sa main gauche, qui allait désormais devenir sa main usuelle. Il fut aussitôt transporté à l'infirmerie de campagne et de là évacué vers un hôpital militaire. À son arrivée, le médecin-major dit à l'infirmière – qui lui répétera plus tard : « Celui-là, vous me le mettez en boîte demain ! » N'écoutant que son dévouement, celle-ci lui prodigua durant toute la nuit le maximum de soins et le lendemain matin, le même médecin passant, étonné de voir mon père, non seulement dans son lit, mais fumant sa pipe, lui demanda « qu'est-ce qu'il fout là ? ».*
>
> *L'infirmière lui conta son travail. Mon père ne sut pas si elle avait été félicitée, mais lui, plus tard, la remercia dans une lettre. Il nous raconta si souvent cet épisode, que j'ai raconté à mon tour, moi qui ai aujourd'hui une fille et une petite-fille infirmière*[7]*...*

7. Témoignage de Raymond Lemesle.

DOSSIER

Mieux connaître le Soldat inconnu

Au lendemain de la guerre, les un million trois cent mille « morts pour la France » (➔) ont posé non seulement le problème des pensions à verser, mais également celui de leur sépulture.

Pour leurs familles, traumatisées, la question était essentielle, afin de pouvoir faire leur deuil.

Et, à ce niveau, les situations étaient très variées.

Si beaucoup de corps, parfaitement identifiés et localisés, pouvaient être réclamés, pour être rapatriés dans les caveaux de famille, aux frais de l'État, il en allait en revanche souvent tout autrement.

Beaucoup avaient été ensevelis dans des fosses communes (surtout au cours des hécatombes du début de la guerre, avant que des procédures précises ne soient mises en place pour les identifier). D'autres avaient été inhumés tout à fait régulièrement, mais dans des lieux ensuite défoncés par les obus, ou avaient été « égarés » lors de transferts. Et des dizaines de milliers avaient été pulvérisés par l'armement moderne, sans parler des corps non identifiés, parce que non identifiables…

Rien n'est plus difficile à vivre que cette absence totale de traces. Pour faire leur deuil, les familles ont besoin d'un corps, ou à tout le moins d'un lieu où aller se recueillir et celles qui n'en ont pas feront des années durant désespérément entendre leur plainte. Jusqu'à ce que « les grands prêtres de la religion du souvenir » inventent le « Soldat inconnu ».

Le premier à en avoir l'idée – du moins à la formuler – semble avoir été un certain François Simon, président du Souvenir français de Rennes qui, en novembre 1916, au cours d'une manifestation associative, a évoqué un soldat français inconnu, à placer au Panthéon.

En juillet 1918, le concept est repris par un député (Maurice Maunory), puis par Clemenceau, qui fera adopter par les députés, le 12 novembre 1919, le principe de l'entrée d'un combattant inconnu au Panthéon.

Mais l'endroit est contesté. On se souvient du récent grand défilé de la Victoire qui, le 14 juillet, moins d'un mois après la signature du traité de Versailles, avait attiré deux millions de personnes. Conduit par les trois nouveaux maréchaux, Joffre, Foch et Pétain, il avait réuni des vétérans de chacune des armées alliées et avait, pour la première fois de son histoire, quitté l'hippodrome de Longchamp, pour emprunter les Champs-Élysées. Il était passé sous l'Arc de triomphe, lequel avait déjà, la veille, servi de cadre à une grandiose et poignante cérémonie commémorative, au cours de laquelle les mânes des héros de la Grande Armée avaient rejoint ceux de l'armée républicaine. Le monument qu'avait conçu Napoléon au lendemain d'Austerlitz ayant le vent en poupe, une campagne de presse est organisée pour l'imposer.

Le 2 novembre 1920, un projet de loi sera voté à l'unanimité par le Parlement, prévoyant que les honneurs du Panthéon seront rendus aux restes d'un des soldats non identifiés, morts au cours de la guerre 1914-1918, et que sa dépouille sera inhumée sous l'Arc de triomphe le même jour : le 11 novembre prochain, deuxième anniversaire de l'Armistice.

Tout alla alors très vite. On ordonna aux commandants de chacune des neuf régions militaires de la guerre de « faire exhumer dans un endroit qui restera secret le corps d'un militaire identifié comme Français de façon certaine, mais dont l'identité personnelle n'a pu être établie », de le placer dans un cercueil de chêne et de le convoyer à Verdun, où le 10 novembre, huit[8] cercueils, alignés dans une galerie souterraine de la citadelle, transformée en chapelle ardente et recouverts de drapeaux tricolores, furent présentés à un soldat désigné au hasard, nommé Auguste Thin.

Commis épicier, Auguste Thin, né en 1899, à Saint-Vaast-la-Hougue, dans la Manche, s'était engagé pour trois ans en janvier 1918, à l'âge de dix-neuf ans, après avoir perdu son père, disparu au cours des combats du Fort de Vaux, en 1916. Gazé en

8. L'une des régions n'en a pas fourni, pour n'avoir pu déterminer la nationalité du corps exhumé.

Champagne, il terminait son temps de service, à la caserne Niel, à Verdun, lorsqu'il se vit confier cette mission symbolique. Décédé en 1982, il sera décoré de la Légion d'honneur un peu avant sa mort, par le président de la République, François Mitterrand, sous l'Arc de triomphe.

Maginot, ministre des Pensions, lui remit un bouquet d'œillets rouges et blancs, cueillis à Verdun, en lui demandant de le déposer sur le cercueil de son choix. Il a raconté avoir alors additionné les chiffres de son régiment, le 132e d'infanterie, pour arrêter son choix sur le sixième.

Le cercueil fut alors chargé sur l'affût d'un canon de 75, pour être acheminé à Paris par le train, où il fut déposé dans une chapelle ardente, place Denfert-Rochereau. Le lendemain, il passa par le Panthéon, avec discours du président de la République, pour être conduit à l'Arc de triomphe, où il fut béni par l'Archevêque de Paris.

Le général Boissy proposera ensuite d'y faire brûler une flamme en permanence, que le journaliste Jacques Péricard aura l'idée de faire ranimer chaque jour, à 18 h 30, avec sonnerie aux morts, par des anciens combattants et une fois l'an, par le président de la République. Elle sera solennellement allumée par Maginot, le 11 novembre 1923, achevant de donner au tombeau du Soldat inconnu toute sa portée symbolique et politique, *via* le développement d'un véritable culte républicain.

L'exemple français sera rapidement suivi par les Alliés. Par la Belgique, le Royaume-Uni (à Wetsminster), l'Italie, les États-Unis, le Portugal, la Roumanie, l'Australie et jusqu'au Canada, même si ce dernier attendit l'an 2000. Plus tard, le sanctuaire de Notre-Dame-de-Lorette, à Albain-Saint-Nazaire, près d'Arras, prit le relais de l'Arc de triomphe, en accueillant en 1950 le corps d'un soldat inconnu de la Seconde Guerre mondiale, en 1977 celui d'un soldat inconnu des guerres d'Afrique du Nord et enfin celui d'un soldat des guerres coloniales d'Indochine.

DOSSIER

Les cimetières militaires

Dans les premiers mois du conflit, d'août à décembre 1914, l'armée française va enregistrer 300 000 tués, l'armée allemande 142 000… Des chiffres monstrueux, qui obligent les belligérants à prendre des mesures.

On commencera par recourir à des tombes collectives, avec des inhumations en fosses communes, pouvant aller jusqu'à cent corps, ainsi qu'à des carrés militaires, sommairement aménagés dans les cimetières des communes proches du front, avec signalement des tombes, par de simples croix de bois.

Mais la situation devenant vite ingérable, on n'aura souvent ni le temps ni les moyens d'inhumer les cadavres, qui joncheront les champs de bataille. Recouverts par les projections de terre provoquées par les tirs d'obus, ils vont parfois réapparaître après d'autres combats… Beaucoup, enfin, ne seront retrouvés qu'au cours des nettoyages, au temps de la reconstruction, voire beaucoup plus tard, parfois près d'un siècle après.

En se promenant, fin mai 2013, dans les vestiges de Fleury-devant-Douamont, l'un des neuf villages meusiens entièrement détruits par la guerre, un couple de touristes allemands ont ainsi remarqué des os affleurant du sol, manifestement suite aux pluies diluviennes, qui s'étaient abattues sur la région. Des fouilles, diligentées par les autorités, ont permis d'exhumer vingt-six corps de combattants de la Grande Guerre, vraisemblablement tués par l'explosion d'un obus, dont sept seront immédiatement identifiés. Pour les autres, la *Revue française de généalogie* et le monde généalogique se sont spontanément mobilisés, pour relayer les appels à descendants, donnant ainsi espoir aux quelque 80 000 familles françaises ayant compté un disparu de pouvoir un jour enterrer dignement leur aïeul, comme a alors pu le faire Josette Morel, pour son grand-père Jean Peyrelongue, un Ardennais originaire des Pyrénées-Atlantiques, au nombre des premiers identifiés.

On compte donc des centaines de cimetières militaires de la Grande Guerre.

Les uns aménagés sur les champs de bataille, dans le Pas-de-Calais, l'Oise, la Marne, les Vosges..., les autres aux abords des postes de secours ou des tranchées, d'autres dispersés, pour avoir été établis au fil des déplacements des troupes et d'autres encore, aménagés ultérieurement, qui regrouperont de petits cimetières et des tombes éparses.

Tous ces lieux seront rigoureusement gérés. Les sépultures des nécropoles nationales et des carrés militaires des cimetières communaux seront entretenues aux frais de l'État et c'est dans ces cimetières militaires, symboles de reconnaissance nationale, que s'effectuera le travail de deuil de centaines de milliers de familles éplorées, qui n'ont pas demandé de rapatriement du corps de leur(s) poilu(s). Familles majoritaires en nombre, puisque seulement 240 000 dépouilles ont été exhumées et déplacées vers les cimetières communaux, entre 1921 et 1923. Familles qui se déplaceront régulièrement, profitant des voyages annuels gratuits, accordés aux veuves, ascendants, enfants et petits-enfants (ou à leur défaut à un frère ou une sœur).

Recherche d'une sépulture : cf. page 307.

L'énigme de l'inconnu de Saulcy

En 2001, un passionné de généalogie, Alain Girod, est interpellé, en visitant une nécropole militaire des Vosges, à Saulcy-sur-Moselle, par une des 1 405 tombes, et plus précisément par la dernière : celle portant le n° 1405. Une tombe comme les autres, à l'ombre des sapins, mais surmontée d'une croix, sur laquelle, au lieu d'un nom et d'un prénom, est portée une curieuse épitaphe : LC ED 7-2-14.

Pour Alain Girod, habitué à jongler avec les actes d'état civil, la signification est claire et il se la fait rapidement confirmer : ces lettres et ces chiffres ne sont pas un texte codé, mais tout simplement les signes gravés sur l'alliance, portée par le soldat qui est inhumé ici. Autrement dit ses initiales, celles de sa femme et la date de leur mariage.

Et ce jour-là, l'homme se lance un défi : identifier ce soldat inconnu, pour le rendre à sa famille.

L'affaire n'est pas simple. D'abord parce que l'on ignore comment ces initiales doivent être lues. A-t-on celles de l'époux suivies de celles de l'épouse ou le contraire ? A-t-on des initiales dans le sens prénom + nom ou en sens inverse ?

Par ailleurs, on observe que le 7 février 1914 tombait un samedi et un samedi bien antérieur au Carême, qui avait cette année-là commencé début mars – détail important lorsque l'on sait que la plupart des curés refusant autrefois de célébrer des mariages durant les quarante jours du Carême, on avait généralement des pics au cours des semaines précédentes. Il est vraisemblable que, ce jour-là, des centaines de mariages avaient été célébrés à travers le pays.

Mais quelques données, en revanche, permettent de cerner le problème : la nécropole en question regroupe les corps exhumés des cimetières de guerre des Col du Bonhomme et de la Schlucht, de Gérardmer, Mandray, du Valtin et de la Croix-aux-Mines. Le soldat inconnu, que l'on sait être de nationalité française, serait donc décédé au début de la guerre, puisque la bataille des Vosges se déroula en 1914. On connaît même la liste des régiments, dont des militaires sont inhumés dans le lieu : une dizaine.

Dès 2001, Alain Girod a répété et multiplié les appels sur Internet et une poignée de passionnés ont uni leurs efforts aux siens en lançant des battues, travaillant notamment sur le site Mémoire des Hommes, du ministère de la Défense (➔), pour dresser une liste de « candidats ». En 2004 seront créés la Liste LCxED ainsi qu'un site spécifique, qui permettront aux chercheurs de proposer des hypothèses que les autres devront vérifier, mais qui seront cependant toutes éliminées, les unes après les autres, sachant que les recherches vont finalement s'orienter vers les départements du Cher, de la Nièvre et de la Côte-d'Or, départements ayant fourni l'essentiel des soldats, qui se sont battus dans le secteur.

Ce sera finalement en décembre 2005, soit au bout de près de cinq ans de recherches, qu'une énième hypothèse se révélera la bonne, avec Joseph Nicolas Edmond Durand (JD), dont Brigitte, une des membres de l'équipe, retrouvera le mariage, le 7 février 1914, avec Lucie Cuny (LC), à Clefcy…, dans les Vosges.

C'est ainsi qu'un an plus tard le ministère de la Défense considérera que *la reconnaissance de l'identité du soldat inhumé dans la tombe n° 1405 de la nécropole nationale de Saulcy-sur-Meurthe peut être envisagée et que le nécessaire va être fait pour que l'identité du soldat Edmond Durand soit rétablie sur la plaque mortuaire de la nécropole*. Ce sera fait en juillet 2007, avant que le 25 août 2007, jour du 93e anniversaire de la mort d'Edmond Durand, l'équipe de chercheurs ne se rencontre devant la tombe, aux côtés de la petite-nièce du soldat.

XI.
L'Alsace et la Lorraine

Une histoire particulière

Enjeux symboliques, l'Alsace et la Lorraine, encore secouées par les turbulences de 1870, se sont retrouvées au cœur de la guerre. Mais dans l'Alsace des cigognes, des images d'Épinal et des livres de Hansi, comme dans la « Lorraine », réduite en fait à la Moselle, telle qu'elle avait été redécoupée après Sedan, la plupart des familles vont bien souvent se sentir entre deux chaises.

Dès 1871-1872, certaines avaient refusé l'annexion, en optant pour la France et en s'expatriant. Mais l'immense majorité, attachée non tant à sa patrie-pays qu'à sa patrie-village, berceau ancestral, culturel et vital, n'avait pas pu concevoir de le quitter. Pas plus les entrepreneurs que les paysans ne pouvaient emporter leur usine ou leur ferme sur leur dos. Il en allait de même pour les humbles, ceux qui ne possédaient rien et pour qui justement le clocher du village représentait tout. Hors du périmètre familier de leur commune natale, sans repères, ils se sentaient incapables de s'adapter.

Comme dans une famille divisée, chacun analysait les choses à sa façon. Détail révélateur, au lendemain de Sedan, à côté de l'expression « Français de l'intérieur » – qui mériterait à elle seule développements et commentaires et qui désignait les habitants de la France amputée – était née une autre formule, les faisant surnommer des « lapins », pour avoir disait-on détalé devant les Allemands, lors des batailles livrées en Alsace du Nord. Ce mot, à la fois moqueur et cruel, trahit le ressenti de certains Alsaciens envers la France, qui avait à leurs yeux abandonné ses provinces de l'Est. S'ajoutait à cela que l'annexion avait voulu faire connaître à l'Alsace un développement sans précédent, pour la transformer en véritable « vitrine du Reich », avec des urbanisations à la pointe de la modernité, des évolutions sociales importantes et très en avance sur la France, le tout accompagné de la perspective de devenir un État autonome, à l'intérieur de l'Empire allemand.

En Alsace comme en Moselle, la plupart des familles étaient donc restées là où elles avaient toujours vécu, comme un chat reste dans la maison de ses maîtres, lorsque ceux-ci déménagent. Et comme on avait autrefois subi les caprices de l'administration française, royale puis républicaine, on avait pareillement subi ceux de la machine bismarckienne, y compris le service militaire sous les drapeaux du Kaiser. Il n'était somme toute pas si différent du service français. Toutes les armées se ressemblaient et rares avaient été ceux suffisamment décidés à s'y soustraire, pour traverser la frontière.

Dans beaucoup de familles de la grande bourgeoisie industrielle alsacienne, d'abord et intensément attachées à la France, on avait cependant vu les vocations d'officiers se multiplier, au lendemain de la défaite française, pour toucher souvent près d'un fils sur dix. L'armée restait en effet « le seul espoir de voir un jour l'Alsace retourner à la Mère Patrie ».

En août 1914, les cartes sont donc distribuées et une nouvelle guerre va frapper ces régions, décidément toujours en première ligne, depuis la guerre de Trente Ans. La plupart des familles alsaciennes et lorraines « de souche » y vivant n'ont eu d'autres choix que de subir, quitte, parfois, à se retrouver entre deux camps, entre deux armées plus qu'entre deux pays, rarement en fait entre deux patries, puisqu'en réalité leur seule et vraie patrie c'était l'Alsace et c'était la Lorraine.

Il n'en reste pas moins que beaucoup vont alors vivre des moments dramatiques et que quelques-unes verront leur destin secoué.

DOSSIER

L'Alsace-Moselle

1871 : une amputation chirurgicale

Au lendemain de la défaite de Sedan, le traité de Francfort avait opéré chirurgicalement. En amputant la France de trois de ses départements, il générait l'attente obsessionnelle de la revanche, avec le mythe de ce que l'on a nommé la *Ligne bleue des Vosges*, expression empruntée au testament de Jules Ferry[1].

Les habitants des trois départements germanophones – la Moselle et les deux départements alsaciens[2] – intégrés à l'Empire allemand, ont alors eu la possibilité, ouverte jusqu'au 1er octobre 1872, d'opter pour la nationalité française, et cela en quittant ou non leur pays natal.

Près de 540 000 personnes l'avaient fait, dont 110 000 qui étaient restées sur place. Les autres s'étaient dirigées, pour beaucoup de Mosellans simplement en Meurthe-et-Moselle, pour beaucoup d'autres vers Paris, mais aussi vers l'Algérie et quelquefois vers les États-Unis. Pour les hommes, le choix avait souvent été dicté par la question du service militaire, qu'en devenant allemands ils devaient effectuer dans l'armée allemande. Dans les familles juives,

---

1. Né à Saint-Dié et élu vosgien, il avait demandé à être enterré dans sa ville natale, « en face de cette ligne bleue des Vosges d'où monte jusqu'à mon cœur fidèle la plainte touchante des vaincus » (1893).

2. Avec deux aménagements principaux :
– en Lorraine, l'ancien département de la Meurthe perdait les arrondissements de Château-Salins et de Sarrebourg qui, lorsqu'ils seront rendus à la France, en 1918, seront réunis à la Moselle. Il gagnait en revanche l'arrondissement de Briey – qu'il conservera définitivement – et devenait la Meurthe-et-Moselle
– en Alsace, l'arrondissement de Belfort, francophone, ne fut pas cédé à l'Allemagne avec le département du Haut-Rhin, dont il faisait partie, pour rester français, sous un statut spécial et sous le nom d'« arrondissement subsistant du Haut-Rhin ». Il ne lui fut pas réintégré en 1918, pour devenir département à part entière, en 1922, et prendre son nom actuel de *Territoire de Belfort*, préféré à deux autres dénominations alors proposées (*Savoureuse*, d'après le nom d'une rivière, ou Mont-Terrible, nom d'un ancien département de l'empire de Napoléon.

beaucoup aussi avaient choisi la France, en ce qu'elle avait été le premier État d'Europe à leur avoir donné l'égalité civique complète et sans restriction.

Les années qui avaient suivi avaient fait passer les nouveaux Allemands par des régimes successifs de rigueur et d'assouplissement, comme peut en témoigner l'histoire du Tour de France cycliste, admis en 1905 à escalader le Ballon d'Alsace – ce sera sa première incursion en pays étranger – et autorisé à faire étape à Metz, entre 1907 et 1910, étapes interdites à partir de 1911, pour avoir régulièrement été l'occasion de manifestations pro-françaises, à une époque où les relations entre les deux pays manifestement s'étaient dégradées.

1914 : l'organisation de guerre

Les événements de 1914 remettront en Moselle et en Alsace les hommes en âge d'être mobilisés au pied du mur, et si 18000 sont partis pour servir dans l'armée française, 380000, restés sur place, vont se retrouver dans celle du Kaiser, la plupart étant envoyés sur le front russe, afin de prévenir tout risque de fraternisation ou de désertion. Quitte, parfois, à observer des parcours plus atypiques, comme celui de d'Édouard Holbein, né à Hirsingue, près d'Altkirch, en 1897. Engagé de force en 1916 au 176e régiment d'infanterie de l'armée allemande, il sera envoyé sur le front russe. Fait prisonnier et libéré en échange d'un prisonnier russe, il désertera en 1917, pour parvenir après bien des péripéties à Saint-Étienne où, après avoir obtenu une fausse carte d'identité, il réussira à s'engager en décembre dans l'armée française.

Les quatre années de guerre seront particulièrement dures au plan de la vie quotidienne, du fait qu'aux pénuries et aux rationnements, le gouvernement allemand, redoutant les sympathies pro-françaises, ajoutera un régime d'étroite surveillance avec coupure du téléphone, suspension du secret de la correspondance et du droit de réunion, interdiction des journaux en français. Parler français devient un délit et le faire en public est considéré comme un geste d'hostilité à l'égard de l'Allemagne. Les noms des rues et des communes sont systématiquement germanisés. Obligation est faite de pavoiser lors des victoires allemandes. Les personnes affichant des sympathies françaises sont arrêtées.

Le régime sera également très rude au plan militaire. Metz essuiera plus de 700 attaques aériennes alliées, dont plus de 300 en 1918, et en Moselle comme en Alsace (à Sarrebourg, Moranghe, Linge, Hartmannswillerkopf...), les deux armées s'affronteront violemment, tout en ne sachant, l'une comme l'autre, que penser des habitants des lieux (« Têtes de Français », pour les uns, « Sales Prussiens » pour les autres). Comme les Allemands résidant en France – fonctionnaires, cadres industriels et commerciaux... – seront conduits dans différents camps, en France et en Algérie, les troupes françaises pénétrant en Alsace, en 1914, expulseront les fonctionnaires impériaux en poste des villes qu'elles contrôleront. C'est ainsi que l'Alsacien Albert Schweitzer, déjà établi au Gabon, alors colonie française, sera mis avec son épouse en résidence surveillée, avant d'être déporté et incarcéré comme prisonnier civil, dans les Hautes-Pyrénées.

1918 : des complications imprévues

Le 19 novembre 1918, après Mulhouse, Colmar, Ribeauvillé, Obernai, Sélestat, les soldats français, dans leur fameux uniforme bleu horizon, entrent dans Metz sous les acclamations de la population en liesse. « Tous arborent la cocarde aux fières couleurs... On s'est séparés aux cris mille fois répétés de " vive la France " et en chantant *La Marseillaise* », raconte une Messine. Deux jours plus tard, ils seront à Strasbourg, dont les fenêtres sont garnies de drapeaux tricolores.

Après un quart de siècle d'annexion, « la France retrouve ses enfants les plus chers », ceux de ses provinces perdues, qui exultent, ivres de bonheur. Mais bientôt cette allégresse va se refroidir, pour, après malentendus, maladresses et déceptions, laisser la place à un certain désenchantement.

La réintégration, tant souhaitée et tant fêtée, n'est pas simple à gérer. Les axes proposés par la Conférence d'Alsace-Lorraine, mise sur pied dès 1915, se révélant impraticables, on mettra les trois départements récupérés sous la tutelle provisoire d'un Commissariat général, confié à Alexandre Millerand, avec la création d'un droit local, spécifique, qui s'est maintenu jusqu'à aujourd'hui[3]. Mais les

3. Avec ainsi les congés obligatoires du Vendredi saint et du 26 décembre, que les autres régions leur envient...

problèmes les plus délicats à régler seront les sorts respectifs des habitants, tant des Allemands que de ceux redevenus français.

En 1918, la population des trois départements récupérés était évidemment disparate. Dès le mois de décembre, on a donc délivré des cartes d'identité et de libre circulation, qui ont hiérarchisé et classé Mosellans et Alsaciens en quatre catégories[4]. L'opération, ressentie comme profondément humiliante, en obligeant à prouver ses origines, a par ailleurs favorisé un énorme trafic de fausses cartes A – vendues jusqu'à 200 francs – en même temps qu'elle a stigmatisé l'agressivité vis-à-vis des titulaires de la dernière – la carte D – qui sont essentiellement des Allemands de souche et sont évidemment nombreux, surtout en Moselle, où ils avaient été estimés à 20 % de la population, à la veille de la guerre (et même 40 % à Metz).

Si certains s'en vont rapidement d'eux-mêmes, d'autres se maintiennent, qui seront souvent les cibles de quolibets et d'humiliations. En décembre 1919, les plus engagés, réputés dangereux pour la tranquillité publique, qui se voient surnommés *indésirables*, vont faire l'objet d'une politique de rapatriements volontaires et d'expulsions autoritaires, qui durera jusqu'en 1921. 50 000 Allemands devront quitter la Moselle et le double l'Alsace, sous délai de 24 heures, sans pouvoir emporter plus de 30 kg de bagages ni plus de 2 000 marks par adulte et 500 par enfant, et cela sous le contrôle de soldats français. Pour le reste, leurs appartements, mis sous séquestre, seront généralement immédiatement pillés.

Tout cela se déroule dans un climat de haines, de délations et de règlements de comptes, avec des scènes indignes, les partants

4. **Carte A**, avec bande tricolore, pour ceux qui avaient eu (ou dont les parents et grands-parents avaient eu) la nationalité française avant 1870 et qui y sont donc « réintégrés de plein droit ». **Carte B**, avec deux bandes bleues, pour ceux nés dans ces départements et dont un seul parent était de nationalité française. **Carte C**, avec deux bandes rouges, pour ceux dont les parents des deux côtés étaient nés dans un pays allié ou neutre. **Carte D**, sans bande, pour ceux originaires des pays ennemis (Allemands, Autrichiens, Hongrois, etc.) et pour leurs enfants, même si ces derniers étaient nés en Moselle ou en Alsace.

escortés par des hordes vociférantes qui leur lancent des injures, sinon des cailloux et parfois même du crottin de cheval… « Ce matin, huit familles d'indésirables viennent de quitter notre ville, avec leurs baluchons au bout d'un bâton, en tout vingt et une personnes, qui vont aller vivre en Bochie. » On a recensé plus de 14000 fonctionnaires ou assimilés, comme l'évêque de Metz, Monseigneur Benzler, dont le départ a provoqué une vive émotion.

Certaines familles vivent de véritables drames, pour se trouver alors coupées en deux, le père se voyant parfois seul expulsé. On se salue le dimanche d'une rive à l'autre du Rhin. Aux archives départementales du Haut-Rhin existe un gros dossier poussiéreux contenant les suppliques aux autorités françaises de ces familles déchirées qui ne comprennent pas ce qui leur arrive.

De façon générale, pour Mosellans et Alsaciens de souche, la situation est loin d'être simple. Il n'est pour le comprendre qu'à songer que pour qu'ils puissent acclamer les troupes françaises en entonnant *La Marseillaise*, on avait dû leur en distribuer le texte, qu'ils ne connaissaient pas par cœur, tout d'abord pour ne pas l'avoir appris à l'école, mais aussi pour n'être plus nombreux à parler le français, depuis quarante-huit ans qu'ils étaient devenus allemands… Il n'est qu'à penser aux Mosellans et Alsaciens démobilisés de l'armée allemande. Souvent mal vus, accueillis en gare par des soldats français, baïonnette au canon, et contraints de passer devant des commissions de triage, ils ont l'impression d'être « traités par les Français comme des Français de deuxième catégorie… ».

Au niveau des réparations et des pensions, plusieurs questions vont se poser de façon aiguë, tant pour les veuves et les orphelins des combattants d'Alsace-Lorraine, tués pendant la guerre, que pour ceux de ces combattants rentrés vivants.

Les associations d'anciens combattants alsaciens et lorrains employèrent alors le terme « malgré-nous »[5], pour mettre en avant

5. Ce terme sera repris, à l'époque de la Seconde Guerre, pour désigner de même les Mosellans et Alsaciens enrôlés de force dans l'armée allemande, du fait de la ré-annexion des trois départements par l'Allemagne hitlérienne, qui n'avait pas été reconnue au plan international.

le fait qu'ils avaient dû se battre, « malgré eux », dans l'armée allemande, contre la France. Les monuments aux morts mettront donc davantage l'accent sur les malheurs de la guerre que sur la victoire. Regroupant souvent sur une même stèle les noms de tous les soldats originaires du village, quel qu'ait été leur uniforme, peu utiliseront l'inscription classique ailleurs de « morts pour la France », pour lui préférer des formules plus neutres (du type « La commune de… à ses enfants »), laissant le soin à celui de Strasbourg (voir ci-dessous) d'exprimer cette douleur et ce traumatisme de façon particulièrement pathétique.

Des familles déchirées

© Gettyimages/P. Richardson

Le Monument aux Morts de Strasbourg (reproduit ci-dessus) se voudra à ce plan symbolique, montrant l'Alsace pleurer ses fils morts, ceux coiffés du casque Adrian français et ceux coiffés du casque à pointe allemand. Symbolique et réaliste car des mères d'Alsace et de Lorraine ont effectivement été dans cette situation, mais souvent sans pour autant, semble-t-il, avoir analysé ces drames autrement que comme d'abord des fatalités. Comme les deux combattants de Strasbourg, représentés nus, étaient égaux devant Dieu, ils l'étaient aussi devant leur mère, devant la communauté humaine et devant la France des quatre-vingt-dix départements.

Peu de familles ont, semble-t-il, eu les moyens de réagir contre cette situation.

Hormis peut-être les industriels, comme les Wendel, en Lorraine, ou les dynasties alsaciennes comme les Koechlin, les Schlumberger, les Dollfuss..., souvent écartelées entre leur fidélité à la France, à leur cité, à leurs intérêts et à ceux des ouvriers qu'elles faisaient vivre. Écartelées entre leurs engagements personnels et la nécessité de perpétuer ce qui existait.

Chacun s'est débrouillé. Beaucoup ont résolu le problème en développant une succursale ou une filiale française, que l'on confiait à un fils ou à un frère. Ainsi en Moselle, pour les Langenhagen, de Sarre-Union. Ainsi pour les Wendel, qui face à leurs usines allemandes d'Hayange en avaient développé d'autres, dix kilomètres plus loin, à Joeuf, de l'autre côté de la frontière, et cela alors même qu'Henri de Wendel était député au Reichstag...

Si beaucoup de familles industrielles alsaciennes sont allées installer leurs ateliers de l'autre côté des Vosges, beaucoup aussi se sont éparpillées. Ainsi à Mulhouse, les Dollfuss, entre l'Alsace allemande, Paris et la Suisse, ou à Guebwiller, les Schlumberger, dont l'un d'eux avait épousé Marguerite de Witt, fille d'un député du Calvados, qui élèvera ses enfants dans le culte de la France et poussera son mari à quitter l'Alsace, pour s'installer en Normandie, dans le château de son grand-père, le ministre Guizot.

Dès lors, nombre de familles patronales devaient se voir dramatiquement engagées, en 1914, dans des camps adverses. Ainsi des cousins germains, chez les Schlumberger et même des frères, chez les Lesage, à Mulhouse, propriétaires d'importantes affaires de tuiles et de transports.

Compte tenu de l'importance de ces affaires, il n'était pas possible à mon père de partir pour la France, malgré toute la sympathie, sinon la vénération, qu'il avait pour elle. Pendant la guerre, il s'est cependant arrangé pour échapper à la mobilisation allemande, en passant d'une université à l'autre, ce qui ne l'empêcha pas d'être « récupéré » et envoyé au front, d'abord à l'Est, puis en Belgique, où il sera traduit en conseil de guerre, pour avoir envoyé une carte postale à une jeune fille alsacienne, qu'il avait terminée par « Vive l'Alsace française ! ».

Mais le plus dur, pour lui, sera lorsque son frère sera allé à Belfort s'engager dans l'armée française, et qu'il sera hanté par le risque de le trouver en face de lui. Hantise partagée bien sûr par ce frère, et par toute sa famille, leurs parents et leurs sœurs, pour lesquels cette situation sera réellement douloureuse et traumatisante.

Dans la famille de ma mère, dont les fils s'étaient également engagés dans l'armée française, cela avait valu aux parents d'être déportés en Allemagne, pour être assignés à résidence dans un hôtel, avec obligation d'aller régulièrement pointer auprès des autorités[6].

Le plus souvent, ces choix ont été extrêmement douloureux, comme pour le maître de forges Eugène de Dietrich, avec dans l'armée française trois gendres français et son fils aîné, qui a franchi les Vosges, pour s'engager dans la Légion étrangère. Âgé de soixante-dix ans à l'ouverture des hostilités et craignant pour sa succession, en cas d'engagement exclusif dans le camp français, il retient en Alsace son second fils, qui devra combattre sous l'uniforme allemand – prix à payer pour laisser à l'entreprise familiale une chance de survie… Le patriarche mourra en janvier 1918, hanté par cette situation,

6. Témoignage de Monique Riottot-Lesage.

au point d'y perdre la raison, au cours des derniers jours, en voulant qu'on mît le feu à ses forêts, pour empêcher les soldats français d'avoir froid et leur permettre de mieux gagner la guerre… Mais le temps de régler sa succession, la guerre sera finie, alors que, pour sauver leurs tanneries, les Herrenschmidt devront cacher le décès de leur père, mort à Épinal, en août 1917, dont ils réussiront à retarder l'annonce durant près d'un an…

Par la force des choses, semblables situations se sont rencontrées dans des familles anonymes.

Ainsi chez les Bruckert, de Guebwiller, dont un des fils, soldat allemand, est tué sur le front occidental et dont un gendre, soldat français, est blessé au Hasenrain de Mulhouse.

Ainsi les frères Ludwig, d'Eguisheim, Victor et Albert, photographiés ensemble au lendemain de l'Armistice, le 12 novembre 1918, chacun sous son uniforme, qu'ils allaient désormais ranger dans une malle au grenier, peut-être bien d'ailleurs dans la même malle : la guerre était finie, il s'agissait de reprendre la vie et le travail, et non de se poser des questions. Victor, l'aîné, à gauche sur la photo, né en 1876, qui avait refusé l'annexion, disait « mon père a combattu dans l'armée française en 1870, je ferai de même ». Parti à Paris en 1911, il sera incorporé en 1914 au 12e régiment de Ligne, et montera au front, faisant un temps dans la boue des tranchées, avant de passer dans le Haut-Doubs, au service du contrôle postal, pendant qu'Albert, à droite, son cadet de deux ans, servait comme sous-officier, au Pionier Bataillon, en Prusse orientale, où il combattit sur le front russe. Tous deux, désormais, étaient rentrés chez eux. L'Histoire n'avait plus besoin d'eux et, eux, n'avaient pas besoin d'elle. Le cliché semble avoir été pris de façon complaisante, pour la presse de l'époque et dans la volonté générale d'apaisement, même si le regard du soldat prussien semble plus fier et un rien crâneur, mais qui ne saurait être autre, chez celui incarnant ici l'armée vaincue.

Pourquoi le passant arpentant le cimetière de Wintzfelde, dans la vallée de Soultzmatt, au sud de Colmar, remarquerait-il une sépulture en apparence banale ? Sous une représentation du Christ bénissant, le nom, gravé en lettres dorées, dans une police sobre et contemporaine, indique simplement « FAMILLE SCHAEGIS-GLORIEUX ». Deux patronymes français, associés pour l'éternité. L'un bien local et l'autre d'ailleurs. Du Nord. Le cas, en soi très courant, ne semble pas appeler de commentaires. On ne saurait en effet imaginer l'histoire, qui leur vaut d'être réunis sur cette pierre tombale.

> *Mon arrière-grand-père, père de cinq enfants, a été appelé dans l'armée allemande sur le front russe. Malgré son statut de réserviste, il a participé aux durs combats dans les tranchées, en notant au jour le jour son périple, les combats, la mort et les baïonnettes.*
>
> *Une de ses filles, montée à Paris comme fille au pair, s'y était mariée avec un homme de Wattrelos, qui fera du côté français la bataille de Verdun, sera décoré pour actes de bravoure, rentrera grand gazé et survivra quelques années, avant de venir mourir dans le village de son beau-père, où les deux hommes, qui avaient ainsi com-*

battu dans deux armées adverses et auraient pu se retrouver face à face et se tirer dessus, reposent aujourd'hui sous la même dalle[7].

Mais les deux hommes, bien sûr, ne s'étaient pas retrouvés face à face…

Contrairement à ce qui allait se passer, dans une famille de Riquewihr.

Mon arrière-grand-père, Louis Maurer, avait trois filles et deux fils, lesquels ont tout naturellement fait la guerre, coiffés du casque à pointe allemand.

Émile, mon grand-père, qui était parti en 1912, pour deux années de service militaire, ne rentrera chez lui qu'en 1917, après un valeureux parcours lui ayant valu les galons de sous-officier, mais déclaré invalide, suite à plusieurs blessures. Devenu sujet à des allergies de peau, il ne pourra plus exercer son métier de boulanger et rentrera alors aux Chemins de Fer d'Alsace-Lorraine.

Louis – ci-contre –, également soldat allemand, a été fait prisonnier par les troupes françaises et s'est de son côté retrouvé dans un camp.

Suivant l'exemple de tant d'autres Alsaciennes, leurs trois sœurs aînées étaient parties travailler à Paris, comme employées de maison dans des familles aisées. Elles y avaient fondé des familles et leurs maris, bien sûr, avaient été mobilisés dans l'armée française.

7. Témoignage d'Yves Wisselmann.

La mémoire familiale veut qu'un de ces trois gendres de mon arrière-grand-père, soldat français, ait été l'un des gardes du camp de prisonniers dans lequel s'était retrouvé son fils, l'oncle Louis...

Mais les beaux-frères, en fait, se connaissaient à peine – s'étaient-ils d'ailleurs jamais rencontrés ? – et si le hasard leur avait permis de se croiser et de s'identifier, ils avaient dû se contenter de relever cette ironie du sort, sans pour autant s'exprimer des sentiments hostiles, qui n'auraient alors pas manqué de marquer plus précisément la mémoire familiale[8]*...*

Nombreuses ont été les familles divisées

Ainsi, les Flohr...

Attiré par la politique de Bismarck visant à germaniser l'Alsace annexée, Auguste Flohr avait quitté très jeune sa Saxe natale, pour venir travailler à Strasbourg. Il avait ensuite fondé une fabrique de brosses à Raon-l'Étape, dans les Vosges, et, optant pour la nationalité française, fera son service militaire... dans l'armée française. Mobilisé dans ses rangs en 1914, il était tombé en 1915, tué par les Allemands ! Absurdité de la guerre, imposée aux soldats des deux armées ennemies, qui deviennent de la chair à canon, pour défendre des intérêts qui ne sont pas les leurs.

Sa femme, de nationalité suisse, décida alors de rejoindre son pays avec leurs deux fils et fit le voyage à

8. Témoignage de Guy Maurer.

pied, les enfants dans une poussette, accompagnée de ses beaux-parents, qui repartirent pour les Vosges, pour ne revoir par la suite qu'une seule fois leurs petits-fils, une dizaine d'années plus tard[9]*...*

ou encore les Eckert...

Mon grand-père, Joseph Eckert, né en 1875 à Rosheim, dans le Bas-Rhin, qui avait choisi d'accomplir le service militaire français, s'était à son retour retrouvé incorporé dans un régiment disciplinaire allemand et avait été envoyé près de Hanovre. Il y avait connu et épousé ma grand-mère, Bertha, avec laquelle il était finalement rentré au pays, pour habiter Wittenheim et travailler comme relieur, aux Mines Domaniales de Potasse.

En 1914, les troupes françaises entrant en Alsace, un peloton de soldats vint l'arrêter et l'emmena sans autres explications. Mais bientôt, les Allemands, reprenant le secteur, firent occuper et fouiller sa maison, expliquant à ma grand-mère que son mari était un « Fransosenkopf », autrement dit un espion français. Elle-même a alors été déportée, avec ses enfants, à Wattwiller, au pied du Vieil-Armand), où l'aînée mourra du typhus, à l'âge de dix-huit ans, par manque alimentaire et d'hygiène...

On sait seulement qu'alors Joseph était à Lyon, où il formait les troupes. En 1918, il sera porté disparu et, recherches faites, la famille apprendra que l'adjudant Joseph Eckert « dit Caillard » – classique pseudonyme de guerre, conseillé aux Alsaciens-Lorrains, pour protéger leurs familles – était « mort pour la France », en 1915, à Kosturino, en Bulgarie, pour avoir rejoint le corps expéditionnaire français, envoyé combattre les Turcs, alliés des Allemands.

9. Témoignage de Claire Bärtschi-Flohr.

Une histoire difficile pour Bertha, notre grand-mère allemande, qui restera vivre en Alsace, où fort heureusement une de ses sœurs viendra la rejoindre et épousera un Alsacien. Les deux sœurs, ainsi, purent se serrer les coudes[10]...

... enfin la famille Haertig.

Citoyen austro-hongrois, mon grand-père, Oscar Haertig, héritier d'une lignée établie dans le textile, à Zittau, aux confins de l'ancienne Saxe, était arrivé vers 1907 dans l'Alsace alors allemande, pour diriger ou gérer une usine textile, à Sainte-Marie-aux-Mines, dans les Vosges.

Il avait alors élu domicile dans le principal hôtel de la ville, celui de la famille Frantz, dont il était rapidement tombé amoureux de la fille.

Les Frantz étaient une de ces familles d'Alsaciens catholiques et francophiles. De ces familles où l'on avait « fait contre mauvaise fortune bon cœur[11] *», où l'on a participé au développement et à la prospérité, engagée par le gouvernement impérial, mais où l'on parlait français et où l'on envoyait volontiers, lorsqu'on en avait les moyens, les filles en pension en France.*

Mais Oscar est de bonne famille. Il a une belle situation et un bel avenir. Il aime sincèrement Marguerite et sait se montrer décidé à la rendre heureuse. La preuve, lui qui est luthérien est d'accord pour que les enfants à naître soient élevés dans la religion de sa belle-famille. Il a par ailleurs demandé à être reconnu comme Alsacien – donc comme Allemand...

Sa famille tord le nez face à ce mariage ? Qu'importe, c'est sa vie à lui et à lui seul. En 1913, Oscar fera seul le voyage pour présenter son fils à ses parents et obtiendra de pouvoir revenir bientôt leur présenter sa femme...

10. Témoignage de Roger Soret.
11. Expression employée dans ses mémoires, par Marie-Thérèse Sackenreiter-Zeyssolf.

Mais la rencontre n'aura pas lieu. L'année suivante, Oscar est mobilisé sur le front de l'Est et Marguerite meurt en trois jours d'une fluxion de poitrine. La grand-mère hôtelière n'étant plus là, l'enfant sera confié à une vieille parente célibataire, la bonne et pieuse Tante Mélanie (ci-contre), qui l'élèvera à Bergheim avec infiniment de tendresse, mais bien sûr dans sa culture.

À son retour, Oscar, qui trouvera un nouvel emploi à Strasbourg, ne se remariera pas et ira chercher son fils et la bonne tante, pour les établir avec lui. Il choisira de changer une troisième fois de nationalité, pour devenir français, au vu de la remise d'un certificat de francophilie, établi en bonne et due forme par la Ligue patriotique alsacienne.

En agissant ainsi, Oscar achèvera de se couper de sa famille et de ses origines. On ne parlera plus jamais de l'Allemagne. Et c'est moi qui, l'été dernier seulement, presque un siècle après, partirai avec mes enfants découvrir Zittau[12]*.*

12. Témoignage d'Olivier Haertig.

Mais les générations d'hier parlaient peu. Et les suivantes leur ont généralement peu posé de questions. Les familles d'« Alsace-Lorraine » ont donc souvent gardé leur lot de silences et de « non-dits », qui s'étaient ajoutés à la pile des souffrances et des deuils. Avec au surplus, ici, les fantômes des hommes qui avaient obéi aux ordres de l'armée perdante…

Mon grand-père, douanier à Audun-le-Tiche, en Moselle, est mort, sous l'uniforme allemand, à vingt-huit ans, en 1914. Ma grand-mère en avait vingt-six et ma mère s'approchait de son premier anniversaire. Elle ne s'est jamais remariée et a vécu jusqu'à quatre-vingt-dix ans. Jamais, pourtant, je n'ai entendu parler de lui et ne me suis par conséquent intéressée à lui, qu'en commençant ma généalogie. J'ai fini par retrouver sa tombe, qui existe toujours, dans un cimetière militaire allemand, à Bielefeld, et ma mère, qui a aujourd'hui quatre-vingt-dix ans, a pleuré, lorsque je le lui ai dit[13].

Avec le temps, heureusement, les choses vont avancer.

Pour comprendre en quoi la guerre de 1914 modifia le destin de ma famille et le mien propre, il faut en fait remonter à celle de 1870.

Originaire d'une commune de l'ancien département de la Meurthe, qui avait fait partie de celles versées à la Moselle annexée, la famille de mon grand-père, qui s'était donc retrouvée allemande, avait un jour décidé d'aller s'installer dans la commune voisine, parce que restée française. Mon grand-père fera ainsi son service militaire dans l'armée française et se mariera dans cette commune avec ma grand-mère, née française, pour se retrouver mobilisé

13. Témoignage de Mariette Pfeiflé.

dans l'armée française, en août 1914, quelques jours avant la naissance de leur fils – mon père – qui naîtra donc français.

Le village étant occupé par l'armée allemande, la mère et le fils seront, durant tout le temps des hostilités, évacués dans le sud-ouest de la France. À leur retour, ils trouveront leur modeste logement pillé et saccagé, après avoir appris la mort de mon grand-père en Indochine, où l'armée française avait envoyé beaucoup de soldats alsaciens et lorrains, pour leur éviter d'être fusillés comme traîtres par les Allemands, au cas où ils seraient faits prisonniers sous l'uniforme français.

Parallèlement, un couple d'Allemands, originaire de Rhénanie, qui était venu s'établir vers 1910 comme agriculteurs dans la région de Metz, allemande depuis 1871, décidera et obtiendra d'y rester, après la défaite de l'Allemagne et le retour de la Moselle à la France.

Cinquante-cinq ans plus tard, je ferai la connaissance d'un de leurs petits-fils, qui deviendra plus tard mon mari. Comme quoi, les drames de l'histoire peuvent parfois faire le bonheur des générations suivantes[14].

14. Témoignage de Claude Wagner.

Épilogue

Au moment de conclure, quelques remarques s'imposent.

D'abord, quant à la place de la Grande Guerre dans nos mémoires. Une place énorme et unique, notamment par rapport à celle qu'elle occupe dans les mémoires des familles allemandes, où les analystes s'accordent à noter qu'elle a été comme occultée par la Seconde Guerre.

Dans la France de 2014, toutes les familles ont comme on l'a dit leur(s) poilu(s). Tout Français a un ancêtre poilu. Parfois un père – pour les plus âgés – et toujours un arrière-grand-père – sinon plusieurs – pour les plus jeunes. Et ce poilu est connu. Comme l'est « sa » guerre, avec dans des milliers de familles ses lettres ou ses carnets, conservés au grenier.

Ensuite, le fait que cette guerre soit aujourd'hui régulièrement dénoncée pour ses atrocités et son absurdité. Comme nos témoignages l'illustrent, cette page de notre histoire est totalement et parfaitement fédératrice.

Tous nos ancêtres poilus sont considérés comme des victimes. Victimes de ce carnage : les « morts – ou non-morts – pour la France », les mutilés, les « Gueules cassées ». Victimes de son absurdité : les aliénés et les fusillés pour l'exemple. Victimes encore les veuves de guerre, les orphelins, les couples détruits et les fratries éclatées. Victimes, les familles décimées, ruinées ou déracinées…

Plutôt que de tenter de dresser un bilan, qui ne pourrait que se révéler aussi impossible que vain, voici, et plus en guise d'épilogue que de conclusion, quelques derniers témoignages.

La guerre n'a finalement rien changé dans notre famille, si ce n'est d'avoir renforcé l'amour unissant mes grands-parents. Les hasards les avaient fait se rencontrer, en 1913. Elle, belge, et lui du Midi de la France, et ils devaient se marier en août 1914. Durant toute la guerre, ils resteront sans nouvelles l'un de l'autre ; elle en pays occupé, et lui au front – une seule lettre, pendant ces quatre très longues années, acheminée par la Croix-Rouge. Mais tout se terminera bien. Il reviendra indemne, décoré de la Légion d'honneur et ils se marieront enfin, en août 1919[1]*...*

Mon grand-oncle, né à Lille en 1888, ferblantier de son état, a été incorporé au 127e RI, à Valenciennes, qui a dès le début de la guerre été envoyé en Belgique, où il fut porté disparu le 23 août, ses compagnons rapportant à notre famille qu'il était mort en sonnant la charge.

Les conséquences de sa disparition et de la guerre en général furent terribles.

Sa mère se laissa mourir de chagrin, en 1919.

Sa fiancée épousa un autre homme, étant bien entendu qu'elle divorcerait immédiatement si mon oncle revenait.

Une de ses sœurs épousa un soldat, cantonné dans le Nord, cultivateur dans le Rhône, qu'elle suivit, pour devenir cultivatrice, alors qu'elle avait grandi en milieu urbain. Son mari ayant contracté la syphilis auprès des « filles à soldats », il lui transmit sa maladie, dont elle mourut dans des souffrances atroces.

Ma grand-mère, son autre sœur, ayant elle aussi perdu son fiancé, la suivit dans le Rhône, où elle fit un mariage sans amour, avec un paysan veuf, père d'un enfant.

La vie fut difficile, alors que dans le Nord, sans être bien riche, la famille s'en sortait bien. Mais les troupes leur avaient tout pris, sauf le vélo de mon arrière-grand-

1. Témoignage de Dominique Mailhé-Mourai.

père. De plus, par méchanceté ou par ignorance, les gens du village n'ont pas cessé de traiter les deux sœurs de « boches du Nord ».

Je ne me souviens pas d'avoir jamais vu ma grand-mère sourire.

Cette guerre fut une véritable cassure pour notre famille, dont je suis l'unique descendante, et nous avons conservé au fond de nous-mêmes une incroyable mélancolie. Mais après moi, ça passera, ma fille n'étant guère passionnée par toutes ces « histoires ». Et c'est sans doute mieux ainsi[2]*...*

À quoi Janine van Buren, évoquant l'histoire de sa famille et de Clara, sa grand-mère allemande, mère de poilus français tombés en 1914, terminait son témoignage en ajoutant : « Quant à moi, j'ai épousé un Allemand et possède les deux nationalités, ainsi que mon fils et mon petit-fils. Vive l'Europe ! »

Pour avoir évolué, en effet, la perception de la Grande Guerre, dont tous les acteurs ont été les victimes – Français comme Allemands, Anglais, Autrichiens, etc. –, participe désormais incontestablement à cimenter la construction européenne. On peut ici citer le cas de Jacques Lapeyre, dont le grand-père, Paul Breuilh, était rentré dans sa Dordogne natale, à Saint-Médard-d'Exideuil, après quatre années de combat, avec dans ses bagages le portefeuille d'un soldat ennemi, qu'il avait ramassé, sans trop savoir pourquoi, sur un champ de bataille. Le retrouvant un beau matin dans une boîte à chaussures, au milieu d'actes notariés, dans le grenier de la maison de famille, Jacques pensa que cet objet n'avait rien à faire chez lui et appartenait en fait aux descendants de l'Alle-

2. Témoignage de Josiane L.

mand. Il décida alors de partir à leur recherche, en utilisant pour cela les papiers contenus dans le portefeuille, révélant l'identité du soldat : Paul Göckeritz, né en 1888 dans la petite ville saxonne de Schneeberg, où il habitait encore, lorsqu'il portait les armes. Pendant plus de deux ans, aidé d'une cousine alsacienne parlant couramment allemand, il mena des recherches et finit par retrouver un petit-fils de celui que son grand-père avait « croisé » sans doute dans la Marne, en 1917, et une rencontre a été convenue, pour que le descendant du soldat français rende le portefeuille (photographie ci-dessous) au descendant du soldat allemand. Une superbe et émouvante conclusion…

On laissera le mot de la fin à l'un de nos témoins, avec ce petit *satisfecit*, qui fut très important pour l'auteur, aux inévitables moments de doute vécus au fil de la gestation et de la rédaction de ce livre :

> *Maintenant, et grâce à vous, il va falloir que je fasse un grand ménage dans mes souvenirs, au propre comme au figuré, ce qui n'est pas gagné. Mais grâce à vous aussi, j'ai l'impression de rendre un hommage posthume à ces*

> *grands-parents que je n'ai pas connus, mais qui me sont toujours aussi présents et dont les sacrifices aident à relativiser nos tracas d'aujourd'hui*[3].

N'inversons cependant pas les rôles et sachez, chère descendante de ces « Familles de poilus », que c'est l'auteur qui vous remercie de votre confiance et de votre contribution. Car sans les témoignages de tous ceux et de toutes celles dont les noms ont été cités au fil des pages et de leurs apports, cet ouvrage n'aurait pas vu le jour. Ce sont tous ces témoignages qui, réunis ici, nous permettent une nouvelle lecture de ce dramatique chapitre de notre Histoire et de celle de l'Europe… Qui nous permettent de comprendre comment la Grande Guerre a bousculé, infléchi et transformé nos destins. Comment elle les a modelés et comment sans cette guerre notre vie aurait sans nul doute été tout autre…

3. Témoignage d'Anne Quinet.

Annexes

Pages pratiques

Ces pages se limitent à signaler les livres, sites, adresses, lieux de mémoire organisés (principalement les musées, sans donner de détails et d'informations plus précises), pour les estimer faciles à trouver sur Internet, via un moteur de recherches.

« Tourisme de mémoire »

Les « Incontournables »

- Historial de la Grande Guerre (Péronne) : musée et centre de recherches
- Musée de l'Armistice (forêt de Rethondes, près de Compiègne) : wagon de l'Armistice
- Musée de la Grande Guerre du Pays de Meaux (Meaux) : le dernier-né (2011) présente une collection privée unique et une exposition permanente (tranchées…)
- Caverne du Dragon (Oulches-la-Vallée-Foulon) : caserne souterraine du Chemin des Dames
- Mémorial de Verdun (Fleury-devant-Douaumont) : musée ; sentier conduisant à l'Ossuaire de Douaumont
- Ossuaire de Douaumont (Douaumont, Meuse) : cloître abritant les 130 000 soldats inconnus, musée de la guerre et des villages détruits, cimetière
- Mémorial des Batailles de la Marne (Dornans) : monument, ossuaire, salle d'expositions

Les autres (classés par départements)

- **Aisne** : Carrière du Dragon (➔)
- **Ardennes** : Musée de la Guerre et de la Vie rurale (Brienne-sur-Aisne ; intimiste) ; Ouvrage de Villy-la-Ferté / Ligne Maginot, à La Ferté-sur-Chiers
- **Dordogne** : Musée des Gueules cassées (Cadillac)
- **Marne** : Mémorial des Batailles de la Marne (➔) ; Marne 14-18, Centre d'interprétation de Suippes
- **Meurthe-et-Moselle** : Casemate de la Ligne Maginot (Bréhain-la-Ville) ; Ouvrage Bois-du-Four (Villers-la-Montagne)
- **Meuse** : Mémorial de Verdun (➔) ; Circuit du Champ de Bataille (Place de la Nation, Verdun) ; Ossuaire de Douaumont (➔) ; Citadelle souterraine (Verdun) ; Musée 14-18 (Apremont-la-Forêt) ; Musée de l'Argonne (Varennes-en-Argonne) ; Batterie de Duzey (Duzey) ; Kaisertunnel (Lachalade) ; Fort de Troyon (La Croix-sur-Meuse) ; Fort de Vaux (Vaux-devant-Damploup) ;

Tranchée (Mogeville, intimiste) ; Butte de Vauquois (Vauquois)

• **Moselle** : Ouvrage de Hachenberg (Veckring)

• **Nord** : Nécropole Nationale Notre-Dame-de-Lorette (Albain-Saint-Nazaire) ; Carrière Wellington (Arras)

• **Oise** : Musée de l'Armistice (➔)

• **Bas-Rhin** : Mémorial d'Alsace-Moselle (Schirmeck) ; Casemate de Dambach-Neunhoffen (Dambach) ; Forts de Muzig et de Schoenenbourg ; Musée de la Ligne Maginot du Rhin (Marckolsheim)

• **Haut-Rhin** : Musée national du Hartmannswillerkopf (Vieil-Armand ; Cernay) ; Musée Serret (Saint-Amarin) ; Musée mémorial du Linge (Orbey) ; Mémorial Maginot de Haute-Alsace (Uffheim)

• **Seine-et-Marne** : Musée de la Grande Guerre du Pays de Meaux (➔)

• **Somme** : Musée Somme 1916 (Albert) ; Historial de la Grande-Guerre (➔)

Les cimetières :
on pourra consulter deux ouvrages :

• *Guide des cimetières militaires en France*, par Catherine Grive-Santini (Le Cherche-Midi, 1999) : 1 000 cimetières décrits, avec histoire générale (inhumations, mise en place des cimetières selon la nationalité des combattants, témoignages...), sachant que beaucoup de cimetières proposent des visites guidées

• *Guide des lieux de mémoire* : Champs de bataille, cimetières militaires, musées mémoriaux, Petit Futé, 2012

• 3 musées sous tutelle du ministère de la Défense (musée de l'Armée, musée national de la Marine et musée de l'Air et de l'Espace) qui ont accueilli plus de 2 millions de personnes en 2012 ;

• 17 musées d'armes (musée de l'Artillerie, musée de la Légion étrangère...) ;

• 273 nécropoles et 2 000 carrés militaires en France ;

• près de 1 000 lieux de sépulture dans 78 pays ;

• ainsi qu'une grande variété de champs de bataille (Chemin des Dames, Notre-Dame-de-Lorette, etc.) et d'ouvrages fortifiés (citadelle de Brest, fort de Port-Louis...).

Sur ce même pavillon « Tourisme de mémoire », le département de la Meuse invitera les visiteurs à un voyage dans le temps, proposant une immersion inédite en 3D (stand H23). Basée sur des images stéréoscopiques d'époque du Musée Nicéphore Nièpce, vous serez transporté sur le champ de bataille tel qu'il était il y aura bientôt cent ans... grâce à un dispositif créé par le scénographe Vasken Yéghiayan et la société de production audiovisuelle ON SITU.

Livres, revues, sites, spectacles, manifestations…

Revues

- *Le Magazine de la Grande Guerre* (semestriel)
- *14/18 Magazine* (trimestriel)
- *Tranchées* (trimestriel)

Sites et applications

- *Répertoire des sites Internet sur la Guerre 1914-1918* (classés par thèmes et approches) : www.guerre1418.fr ; Grande-guerre.org…., lagrandeguerre.cultureforum.net
- *Carnets 14-18* (application téléchargeable gratuitement)

Sons et Lumières (en été)

- Des flammes à la lumière, Carrière d'Haudainville, Meuse
- *Grand spectacle historique de Meaux*

Manifestations

Manifestations commémoratives des centenaires de la déclaration et de l'entrée en guerre et des diverses phases et batailles sont prévues, jusqu'en 2018 : se renseigner, notamment *via* le site de la Mission du Centenaire sur http://centenaire.org/fr

Animations

- Le Poilu de la Marne : une association originale, créée en 1991, établie à Épernay, qui rassemble des passionnés et propose des animations souvent originales : http://lepoiludelamarne.free.fr/index2.htm
- La Grande Guerre en 3D : scénographie immergeant dans la Grande Guerre, par des images stéréoscopiques (exposition, jusqu'au 20 décembre 2013, au Centre mondial de la paix, à Verdun)

Livres

- *Parole de poilus, lettres et carnets du Front*, Librio, 1998
- Catalogue des Éditions YSEC : nombreux ouvrages sur la Première Guerre (dont *Votre ancêtre dans la Grande Guerre*, par Yves Buffetaut)

Voir « bibliographie ».

Magasin

- Le Poilu (antiquités : 18 rue Émile Duclos, 75015 Paris)

Recherches pratiques

Historiens, généalogistes, biographes, comme tous les descendants de poilus, peuvent rechercher des informations sur un soldat : son identité, son parcours dans l'armée, son régiment…, mais aussi beaucoup de familles recherchent des lieux d'inhumation, ainsi que des éléments sur les civils. Divers sites et ouvrages pourront aider.

Sites et bases en lignes

▸ *Mémoire des Hommes* : site du ministère de la Défense (accès gratuit) donne accès :

- **au fichier national des « Morts pour la France »** : fiches de ceux ayant obtenu cette mention : plus de 1,3 million de militaires morts au combat, à l'hôpital civil ou militaire, parfois chez soi, pendant ou après la guerre, des suites de blessures ou de maladie contractée en service, ou en accomplissant des actes de dévouement ou de résistance (avec ici quelques civils)

Informations : nom, prénoms, date et lieu de naissance, grade, régiment, lieu et matricule de recrutement, date et lieu du décès, date et lieu de la transcription dans les registres de l'état civil et éventuellement date et lieu du jugement d'absence ou déclaratif de décès

- **aux JMO (Journaux des marches et opérations)** : registres, émanant de la plupart des unités de l'armée de terre, rapportant dans le détail la vie du régiment et de ses soldats au jour le jour. Conservés au SHD de Vincennes, ils sont accessibles ici *via* un formulaire de requête, fonctionnant avec un index des régiments

▸ *Genealogie.com* : acteur majeur de la généalogie sur Internet, ce site propose des informations en accès payant, mais ses index sont interrogeables gratuitement. Plusieurs bases concernent la Grande Guerre, avec certains fichiers très orignaux et en exclusivité

- ***Tableau d'Honneur de la Grande Guerre*** : 18 706 portraits de soldats qui se sont illustrés lors de la Première Guerre mondiale, accompagnés d'informations. Officiers, sous-officiers, soldats et infirmières… « cités à l'ordre de l'armée, nommés ou promus dans l'ordre de la Légion d'honneur ou décorés de la médaille militaire » (Nom, prénom, grade, affectation, distinction…)
- ***Soldats distingués*** : plus de 144 000 soldats cités à l'ordre de l'armée et décorés (Légion d'honneur et médailles militaires). Nom, prénom, grade, unité et faits de guerre (Bulletin des Armées)
- ***Participants de la Grande Guerre*** : plus de 177 000 individus (nom,

prénom, date de naissance, régiment d'affectation et grade, décoration (promotion, citation), date de mort, disparition ou blessure.
Tirés des Livres d'Or et Historiques de Régiment

- ***Prisonniers français***: plus de 475 905 prisonniers français de la Première Guerre. Nom et prénom, lieu de naissance, affectation militaire, grade et camp de détention

- ***Victimes en Ile-de-France***: 62 205 personnes décédées en Ile-de-France (noms, prénoms, communes de résidence d'après stèles commémoratives, cimetières communaux, églises, mémoriaux…)

- ***Victimes en Normandie***: 34 615 personnes décédées en Normandie (idem précédent)

- ***Victimes dans les DOM-TOM***: 10 298 personnes décédées dans les DOM-TOM (idem précédent)

- ***Belges morts pour la Patrie***: 44 021 Belges (officiers, soldats, brancardiers, médecins, civils… : noms, grades et unités)

- ***Non-morts pour la France*** (➜): 97 456 décédés ne bénéficièrent pas de la mention « mort pour la France » (soldats sans famille, orphelins ou combattants indigènes) dont personne n'apporta la preuve que la cause du décès était la conséquence directe d'un fait de guerre (nom, prénom, date et lieu de naissance, date de décès)

- ***Réfugiés de l'est de la France résidant en Haute-Savoie***: 4 064 fiches individuelles et familiales, regroupant environ 13 500 personnes originaires des zones envahies

- ***Populations déplacées***: près de 400 000 civils essentiellement français (mais aussi belges) contraints à quitter leur domicile et leur région. Tantôt appelés « évacués », « prisonniers civils », ou encore « rapatriés » (nom, prénom, lieu d'origine, lieu de destination et éventuellement âges et liens de filiation, d'après des listes du ministère de l'Intérieur et du Bureau suisse de rapatriement

▸ ***FranceGenWeb***: site proposant en accès gratuit deux bases pouvant être utiles (intégrant notamment les fichiers de la Croix-Rouge et des Fusillés pour l'exemple):

- ***Mémorial***: 55 000 relevés (essentiellement monuments aux morts), soit plus de 2 millions de fiches

- ***Recoupements*** 14-18: 400 000 fiches

Livres et guides

- *Retrouver un soldat de 1914-1918*, Yves Buffetaut, Archives et Culture, 2013

- *Votre ancêtre dans la Grande Guerre*, Yves Buffetaut, Ysec, 2010

- Site d'Alain Barrault (mai 2011) http://notrepasse.canalblog.com/archives/2011/09/21/22113143.htmlai 2011

Comment faire des recherches sur un combattant de la Grande Guerre ?

Recherches généalogiques

Méthodes et sources classiques (état civil, arbres en ligne...
Pour ceux morts au combat, on pourra trouver les informations d'état civil dans les deux fichiers classiques, qui donneront dates et lieux de naissance :

- Fichier national des « Morts pour la France » (site *Mémoire des Hommes* ➔)
- Fichier des « non-morts pour la France » (*Génealogie.com* ➔)

Recherches sur le parcours militaire

Passer par des sources propres, exploitables à condition de connaître le régiment d'appartenance, sauf à le connaître (éventuellement par le livret militaire). Pour cela, procéder par étapes :

- **Identifier le régiment**

– *Pour un combattant mort pendant la guerre* : il peut avoir été reconnu ou non comme « mort pour la France » (➔). S'il l'a été, la mention est en principe apposée en marge de l'acte de décès et citée dans divers actes, comme celui du remariage de la veuve.
Au niveau de ces recherches, les Monuments aux Morts sont très peu fiables.
Consulter le fichier national des « Morts pour la France » (site *Mémoire des Hommes* ➔), qui indiquera le régiment (celui des « non-morts pour la France » ne le donne pas).

– *Pour un combattant non mort pendant la guerre ou « non mort pour la France »*, on recherchera son régiment par les documents conservés dans les dépôts d'archives départementales (celles du département de recrutement, qui était en principe celui du lieu de naissance), où on les trouvera en série R ; consultables dans le délai de soixante-quinze ou cent ans ; souvent numérisés et proposés en accès direct et gratuit en ligne sur une vingtaine de sites d'archives départementales).
Commencer par les tables matricules : listes annuelles, établies par classe d'âge (s'obtient en ajoutant 20 à l'année de naissance) et par bureaux de recrutement (un ou plusieurs par département), où l'on trouvera le n° matricule, qui renverra au registre matricule, où l'on trouvera un résumé des affectations et régiments successifs

– Puis rechercher et consulter les historiques régimentaires, les *Journaux des Marches et Opérations* (site *Mémoire des Hommes* ➔) et éventuellement les séries 24 et 25N (cf. *Retrouver un soldat de 1914-1918*, page 305).

Recherches sur d'autres points

• **Citations et décorations** : souvent signalées dans le fichier « Tableau d'Honneur » (→ *Genealogie.com*), n'ont pas toujours été reportées sur le fichier matriculaire.
On pourra questionner le Bureau central des archives administratives militaires (BCAAM, Pau).
La Légion d'honneur et la médaille militaire sont gérées par la Grande Chancellerie de la Légion d'honneur, les dossiers étant conservés à Fontainebleau ou au SHD, selon que postérieur ou antérieur à 1954.
Voir aussi la base *Leonore*, sur le site des Archives nationales

• **Pensions** : dossiers principalement conservés au Centre des archives contemporaines, à Fontainebleau.

– *Recherche d'une sépulture* : bien avoir à l'esprit qu'un très grand nombre de corps n'ont pas été identifiés, ni même, parfois, retrouvés. Le site *Mémoire des Hommes* (→) offre une option « recherche de sépulture » (en bas à gauche), qui n'apportera pas toujours de réponse, notamment lorsque le corps aura été récupéré par la famille.
On peut alors interroger la direction interdépartementale des anciens combattants du département où le militaire est décédé.

– Pour un ancêtre ayant servi dans l'armée allemande, savoir qu'il existe un service allemand, spécialisé dans les sépultures militaires :
Volksbund Deutsche Kriegsgräberfürsorge e.V., Bundesgeschäftsselle, Werner Hilpert Styrasse 2, D-341112, Kassel.

Voir aussi le site http: //www.volksbund.de

Statistiques

Bilan planétaire

À la fin de la guerre, on dépassait, au plan mondial, les 40 millions de victimes, avec plus de 19 millions de morts et plus de 21 millions de blessés.

Sur les 19 millions de morts, on compte 9,7 millions de militaires (environ 9 millions, pendant le conflit, sur les champs de bataille, et 700 000 après, des suites de la guerre, et dont plus de 2 millions d'Allemands et 1,4 million de Français), auxquels s'ajoutent 8,9 millions de civils (300 000 en France et plus de 400 000 en Allemagne).

Les soldats morts laissent 3 millions de veuves et 5 millions d'orphelins.

Plus de 6 millions de soldats démobilisés sont reconnus « invalides », parmi lesquels près de 300 000 mutilés à 100 %.

Bilan national

La France compte 1,4 million de combattants morts, sur les 8 à 10 millions causés par la guerre et pour les quelque 8 millions qui avaient été mobilisés.

16 % de ces derniers ont donc été tués, soit 3,4 % de sa population totale et 10 % de sa population active. Proportionnellement à sa population, la France est le pays où les pertes ont été les plus lourdes.

À quoi il faut ajouter 3 ou 4 millions de blessés, voire davantage – les chiffres font débat ! – dont au minimum 750 000 invalides et 125 000 mutilés et « Gueules cassées ». Sans oublier 600 000 orphelins.

L'évaluation des pertes varie selon les sources. Sont donnés ci-contre les chiffres les plus couramment admis, parfois sans doute sous-estimés, et légèrement arrondis.

Puissances alliées	Population (en millions)	Mobilisés	Pertes militaires	Pertes civiles	Pertes totales	Blessés militaires
Belgique	7400000	267000	43000	62000	105000	44700
États-Unis	92000000	4355000	117000	750	117500	205700
France	39600000	8355000	1398000	300000	1700000	4266000
Italie	35600000	5615000	651000	589000	1240000	954000
Russie	159000000	12000000	1811000	1500000	3311000	4950000
Royaume-Uni	45400000	8904000	885000	109000	994000	1663500
Total (toutes Puissances alliées)	790000000	42000000	5700000	3700000	9370000	12800000
Empires centraux						
Allemagne	65000000	11000000	2000000	426000	2463000	4247000
Autriche-Hongrie	51000000	7800000	1000000	467000	1567000	3620000
Total (tous Empires centraux)	143000000	23000000	4000000	5200000	9220000	8400000
Total	933000000	65000000	9700000	8900000	18600000	21000000

Repères chronologiques

1914

– **28 juin**: Assassinat de l'archiduc autrichien François Ferdinand (Sarajevo).

– **28 juillet**: l'Autriche déclare la guerre à la Serbie.

– **31 juillet**: assassinat de Jaurès.

– **1er août**: l'Allemagne déclare la guerre à la Russie; la France mobilise. Départs, « la fleur au fusil ».

> *Nous habitions un village de la Côte-d'Or, tout près de l'Aube et de la Haute-Marne, sur la Nationale 71, où passaient les troupes se dirigeant vers l'Est. Avec les enfants du pays, nous leur portions des fleurs, qu'ils se partageaient en marchant et qu'ils mettaient tout en chantant à leurs baïonnettes.*
> (MARTHE NICOLAS)

> *Quand notre commune a été évacuée (Franconville, à 18 km de Paris), nous avons pris le train pour Brienon. Nous croisions des convois militaires. Les recrues nous faisaient signe. Il y avait des décorations aux wagons. On avait l'impression que pour eux c'était une partie de plaisir.*
> (ANDRÉ CLÉVY)

– **2 août**: l'Allemagne envahit le Luxembourg.

– **3 août**: l'Allemagne déclare la guerre à la France et à la Belgique. Les Allemands entrent en Belgique.

– **21/23 août**: bataille des Frontières, perdue par la France. Massacre allemand en Belgique. Progression des Allemands en France (zones occupées).

– **septembre**: Reims est occupée. Épisode des Taxis de la Marne. Première bataille de la Marne.

– **octobre**: bataille d'Arras (1er au 9) et Course à la mer (19 octobre / 17 novembre : Bataille de l'Yser).

– **15 décembre**: début de la guerre des tranchées, de la mer du Nord à la Suisse.

– **25 décembre**: fraternisation de Noël entre soldats allemands et anglais.

1915

– **février à décembre**: expédition des Dardanelles.

– fondation de *La Famille du Soldat* (marraines de guerre).

– **avril**: première utilisation des gaz asphyxiants.

– **2 juillet**: lois créant le diplôme « mort pour la France » et appelant au dépôt de l'or, pour concourir à la Défense nationale.

– **18 juillet** : premières permissions de six jours, accordées par roulement aux combattants français.

1916

– bataille de Verdun (février / décembre).

– bataille de la Somme (juillet / novembre).

1917

– **2 avril** : entrée en guerre des États-Unis (1ers débarquements, le 30 juin).

En 1917, les Américains arrivèrent. Beaucoup étaient très sportifs. Ils nous faisaient courir pour des tablettes de chocolat et parfois plonger dans la Seine, où ils jetaient des dollars-or, que l'on essayait de récupérer… (Alfred Reveret)

À Brest. Nous passions devant les foyers du YMCA, qui recevaient les soldats et marins américains, qui nous distribuaient chocolat et chewing-gum. (Yvonne Crahes)

– Offensive Nivelle, du Chemin des Dames (16 avril / 4 mai ; générant des mutineries).

1918

– **mai-juillet** : grande bataille de France

– **23 mars** : Paris bombardé par la Grosse-Bertha

– **juillet** : seconde bataille de la Marne

– **octobre** : pic de l'épidémie de grippe espagnole

Mon grand-père officier, qui allait chaque jour à l'hôpital militaire de Nantes, rentrait en disant : « On en a encore enterré trente-deux aujourd'hui. Mais comme les cercueils manquent, on en retire les morts, au cimetière, afin qu'ils puissent servir à ceux qui mourront le soir. » Couchant à côté de ma sœur, contagieuse, ma mère me faisait manger une tête d'ail par jour, pour être épargnée. Et ça a marché…
(Madeleine Moy)

– **11 novembre** : armistice (11 heures) ; création de l'Union nationale des combattants

Un oncle, parti à vingt-neuf ans en 1917, a été tué le 11 novembre 1918, à 8 heures du matin (à Flize, dans les Ardennes). Tout le monde, ce matin-là, savait que l'armistice était prévu pour 11 heures, mais un capitaine a pourtant envoyé ses hommes à l'assaut. Jamais ma grand-mère ni ma mère n'ont pu se remettre de cette mort stupide.
(Gilbert Perrot)

– démobilisation : de novembre 1918 à septembre 1919

1919

– **31 mars** : loi sur les Pensions : « Charte du Combattant »

– **28 juin** : traité de Versailles

– **14 juillet** : défilé de la Victoire, à Paris

– **octobre** : loi sur les Monuments aux Morts

1920

– création du ministère des Pensions

– **11 novembre** : Soldat inconnu

1923

– **2 juillet** : loi sur le relèvement des noms de famille, éteints du fait de la guerre

1926

– création de la Carte de combattant et de l'Office national des mutilés

Toute mon enfance, à chaque repas, mon père nous a parlé de la guerre. Nous savions toutes ses histoires par cœur, mais l'écoutions toujours avec émotion et respect.
(FERNANDE HERNANDEZ)

Références diverses et principales sources bibliographiques

- *Les Dix Frères Ruellan, héros et martyrs*, Marc Jean, Cristel, 2011

- *Paul Doumer: la République audacieuse*, Amaury Lorin, Payot, 2013

- Pierre Vallaud, *14-18, la Première Guerre mondiale*, Fayard, 2004

- *1914-1918: les victimes civiles axonaises et l'oubli de l'Histoire*, Conférence de Jean-Jacques Godfroid (http://memchau.free.fr/victimes_oubliees.pdf)

- *Reconnaître les décorations*, Jean-Pierre Mir, Autrement, 2006

- *Artisanat de tranchées*, Patrice Warin, YSEC, 2005

- *L'Enfant de l'ennemi 1914-1918*, S. Audouin-Rouzeau, Aubier, 1995

- *Les Veuves de la Grande Guerre. D'éternelles endeuillées?* Stéphanie Petit, Le Cygne, 2007

- *La Femme au temps de la guerre de 14*, Françoise Thébaud, Stock 1986

- *Statistique sur les pensions militaires*, Chasseriaux, *Journal de la Société statistique*, tome 76 (1935)

- *Pour l'honneur de Théo et des caporaux de Souain*, Jacqueline Laisné, Isoète, 1994

- *L'Affaire Rattaire*, Philippe Langénieux-Villard, éd. Héloïse d'Ormesson, 2010

- *Gueules cassées de la Grande guerre*, Sophie Delaporte, Vienot, 2004

- *Le Soldat inconnu, Invention et postérité d'un symbole*, Jean-François Jagielski, Imago, 2005

- *Retour à l'intime au sortir de la guerre*, Bruno Cabanes et Guillaume Piketty, Tallandier, 2009

- *Revenir de 14-18. Expériences intimes et transformations institutionnelles*, Hervé Guillemain et Stéphane Tison, *La Vie des idées* (21.04.2010)

- *Les Œuvres de miséricorde*, Mathieu Riboulet, Verdier, 2012

- *Ils sont devenus français*, Doan Bui et Isabelle Monnin, Lattès, 2010

- *Les Dynasties alsaciennes*, Michel Hau et Nicolas Stoskopf, Perrin, 2005

- *La Moselle dans la Grande Guerre: dictature, délivrance, réintégration*, Conférence de Pierre Brasmes

- *Petit-fils de 14-18*, Yves Holbein, 2010 (compte-d'auteur)

- Sur les monuments aux morts: http://moulindelangladure.typepad.fr/monumentsauxmortspacif/

- Documents versés à Association pour l'autobiographie et le patrimoine autobiographique:
Un métier qui n'est pas de tout repos (Marguerite Clapier); *Ma guerre 14* (Thérèse Chervel Berdeaux); *Les Pages de ma vie* (Jean-Laurent Bienvenu); *Les Cahiers de mon père* (Jean Pépin); *Itinéraires de guerre* (Daniel Thomas); *Emma* (Lucile Marquizeaud)

Index

Index des thèmes abordés (les numéros en gras, renvoient directement aux encadrés ou chapitres traitant le sujet, ces derniers étant indiqués en chiffres romains) et des familles connues ou particulières évoquées (patronymes composés en italique).

Remerciements

Que soient d'abord vivement remerciés ceux et celles, déjà cités au fil des pages, pour les témoignages qu'ils m'ont apportés. Non seulement pour ces témoignages, mais pour leur disponibilité, leur confiance et leur estime. Sans oublier ceux et celles – nombreux – dont le témoignage n'a pas été retenu, mais m'a presque toujours été très utile au fil de la construction de ce livre.

Merci aussi à tous ceux qui, voilà plusieurs années, m'avaient ouvert leur mémoire.

Merci à Hélène et Marc Simon, Christiane Belperrin et l'association *Il était autrefois Évette et Salbert*, Marc Ruellan, Amaury Lorin, Jean-Claude Roehrig, Marc Jean, Pierre-Marie Dioudonnat, André Quincy, Josette Duban, Marguerite Lebeau, Bernard Catelon, Mmes Bonnet et El Hadeuf, Josette Jasmin, Mme Colombet, Françoise Prunier, André Ganter, Jean-Noël Grandhomme, Dominique Prunier, Jean-François Herlem, Pierre Brasmes, Clémentine Portier-Kaltenbach.

Merci à tous ceux qui m'ont aidé dans mes recherches (archives municipales, départementales, bibliothèques…), en priant ceux et celles que j'ai oublié de nommer – il y en a forcément – de bien vouloir m'en excuser.

Sans oublier un immense merci à ceux, amis et compices, qui m'ont permis de recueillir ces témoignages :
Notre Temps et Bayard-Presse, notamment à Geneviève Jurgensen et Maxime de Jenlis,
GeneaNet, Christophe Becker et Benoît de Maigret,
La Revue française de généalogie et Charles Hervis,
Le Journal du dimanche et Patrice Trapier,
L'Alsace et Hervé de Chalendar,
Le Républicain lorrain, Michel Bitzer, Catherine Belin et Christine Courtois.

Enfin à Laurent Laffont et à toute l'équipe des éditions Jean-Claude Lattès qui, une fois de plus, n'a cessé de m'accompagner dans mon travail en supportant mes doutes et mes angoisses.

JC Lattès s'engage pour l'environnement en réduisant l'empreinte carbone de ses livres. Celle de cet exemplaire est de :
1,350 kg éq. CO_2
Rendez-vous sur www.jclattes-durable.fr

PAPIER À BASE DE FIBRES CERTIFIÉES

IMPRESSION : NORMANDIE ROTO IMPRESSION S.A.S., À LONRAI
N° D'ÉDITION : 01 - DÉPÔT LÉGAL : OCTOBRE 2013
N° D'IMPRESSION : 133872
IMPRIMÉ EN FRANCE